# 飛鳥の暗号

野田正治
NODA *Masaharu*

鳥影社

# はじめに

わたしは、なぜ『日本書紀』という最古の歴史書に徒手空拳で挑む無謀を起こしたのであろうか。まさに、ドン・キホーテ卿が従者サンチョ・パンサと共に巨大な風車に突進する様に似て、その妄想と虚しさに苦笑せざるを得ないが、風塵にまみれた『日本書紀』に偽りの影がさしているのを、見たからかもしれない。

そこには、古代の人びとの建造物に込めた「魂のさけび」があるようにおもった。そこから、この作業が始まったのだが、底なし沼のようで果てしない。今となっては、運命だったとおもうようにしている。

建造物を造るのに、古代ではほとんどが手作業で、現代より以上に心体を酷使したはずである。その「古代の建造物のさけび」が聞こえるわけはないが、「見えない線」が見えてしまった。古墳や仏教寺院の位置には法則があったのである。

その「見えない線」を浮上させることは、わたしの職業とも深く関係のあることで、建造物を造ってきた人生を改めてふり返る意味においても、価値あることのようにおもえた。

本書の舞台となる奈良盆地は、生駒《いこま》、金剛《こんごう》、平城《なら》、笠置《かさぎ》、三輪《みわ》、吉野《よしの》などの山地に囲まれ、弧をえがく稜線によって切り取られた空が、印象的な土地である。その山の麓《ふもと》に飛鳥《あすか》と斑鳩《いかるが》がある。

それらは互いに二〇キロメートル程離れていて、完全に見通すことが難しいが、囲まれた山並みのせいか、なんとなく近くにあるような感じを持つ。

実際、斑鳩と飛鳥のあいだでは、巨大な前方後円墳や寺院建築は互いに見通せたのではないか。盆地の中央の田園地帯を走る電車から、窓の外を眺めて、自然と古代都市 倭 京《やまとのみやこ》（飛鳥京《あすかきょう》）を思い浮かべていた。

その古代都市は、大和三山のひとつ耳成山《みみなしやま》の南北軸を中心とした碁盤目状の街路を持つ都《みやこ》である。飛鳥京という言葉は『日本書紀』に見いだせないが、その都市は隠されていたのである。一般的に「いわゆる藤原京《ふじわらきょう》」が日本最初の都城《とじょう》との認識だが、それ以前に飛鳥京があった。しかし、『日本書紀』によって隠されたとかんがえている。その理由こそが本書のテーマであって、その都市を構想した人物と共に蘇《よみがえ》らすことが目的である。

また、斑鳩や飛鳥の山麓に小さな古墳が築かれている。その古墳のある山並みは見えても、互いに、その古墳は見通せない。だが、見えなくとも、それらの古墳と仏教寺院が物理的に結ばれている事実がある。

古代の人びとがなぜそのようなことをしたのか。発見者として、その事実を解明して、世に出す責任があるとおもった。

日本の古代史の研究分野として、特に飛鳥時代（五九二〜七一〇年）を扱うことは、『日本書紀』や『続日本紀《しょくにほんぎ》』などの文献を研究することで、わたくしのように都市や建築の設計を専門としてきた建築家には難しいとおもっていた。

そのことは承知しているが、斑鳩と飛鳥において、一三〇〇年のあいだ誰も気づかなかった、古代の墓である古墳や寺院という建造物同士や三輪山《みわやま》や御破裂山《ごはれつざん》などの神聖なる山を結ぶ「軸線《じくせん》」を発見したことから、前作『法隆寺コード　キトラ・高松塚の軸線』を上梓し、この世界の魅力に入り込んでしまった。

前作ではキトラ古墳や高松塚に葬《ほうむ》られている人物（被葬者《ひそうしゃ》）と法隆寺の関係に焦点を当てたが、本書では「軸線」の事実をより広く扱い、斑鳩や飛鳥において古代人が設定した「軸線」の意味をひとつずつ解明していこうとおもう。

現状では、飛鳥時代に造られた古墳の被葬者や仏教寺院の創建者について、何も分かっていないに等しい状況にある。文字などの決定的な証拠がなく、それらの人物について、全て推測にすぎない現状となっている。

しかし、今回新しく、わたしは古墳や仏教寺院や宮殿という人為的な建造物が神の山と直線で結ばれるという物理的な「見えない線」とでも呼ぶような「軸線」を発見した。建築家の目には、「見えない線」は文字以上に人間の「こころ」や血縁を表しているように見える。

わたしは、「軸線」は新たな考古学的事実であるとおもう。それには、まず「軸線」とは何かを示さねばならないだろう。都市計画や建築設計の用語として使われているが、一般にはなじみのない言葉である。

都市計画や建築設計者の認識としては、広場と広場などを結びつける西欧の街路の「線」を「軸」として、「軸」周辺の発展を誘引する役目を持たせた都市計画線を「軸線」と呼んでいる。

その西欧の軸線は街路となって見えるが、直接的に「見えない軸線」が古代の日本列島に存在していた。見えないがゆえに、今まで認識されなかっただけで、飛鳥時代の仏教寺院と古墳や宮殿や神の山を結ぶ直線が存在していた。

その「見えない軸線」は日本の特徴を表しているが、文字の出現以来、それらが見えなくなってしまっただけで、現在でもそれらは存在している。その軸線を見えるものに浮上させたのが本書である。

任意の二点を結んでも、何も意味はないが、三点以上が直線で結ばれれば、それは何か意図があることを示している。

その軸線の事実として、斑鳩にある現在の法隆寺西院伽藍《さいいんがらん》の南東側で、一九三九年に法隆寺若草伽藍《わかくさがらん》が発掘された。六七〇年に焼失したとされる若草伽藍は四天王寺式と呼ばれる伽藍配置で、門―塔―金堂―講堂が一直線に並んでいたのだが、伽藍の中心軸線がなぜか、真北に対して西側に二〇度振られていた。

その二〇度の軸線を飛鳥まで延長すると、五七一年に崩御した欽明《きんめい》大王（天皇号は天智以降とする）陵《りょう》とされる梅山《うめやま》古墳に至ることが分かった。

若草伽藍と梅山古墳の二点を結ぶ直線だが、真北に対して西側に二〇度という建物に固有の角度が使われ、三つの要素から成り立っている。したがって、それも意図されているとかんがえられ、斑鳩宮《いかるがのみや》跡地に建つ「夢殿《ゆめどの》」と壁画古墳で有名な「高松塚」も、その二〇度の軸線で結ばれていた。

それらがなぜ結ばれているか。わたしには漠然とだが、おおよその物語《ストーリー》が見えてきた。軸線をつなぎ合わせると耳成山の南北軸を中心とした飛鳥京は、仏教寺院の建ち並ぶ都《みやこ》であったと想像される。自然の山と古墳や仏教寺院が結ばれるなど、日本列島人の特色が表れていた。

わたしは、その都市を創造した大王がいたとかんがえているが、飛鳥京は歴史に現れない。都市が造られた時期は聖徳太子と重なるが、飛鳥京が歴史に現れないことには理由があったのではないか。

また、その軸線の示す物理的事実から、『日本書紀』の記述に疑問を抱くようになったのである。それを示すように、近年は厩戸豊聡耳皇子《うまやとのとよとみみのみこ》(いわゆる聖徳太子)の存在が否定されつつある。確かに、厩戸皇子《うまやとのみこ》(聖徳太子)は存在しなかったのだが、聖徳太子以上の、多くの仏教寺院を建立した大王が存在して、その伝承が「聖徳太子」として残っているとかんがえている。

そのことから「蘇我聖徳《そがしょうとく》」と文字をつなげると、「我は聖徳として蘇《よみがえ》る」と読めることに気づいた。それは、聖徳太子のような大王を復活させることに同じである。

さらに、蘇我氏の名前を続けて、「稲目馬子蝦夷入鹿」とすると、「稲目《いなめ》」は「否目《いなめ》」で「見るな」などの意味となり、馬子《うまこ》の「子」と入鹿《いるか》の「入」は「入れ子《いれこ》」を示しているようにみえる。

したがって「入れ子《いれこ》の蝦夷《えみし》」は二重構造であって、それを除くと「馬と鹿」が残る。「馬鹿《うましか》」の意味は中国の歴史書『史記《しき》』(紀元前九〇年頃成立)の故事から「真実を言ったら、殺すぞ」という脅《おど》しとなる。詳細は後述しているが、藤原不比等《ふじわらのふひと》によって編纂《へんさん》されたとされる『日本書紀』には臣下への警告が込められているようにおもう。

「蘇我聖徳」や蘇我氏の名前は暗号であって、種明かしをすれば、彼らの時代は非常に単純な傀儡《かいらい》の人物による、真実をすり替えた物語とかんがえられる。それを本書によって証明したいとおもう。大それた考えだが、物理的な軸線の事実が後を押してくれる。したがって、本書は『日本書紀』の記述は全て正しいとする歴史認識に立っていない。

何が正しくて、何が違っているか。軸線という新しい考古学的事実と突き合わせてみようとおもう。その軸線の意味を示し、推論を述べ、わたしの論理が正しいかどうかを検証しようとおもう。

その検証は、最初に序章において、日本列島人の空間意識を述べ、なぜ「見えない軸線」が存在するのか、その理由を示した。

次に第一章として、『日本書紀』への疑問や仮説を提出し、その仮説の証明として古墳や仏教寺院などがどのように結ばれているか示した。それを地域的時間的に分割して、第二章「斑鳩と飛鳥を結ぶ軸線」と第三章「飛鳥の軸線」にまとめた。

その第二章と第三章の進め方として、最初に「軸線の事実」を提示し、それらがなぜ結ばれているか、その理由を述べ、古墳や寺院の因縁を示している。それから、わたしの推測「軸線の意味」を加える方法とした。軸線については先行研究がなく、比較検討できないので、現在までの研究成果との比較とした。

以上が本書のメインテーマとなっているが、斑鳩と飛鳥の軸線をかんがえる上で、どうしても難波京《なにわきょう》との関係性が視野に入ってくる。そこで、第四章において、仏教寺院の軒丸瓦《のきまるがわら》の文様を頼りに、難波京について言及することにした。ただ少ない資料なのでイメージを述べるにとどめた。

そして、最後の第五章では特に興味があった藤ノ木古墳の被葬者の謎を軸線から明らかにして行こうとかんがえた。新たな軸線という事実を道具として、挑戦したつもりである。

以上のような順序で本書を展開しているが、拙学ゆえに至らない点はご容赦願いたい。また、本書は先人の研究の上に成り立つもので、それらの資料を利用することができて感謝している。その精緻な研究を尊敬しているが、それらから導き出される先人の推論を、ほぼ全て否定している。その点に関しても、純粋に古代史の謎に取り組んだ結果であって、資料を掲載した個人を攻撃するものではない。

それに加えて、読み進む前に、ことわっておかねばならないことがある。

建造物は技量をもつ技術者たちの手によって造られることは明白であるが、その建造物を構想した人、資金を提供した人によっても造られると表現する場合があり、本書においても、その表現をしている。すべてを結集したところに建造物が完成するわけで、古代より変わりはない。建造物を造ることに対して、そのように考えて頂ければ幸いである。

加えて、建造物を造ることは、わたしの本職であり、その視点からキトラ古墳の被葬者が全編を通して、同業のような気になる人物となっている。それは、飛鳥全体において、キトラ古墳の位置する標高が最も高く一四〇メートル程で、天武持統陵（一一〇メートル）より高くなっていることである。

キトラ古墳は小さな古墳であるが、壁画があって中身は濃い。その場所は、飛鳥京の南西側の山地にある檜前《ひのくま》の梅山古墳から坂を上った、渡来系の倭漢《やまとのあや》氏《し》の氏寺《うじでら》・檜隈寺《ひのくまでら》を望む位置にある。その檜隈寺は藤ノ木古墳に関係していることも興味をそそられる。

また、倭漢坂上直《やまとのあやのさかえのあたい》一族は六二〇年に梅山古墳の域外《めぐり》の土山《つちやま》で、最も高い柱を建てたと『日本書紀』に記載される建築技術に長《た》けた一族である。その一族を率いた人物がキトラ古墳の被葬者とかんがえているわけで、時代は違うが、ひとつの時代を象徴する建造物を造ってきた自負のようなものを感じるのである。

飛鳥の暗号　目次

# 飛鳥の暗号

## 斑鳩と飛鳥を結ぶ軸線の概要

・若草伽藍⑦—梅山古墳⑨の 20 度の軸線
・梅山古墳—鬼の遺跡①—仏頭山（橘寺）—御破裂山の東西軸
・耳成山—大野丘北塔⑩—鬼の遺跡①—中尾山古墳②—高松塚③の南北軸
・法輪寺—鬼の遺跡①の 20 度の軸線
・法輪寺—中宮寺—吉備池廃寺—御破裂山
・三輪山—吉備池廃寺—巨勢寺
・三輪山—山田寺—飛鳥板蓋宮—キトラ古墳
・橘寺（仏頭山）—飛鳥寺—香久山の南北軸
・斑鳩宮（夢殿）④—廣瀬⑤—高松塚③の 20 度の軸線
・藤ノ木古墳—廣瀬⑤—御破裂山
・中尾山古墳②—飛鳥板蓋宮—段ノ塚—御破裂山
・段ノ塚—聖林寺—飛鳥板蓋宮—中尾山古墳②—市尾墓山古墳—宮塚古墳
・藤ノ木古墳—高松塚③の 23 度の軸線
・御坊山古墳群—龍田—檜隈寺の 23 度の軸線
・法輪寺—三輪山—花山西塚古墳
・鬼の遺跡①—崇峻陵—花山西塚古墳
・聖武天皇陵—興福寺—三輪山—赤坂天王山古墳⑪—善法寺
・三輪山—ムネサカ一号墳—粟原寺

| | | |
|---|---|---|
| ① 鬼の遺跡 | ② 中尾山古墳 | ③ 高松塚 |
| ④ 斑鳩宮（夢殿） | ⑤ 廣瀬神社 | ⑥ 中宮寺跡 |
| ⑦ 法隆寺若草伽藍 | ⑧ 法隆寺西院伽藍 | ⑨ 梅山古墳 |
| ⑩ 大野丘北塔 | ⑪ 赤坂天王山古墳 | |

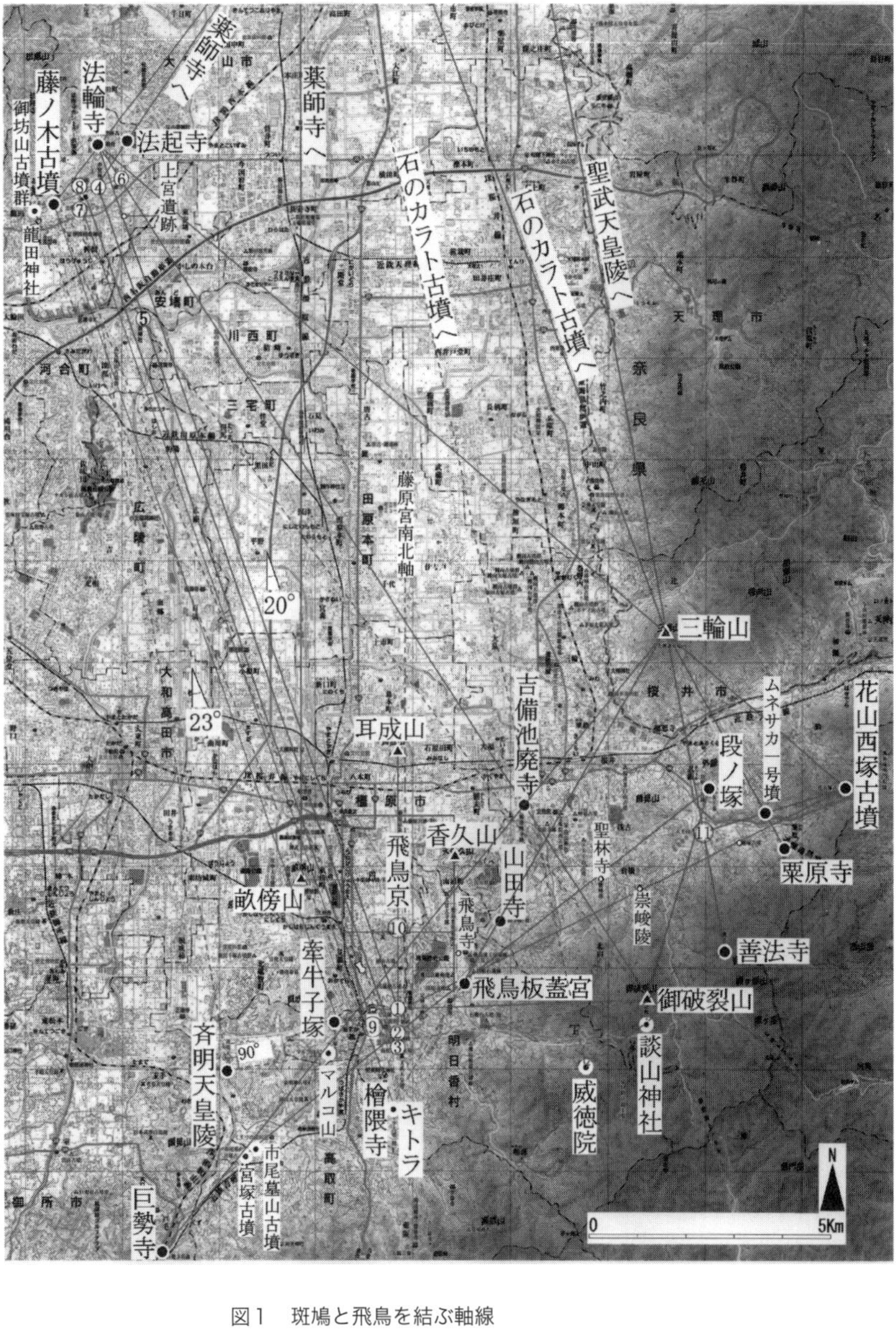


図1　斑鳩と飛鳥を結ぶ軸線

## 飛鳥の軸線の概要

・天智天皇陵—菖蒲池古墳—天武・持統陵ⓐ—火振山古墳ⓑ—文武天皇陵
・斉明天皇陵—マルコ山古墳ⓓ—火振山古墳ⓑ—御破裂山
・三輪山—吉備池廃寺（百済大寺）—大官大寺ⓗ
・大官大寺ⓗ—植山古墳ⓒ—牽牛子塚古墳
・本薬師寺ⓖ—植山古墳ⓒ—中尾山古墳②—高松塚③
・藤ノ木古墳—若草伽藍 20 度軸線—牽牛子塚
・飛鳥板蓋宮—川原寺—吉備姫王墓ⓔ—牽牛子塚古墳—真弓鑵子塚古墳
・植山古墳ⓒ—マルコ山古墳ⓓ—東明神古墳
・束明神古墳—（文武天皇陵）—飛鳥稲淵宮—御破裂山
・川原寺—定林寺—火振山古墳ⓑ—高松塚③
・三輪山—梅山古墳（鳥居）—岩屋山古墳ⓕ
・岩屋山古墳ⓕ—佐田二号墳ⓙ—佐田一号墳
・岩屋山古墳ⓕ—出口山古墳ⓚ—森カシタニ塚
・岩屋山古墳ⓕ—向山一号墳—松山呑谷古墳

ⓐ 天武・持統陵　ⓑ 火振山古墳　ⓒ 植山古墳
ⓓ マルコ山古墳　ⓔ 吉備姫王墓　ⓕ 岩屋山古墳
ⓖ 本薬師寺　ⓗ 大官大寺　⑩大野丘北塔
ⓙ 佐田二号墳　ⓚ 出口山古墳

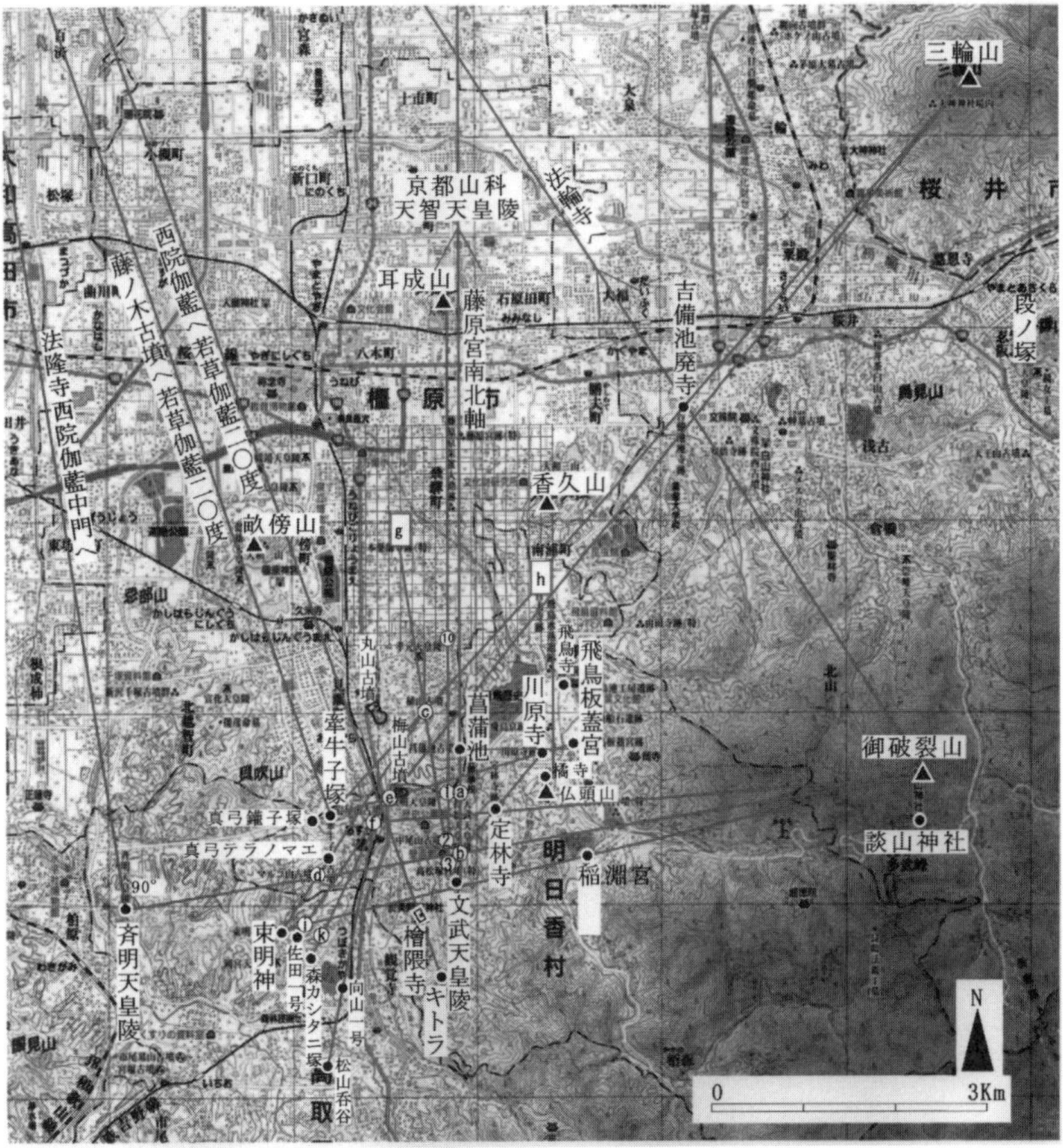
三輪山
京都山科
天智天皇陵
法輪寺へ
桜井市
西院伽藍へ若草伽藍二〇度
藤ノ木古墳へ若草伽藍二〇度
法隆寺西院伽藍中門へ
耳成山
藤原宮南北軸
吉備池廃寺
段ノ塚
橿原
香久山
畝傍山
g
h
飛鳥寺
飛鳥板蓋宮
川原寺
菖蒲池
丸山古墳
梅山古墳
牽牛子塚
橘寺
仏頭山
御破裂山
談山神社
真弓鑵子塚
真弓テラノマエ
定林寺
明日香村
稲淵宮
90°
斉明天皇陵
東明神
佐田一号
森カシタニ塚
向山一号
松山呑谷
文武天皇陵
檜隈寺
キトラ
N
0
3Km

図2 飛鳥の軸線

# 序章　「見える文字」と「見えない軸線」

## 日本列島人の空間意識が「見えない軸線」を生む

日本列島人は文字を古墳に一つも入れなかったが、古墳を見えない直線で結んだ。それがどのような意味をもつのか。そこから始めねばならない。

通常の軸線とは、パリにあるシャンゼリゼ通り（写真1　三三頁）のように、ルーブル宮殿と凱旋門を結び、新しくできたグラン・アルシェ（新凱旋門）に至る「目に見える広場や街路」などを指す言葉であるが、日本列島では「目に見えない軸線」が特徴であり、現代に引き継がれた空間意識となっている。

その軸線は通常目に見えないゆえに意識されない。しかし、日本列島人なら、住居の玄関に立てば、直接は見えないが、「奥」に奥座敷や奥庭があることを意識している。現在なら、その「奥」は居間などになるのであろう。

日本列島では、玄関と居間は「見えない軸線」で結ばれているが、他国では、玄関はなく、入口のドアを開ければ、ホールやリビングなどオープンスペースで、中庭になっている場合もある。どちらにしても、他国ではホールなどは直接目に見える空間となっている。

その差は、伊勢神宮（写真2）などでは、もっと明確である。鳥居から本殿は見えないが、木々に囲まれた参道を歩けば本殿に至ることを、日本列島人は意識している。鳥居―参道―本殿と結ばれる通路は「見えない軸線」としてよく、神に近づく「こころ」が隠れている。

その様は日本列島人には当然のことだが、外国人には不思議な空間意識となっている。歴史学者のアーノルド・J・トインビー（一八八九～一九七五）が伊勢神宮を訪れて次のように記帳した。

「Here, in this holy place, I feel the underlying unity of all religions.」

（ここは、世界に稀な特筆すべき聖地である）

としたように、他国にはない空間意識が明らかに存在している。

伊勢神宮が造られた時代に、斑鳩や飛鳥において、古墳と仏教寺院や宮殿や自然の山を結ぶ「見えない軸線」が設定された。また、その伊勢神宮自体も飛鳥にある三輪山から真東につくられている。

他にも、日光東照宮―富士山―久能山《くのうざん》東照宮を結ぶ軸線や日光東照宮―江戸城の南北軸なども「見えない軸線」といえる。死後においても、山や自然の内に包まれたいという、日本列島人の希望《のぞみ》がみえる。

斑鳩や飛鳥において、自然の山や仏教寺院と結ばれる「見えない軸線」が設定されていた。その軸線の発見によって、建造物が存在する位置に意味があると分かった。その関係性を読み解けば、古墳の被葬者が判明することが分かったのである。

古墳のような土木構造物を建造物に含めれば、仏教寺院や宮殿などの建造物は、ものを造ることに同じで、わたしの専門分野である。そのような、「見えない軸線」をなぜに設定したのか、その解明は、位置や形態に意味を求める建築家の仕事ではないかとおもった。

写真１　シャンゼリゼ通りと凱旋門

写真２　伊勢神宮（内宮宇治川橋）

歴史作家の司馬遼太郎（一九二三〜九六）が『〝古代史〟と身辺雑話』（『十六の話』）の中で「古代史（文字以前の歴史）は娯楽《アミューズメント》である」と述べている。

司馬の述べる意味は、文字以前の古代史は、ほとんどが空白であって、「ソーダの気泡のように湧きあがる想像力を持ってうまれついたひとびとにとって、それを満足させる対象があらねばならない」のである。文字のない時代はよくわからないことが多く、想像力を働かせるフィールドが広いことから、それも一種の娯楽というのであろう。

そのようなことなら、おそらく中国から輸入された文字があった飛鳥時代の古墳に文字で書かれた墓誌がないことは、どのような理由があったのであろうか。司馬に言わせれば、そのような疑問もまた娯楽なのかもしれない。

ただ、縄文時代から古墳時代にかけてのことだが、文字を使っていなかった時代の事象はかなり分かってきて、司馬遼太郎の認識のように「日本列島は、太古以来、文明という光源からみれば、紀元前三〇〇年ぐらいに、稲を持ったボート・ピープルがやってくるまで、闇の中にいました」（『十六の話』）とすると、日本列島の根源に至らないことだけは確かなようだ。

つまり、奥野健男（一九二六〜九七年、『文学における原風景』）や梅原猛（『人類哲学序説』）が述べるように、「日本文化の基層には縄文文化がある」わけで、それを理解することによって新しい道が開けるとおもっている。

斑鳩や飛鳥における古墳と仏教寺院を結ぶ軸線の発見のように、縄文・弥生という時代を経たことによる空間的意識が軸線に表れているのである。その古代人の「こころ」を理解したことによって、新しい発見となった。それは文字の代わりに「奥への見えない軸線」というものが、この日本列島に特有に存在するとかんがえたときに、気づかされた事象であった。

## 心眼に写る「見えない軸線」

飛鳥や斑鳩の軸線〔図1〕や〔図2〕に示すごとく、軸線で結ぶ意味とは少なくとも「こころ」と血縁を表すことであろうとおもう。

軸線は明らかに意図されていることがわかるが、本当に、「こころ」と血縁を表しているのか、検証する必要がある。それらが解明できれば、軸線で結ばれた古墳の被葬者が誰なのか、判明するとかんがえられる。

「見えない軸線」の意味は、心眼《しんがん》でみれば「こころ」や血縁を表しているようにみえる。「心」の「眼《め》」と書いて「心眼」というが、その意味は『広辞苑』によると、「無形の物事を見分ける心の作用」とされる。職人芸の中で、木造で神社仏閣を手がける宮大工《みやだいく》もまた、修業の末に到達する境地はその「心眼」を磨くことによって得られるとされる。

法隆寺に代々仕える家に生まれた西岡常一《つねかず》（一九〇八〜九五年）は法隆寺大工《ほうりゅうじだいく》の棟梁《とうりょう》となったが、その修業は「心」で見えるようになることであった。それらは彼の著書『木のいのち　木のこころ』に詳しいが、次のように述べている。


木は人間と同じで一本ずつが全部違うんです。それぞれの木の癖を見抜いて、それにあった使い方をしなくてはなりません。そうすれば、千年の樹齢の檜であれば、千年以上持つ建物ができるんです。これは法隆寺が立派に証明してくれています。

法隆寺を造り守ってきたのは、こうして受け継がれてきた木を生かす技です。この技術は数値ではあらわせません。文字で本にも書き残せませんな。それは言葉にできないからです。技は人間の手から手に引き継がれてきた「手の記憶」なのです。そしてこの手の記憶のなかに、千三百年にわたって引き継がれてきた知恵が含まれているのです。

（『木のいのち　木のこころ』）本文

宮大工の技術は、結果として建造物となって目にすることができるが、それを修得するには「こころの眼」が必要であることを示唆している。「見えないもの」こそが重要であったということだ。西岡は法隆寺西院伽藍の修理や薬師寺金堂や西塔の再建が認められて文化功労者として褒章された。

このような職人芸や武術など、その最高の境地に至った人に「奥儀《おうぎ》」が授けられて名人と呼ばれる。それらの技術は数値や文字で表せない「見えないもの」である。そのようなことが日本列島では常に行われていて、古代から伝統技能が培われて伝承されてきたことを思い出す必要がある。

つまり、飛鳥や斑鳩に生きた古代人の「こころ」は、古墳と仏教寺院をつなぐ「見えない軸線」となって、現在まで存続しているのである。

## 「見えない軸線」は「見えない言葉」

飛鳥時代までの日本の古墳には、そこに葬られている人物（被葬者）の名を示す文字がない。その時代の中国や朝鮮半島には墓誌があって、誰が葬られているかわかるのだが、日本列島では古墳に文字がないことが特徴であった。

中国や朝鮮半島の文化や文字までも輸入したのに、古墳には文字を入れなかった。見習わなかった意味は大きいようにおもうが、果たして現代人がその意味を理解できるか疑問である。そのことは古墳という墓と仏教寺院を結ぶ「見えない軸線」の意味を問うことに同じであるが、「見えないもの」に意味はないと思っている現代人には難しい作業となろう。

なぜ古墳に文字がないのか。哲学者の梅原猛が述べるように、縄文人の言霊《ことだま》信仰「口から発した言葉に魂《たましい》がある」（『人類哲学序説』）と関係があるのかも知れない。逆に言えば、文字には魂がないということである。

つまり、言霊とは「見える文字」を信用せず、人が発する言葉にこそ魂があるとするもので、「見えない言葉」を信用したということである。

その意味では、日本列島において古墳と仏教寺院を結ぶ「見えない軸線」もまた、「見えない言葉」であり、それに魂を感じたのではないか。それは共通しているようにおもう。

もうひとつ「見えないもの」といえば、少し前まで「奥床《おくゆか》しい」が人間性の最高の褒め言葉であったようにおもう。最近はあまり聞かなくなったが、「奥床しい人」などと言えば、謙虚で深慮のある人を指す。また、「奥」の「床」と書くように、住居も玄関から見えない「奥」に奥座敷や奥庭があるのが理想とされる。

「奥床しい」も奥座敷も、外側から見えるものではない。「奥床しい」は数値で表せないほど総合的であり、見えるものとなっていない。そのように「見えないもの」が最高善であった。それが、現代はマニュアル的な「見えるもの」に価値があることになって、極端に言えば、「見えないもの」に意味はなくなってしまったとおもう。

したがって、古墳を結ぶ「見えない軸線」の意味を知る術《すべ》が現代人から失われてしまったとおもわれる。それを見るには「心眼」が必要なのではないか。つまり、「見えない軸線」で結んで、「こころ」を通わすという作用が、この日本列島の空間意識の特徴なのではないかとおもう。「見えない軸線」に導かれて住居の奥座敷や神社の本殿に至ることなどは現在でもそのようである。

住居の構成はその国の文化であり、風習となっているわけで、「奥への見えない軸線」が死後の住まいである古墳に施されていても不思議はないようにおもう。

それゆえに、古墳には文字がないのかも知れない。「見えない軸線」によって「こころ」が表されて、古墳の被葬者が誰であるか示しているとかんがえられる。

しかし、日本列島の現代人がみずからの特徴を認識していないことも影響して、なかなか理解しがたい空間意識となっている。

## 呪術と軸線

仏教寺院と古墳がつながれば、現代と同様に古墳の被葬者の鎮魂を願うことではないか。また、古墳と古墳が結ばれれば、血縁関係で結ばれていると想像される。少なくとも、そのような視点でみればよいのではないか。

軸線でつながる仏教寺院についても考察が必要である。古代における仏教の役目はどのようなものであったか。現代と異なっているかも知れない。

それは死者の「祟《たた》り」への恐れであったのではないか。仏教学者の山折哲雄が著書『日本文明とは何か』で、次のように述べている。

この島国の歴史を彩る社会・政治史と災害・疫病史を通覧しさえすれば、その流れのなかでいつでもこの死者の祟りへの恐怖が第一ヴァイオリンの音色を響かせていたことがわかる。（中略）祟りの予兆、祟りの診断、祟りの治療といった一連の社会的なプロセスが、まことに洗練された形でき上がっていったのである。

（『日本文明とは何か』山折哲雄著）

つまり、「死者のルサンチマン（怨恨《えんこん》感情）を浄化する思想装置」（同）が、新しく導入した仏教に託され、その一連の浄化プロセスが仏教を通して行われたとしてよい。祟りを起こす死者は怨霊《おんりょう》であって、何かしらの行為によって怨霊の鎮魂を図らねばならない。その鎮魂の行為を祈禱《きとう》と呼んだかもしれない。

古墳と仏教寺院を結ぶ理由があったのである。古墳と仏教寺院を結ばせる「こころ」が、どのような気持ちであったにせよ、軸線には「こころ」が込められていることがわかる。

『日本書紀』に天武天皇が陰陽寮《おんようのつかさ》を設けて、神を祀《まつ》り、祓《はら》いを行った様が描かれている。天武天皇は斑鳩の廣瀬《ひろせ》や龍田《たつた》で神を祀った。廣瀬や龍田は「見えない軸線」上にある（図1参照）。「見えない軸線」を明らかに意識して、祟りや穢《けが》れを祓ったとかんがえられる。そのような習俗がこの島国にあったのである。

なぜそのような習俗があるのか、日本列島における「神祀りの公式」が『隠された十字架』（梅原猛著）にあるので、それを次に示す。

⑴個人で神々に祭られるのは、一般に政治的敗者が多い。
⑵しかもその時、彼等は罪なくして殺されたものである。
⑶その罪なくして殺された人が、病気とか天災、飢饉によって、時の支配者を苦しめる。
⑷時の権力者は、そのたたりを鎮め自己の政権を安泰にするために、そのたたりの霊を手厚く祭る。そしてそれと共に、そういうたたりの神の徳をほめたたえ、よき名をその霊に追

遣するのである。

そうであれば、天武天皇は毎年の初夏に亡くなるまで十数回、廣瀬や龍田で何を祈ったのであろうか。その軸線の先には高松塚や斑鳩宮や藤ノ木古墳があって、それらと関係があるとおもわざるを得ない。

つまり、人間の「恐れや呪い」や鎮魂の「こころ」が飛鳥時代からあったということである。その証拠に奈良時代の平城京跡の古井戸から約一五センチの木製人形（写真3）が出土した。その墨で描かれた両目と心臓の部分に約一センチの木釘《きくぎ》が打ち込まれていた。それは、「人形を使って人を呪い殺す呪術で、厭魅《えんみ》」と言われている（『すぐわかる日本の呪術の歴史』武光誠監修）。そのようなことが奈良時代にあった。

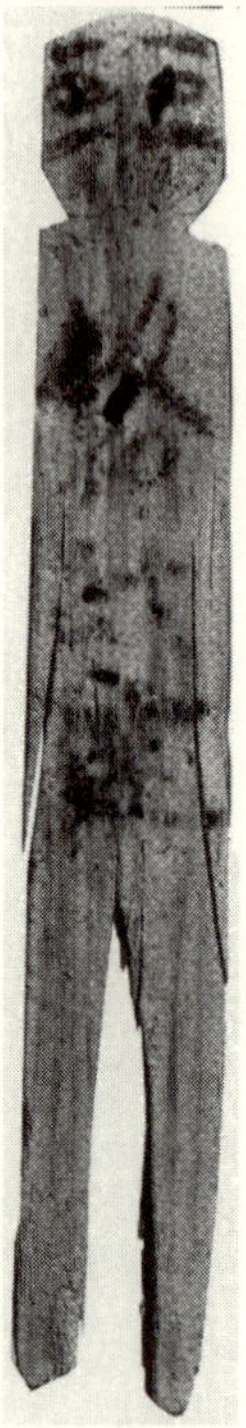

写真３　厭魅人形
（奈良文化財研究所）

その事実は、当時の人びとが呪術によって人を殺せると思っていたわけで、そのような祟りや穢れを、仏教によって祓うことができると考えても不思議はない。それが天武の例（廣瀬や龍田の神祀り）もあり、飛鳥時代になかったとは言えない。

当時の仏教には人びとが頼るパワーがあったのだろう。飛鳥京には二四もの寺院が建ち並んでいたことから、そのように推測できる。

そして、古墳と寺院を結ぶ軸線を設定して、その場所に仏教寺院を建て、鎮魂を図った。軸線で結んだ方が、より強く「こころ」が伝わると思ったのである。また、三輪山や御破裂山と結ぶのは神の力を得るためであろう。その結果としての遺跡を現代人が見ているわけだが、それらが、なぜそこにあるのか。今まで読み取ることができなかっただけである。

## 縄文にみる神の山への祈り

飛鳥や斑鳩において、古墳や仏教寺院や宮殿が神山と結ばれている。日本列島では当然のことのようにおもうが、今回初めてわかった。それでは、なぜそのようになるか、考察が必要であろう。

縄文人が生活をする中で、自然環境をどのように考えていたか。それを知る手掛かりが彼らの墓にある。墓をどのように配置しているかを調査することによって、自然との関係を理解できる。

『縄文人の世界』（小林達雄著）によれば、「群馬県安中市の中野谷松原《なかのやまつばら》遺跡の発掘で、広場を囲んだ竪穴住居群が発見された」。その広場の周辺に多くの墓穴《はかあな》があって、楕円形をした墓穴の頭方向に細長い石を立ててあった。

注目されるのは「広場の真ん中から墓地を見ると、墓に立っている細長い石は、遠くに見える浅間山の方に向いていた」（写真4参照）ことである。そのような例は他にもみられるという。

写真４　縄文時代の墓（細長い墓石を遠くの浅間山に向けている）

それらの事実は、縄文時代から神の山に向けた軸線があったということである。どれが神の山かという定義は難しいが、周囲から際立ったところがある山が選ばれている。

軸線的にかんがえると、浅間山―細長い墓石―墓―墓参りの人と直線的につながり、死後の生活が自然の山にいだかれることを願う「こころ」が表れている。〔写真４〕に示した例は周辺が空き地になっているが、それは現状であって、古代からそのようであったわけではなく、樹木の中に墓があった可能性の方が高い。浅間山が見えなくとも、その方向に向けていたようにおもう。

飛鳥時代においてもそのような傾向があって、軸線の先に耳成山《みみなしやま》や三輪山や御破裂山《ごはれつざん》がある。耳成山の南北軸には大野丘北塔《おおののおかきたとう》―「鬼の遺跡」―中尾山古墳―高松塚があり、三輪山には三輪山―吉備池廃寺《きびいけはいじ》（百済大寺《くだらおおでら》）―巨勢寺《こせでら》、三輪山―梅山古墳―岩屋山《いわややま》古墳などがあり、三輪山や御破裂山には数多くの軸線が集中している。

つまり、死後の世界を自然の中でより神聖なものにゆだねる気持ちがあるのであろう。その感情は現代につながるものがある。

したがって、その軸線で結ばれる古墳などの建造物は、血縁的に関連があり、仏教寺院とつながることで、なにかしらの鎮魂がなされているとかんがえられ、古墳の位置がその被葬者や葬った側の「こころ」を表しているとわかった。

## 土偶の祈り

墓石や古墳を造って、軸線を設定する「こころ」とはどのようなものであろうか。形ある物質を「祈る」のは人間の業《ごう》のようなもので、言霊を信じた人びともそれだけは手放さなかったようだ。

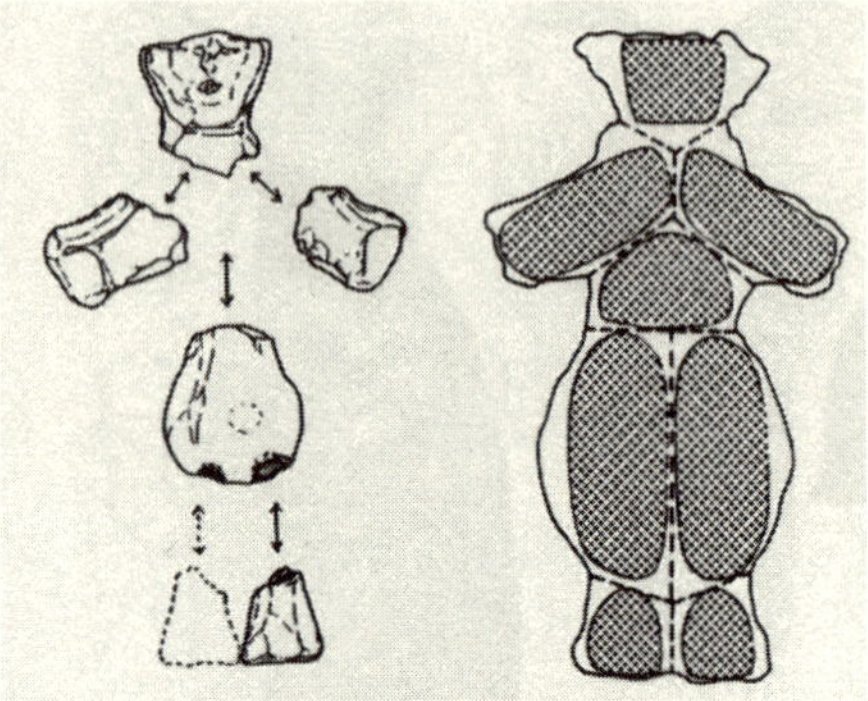

図３　土偶の分割製作法
（『長山遺跡』八尾町教育委員会）

現代の科学を知らない古代の人びとが、みずからの将来や健康について、どのように祈っていたか。それを知る手掛かりが存在する。

厭魅《えんみ》とは異なるが、縄文時代の土偶《どぐう》の役目をみると、人間の祈りという「こころ」がわかる。紀元前三〇〇〇年頃（縄文中期）以前の土偶は〔図3〕のように、「分割されることを前提として製作されているようだ」（『縄文論争』藤尾慎一郎著）。

それらの土偶は、竪穴住居の土の中から多く出土するが、完全なる形のものはなく、分割された一部分が欠落しているという。なぜそのようになっているか、結論は出ていないが。土中に埋めておけば、その欠落部分が復活するように思ったのではないか。

植物が生えてくる土に、神の力を感じていたのではないか。『日本書紀』の冒頭の文は「昔、天と地がいまだ分かれず、陰陽《いんよう》の別も生じなかったとき、鶏の卵の中身が渾沌《こんとん》としているように、何かを生み出す芽生えを含んでいた」となっている。ドロドロとした卵から鶏が生じるように、土中には不思議な力があると思っていたのではないか。

つまり、土偶はみずからの身体であって、土中に体の一部が欠落した土偶を埋めて祈れば、その箇所が再生する（治癒する）と考えていたのではないか。土偶を通して、そのような、なにかしらの祈りが縄文時代にあったとわかる。

人間はどの時代にも、過去現在未来を思い悩み、みずからの健康を願っている。その祈りの「こころ」が古代からあり、飛鳥時代には古墳と仏教寺院を「見えない軸線」で結んで、祈ったのである。

そこから、古墳の被葬者は直接的に特定できなくとも、少なくとも仏教寺院の建立者を推測できる。それを突破口として古墳の被葬者を特定できるのではないか。したがって、「軸線の事実」は、個人を特定する材料になることが確実であり、『日本書紀』と比較できる事象となると言える。

# 第一章　疑問と仮説の提示

## 1 「乙巳の変」の真実を隠した『日本書紀』

### 文字で書かれた『日本書紀』と「見えない軸線」

文字ではなく、「見えない軸線」に真実があった。『日本書紀』を「見えない軸線」という建造物を結ぶ直線から眺めることが可能となったが、なぜそのようなことが言えるのか。その説明から始めねばならない。

仏教伝来以後、飛鳥時代には文字が存在していた。その文字を使って、『日本書紀』が奈良時代の七二〇年頃に完成した。その内容と古墳を結びつける作業が歴史学者や考古学者によってなされている。その作業が正しくされているのか、疑問がある。なぜなら、『日本書紀』の内容がすべて正しいとする前提で行われているなら、それは違うのではないかとおもう。

『日本書紀』は藤原不比等《ふひと》によって編集されたとされる。持統《じとう》天皇から孫の文武《もんむ》天皇に天皇の地位を移譲する場面で『日本書紀』が終わっている。また、『古事記』は推古《すいこ》天皇という女帝で終わっている。それらは意図されているのであり、その編集方針は「政権が持統から文武に移譲されるときに、文武の正統性を証明するために」、「高天原《たかまがはら》・天孫降臨《てんそんこうりん》・万世一系《ばんせいいっけい》」（『聖徳太子の真実』大山誠一編）というコンセプトを創ったことである。

つまり、『日本書紀』は政権を担う当事者によって書かれているわけで、彼らに都合よく書かれているはずである。しかしながら、『日本書紀』の記述を疑うことなく来てしまったことも事実であり、本来なら「なぜ『日本書紀』が編纂されたのか」「『日本書紀』は何を隠匿《いんとく》してしまったのか」「誰が主体となって歴史が編まれたのか」（『天智と天武　日本書紀の真相』関裕二著）を問わねばならなかったのである。

たとえば、日本政府によって「太平洋戦争の検証」はされていない。また、東日本大震災による福島第一発電所の原発事故は明らかに人災であるが、責任を取った人物はいない。どちらも、日本政府が主導し、軍部や東京電力が実施したわけで、当事者はいたはずだが、責任の所在は明確ではなく、彼らに都合よく処理されているのである。

『日本書紀』の場合もまた、神話の『古事記』しかなく、比較検討ができないことを編者は承知の上なのである。したがって、その内容が当事者にとって都合よく書かれていることを、研究する側が承知していなくてはならない。それが研究者の態度であろう。

しかしながら、歴史研究にとって大切な比較検討ができないことは、致命的とも言えるが、それは文字で書かれた『日本書紀』や『古事記』だけの話であって、他の遺品や遺跡は比較検討可能ということである。

その比較検討には、日本列島人の空間意識による「見えない軸線」が有効とかんがえている。それは日本列島人が、墓に文字を入れずに、死に臨んで文字を必要としなかったわけで、他に名を示す手段があったのである。その古墳の位置こそが彼らの名前であった。

文字より大切なものがあって、その意味は『日本書紀』や『古事記』より、古墳や仏教寺院の位置の方が真実に近いことを示している。つまり、文献だけでは真実に至らないのだ。「見えない軸線」によって、古墳という墓と仏教寺院や宮殿や神聖な山が結ばれている。その意味をかんがえれば、その被葬者に近づくのではないか。古墳という墓と仏教寺院がつながるなら、現代と変わらない構図である。

したがって、可能性の問題だが、「見えない軸線」と『日本書紀』を比較検討できるようにおもう。もちろん政治的な事象ではなく、建造物について、古墳と寺院や宮殿や神の山とのつながりのみに限られるが。斑鳩や飛鳥の地で、生きて死んで、古墳に埋葬された人間と建造物の関係性を『日本書紀』と照らし合わすことができるようにおもうのだ。

その比較を本書において、実践してみようとおもう。わたしは、『日本書紀』がまったくの偽書だとはおもっていない。なぜなら、「高天原・天孫降臨・万世一系」（『聖徳太子の真実』）がコンセプトなら、それを正当化したいわけで、持統天皇が孫の文武に天皇位を移譲した周辺の事象は真実ということになる。

そのような目で見ると、持統の親（天智天皇《てんち》）や夫（天武天皇《てんむ》）の存在は真実であって、その天智や天武の親の舒明《じょめい》大王の存在もまた真実である。それが嘘なら、「高天原・天孫降臨・万世一系」ということにならない。

したがって、それ以前が問題となる。蘇我一族と厩戸皇子《うまやとのみこ》（いわゆる聖徳太子）一族のことだ。研究によれば、「聖徳太子の実在性を示す史料は皆無であった」（『聖徳太子の真実』）のであり、わたしは蘇我一族の存在を証明できる研究者もまた、皆無であるとかんがえている。

その時期に活躍したのは、蘇我一族と聖徳太子一族の他は天智（中大兄皇子《なかのおおえのおうじ》）と藤原不比等の父・藤原鎌足《かまたり》であって、結果として天智や藤原一族に政権が移っている。その事件が「乙巳《いっし》の変《へん》」（大化《たいか》の改新《かいしん》、六四五年）であって、話の内容も天智や藤原鎌足はヒーローであり、都合がよすぎる。悪役の蘇我入鹿《いるか》やその父・蘇我蝦夷《えみし》の殺害が天智らによってなされる、その象徴的な事件が嘘であったとかんがえる。

真実は他にあった。それは万世一系というコンセプトを揺るがす事件であって、隠さなければならない事実であった。その証拠が文字で書かれた『日本書紀』ではなく、「見えない軸線」に真実があったのである。本書において、その事実を浮上させたい。

## 「乙巳の変」を隠した『日本書紀』

『日本書紀』が隠さねばならなかったのは、「乙巳の変」の真実だが、そのために都市や建造物を造った人物を他の人物に移し替え、都市までも歴史から消し去った。その事実が軸線から判明したのである。わたしの使命は、「飛鳥京」を浮上させることである。

それには『日本書紀』に記載される「乙巳の変」がどのようなものであったか、説明せねばならない。

六四五年にその事件は起きた。のちに天智天皇となる中大兄皇子と藤原鎌足による蘇我蝦夷と入鹿の父子暗殺事件を指し、蘇我一族は滅んだ。いわゆる大化の改新という土地や制度の改革とは別に、蘇我稲目から馬子と続いてきた蘇我一族が四代で滅亡に追い込まれた事件のことである。

中大兄皇子と藤原鎌足が協力して飛鳥板蓋宮《あすかいたぶきのみや》で入鹿を殺害し、その父の蝦夷は甘樫丘《あまかしのおか》の館《やかた》(宮門《みかど》)で自殺したことで終結し、様々な改革が進められた。

この事件の原因は、六四三年に入鹿が聖徳太子の子・山背大兄王《やましろのおおえの》一族を殺害し、斑鳩宮《いかるがのみや》が焼失したことで入鹿や蘇我一族の暴虐ぶりが描かれ、そのような悪漢を殺害した中大兄や鎌足はヒーローとなっている。また、馬子が五九二年に崇峻《すしゅん》大王を殺害していることも、伏線になっているのだろう。

つまり、『日本書紀』が示したいのは、改革が進まなかったのは蘇我一族の専横が原因であり、聖徳太子一族の殺害などの悪事を引き起こした蘇我一族が滅んでも自業自得であることだ。その元凶を取り除いた中大兄や鎌足は英雄扱いとなっているが、『日本書紀』を編纂しているのは、英雄の鎌足の子・藤原不比等であることに注意しなければならない。

そのようにかんがえる理由は、「乙巳の変」は文献に書かれたものであって、実際に建造物となって残っている事実と反するからである。

最も簡単な事実は、飛鳥寺（法興寺《ほうこうじ》）や大野丘北塔《おおののおかきたとう》を蘇我馬子が建てたと『日本書紀』に記載されているが、軸線や発掘される軒丸瓦《のきまるかわら》の事実から否定され、本書によって証明される。また、甘樫丘にあるはずの蘇我一族の壮大な館《やかた》の遺構はいまだひとつも発見されない。（「甘樫丘東麓遺跡」が発掘されているが、ちいさな規模で方位もバラバラであった。）

つまり、飛鳥寺や大野丘北塔は国家事業であったはずで、それを大臣の蘇我馬子が建立したとせねばならない理由は、馬子が権力を握っていたことを示したかったのであり、『日本書紀』のなかで重大な事実となっている。

それを軸線と軒丸瓦という物理的事実によって否定できるなら、『日本書紀』そのものを否定することになる。ただ、わたしは全て否定するわけではなく、「乙巳の変」と「天武天皇の子・大津皇子《おおつのみこ》の事件」の二件が偽りとかんがえる。だが、真実の片鱗《へんりん》は『日本書紀』に記載されているのである。

したがって、蘇我一族の存在を否定できるのであれば、『日本書紀』という文献が示す聖徳や蘇我一族の名前が、暗号であるとする本書の仮説が、より一層の重みを持ってくる。

だが、聖徳太子の存在を否定する歴史学者（『聖徳太子の真実』大山誠一編）はいても、蘇我一族の存在を否定する研究者はいないようだ。私一人かもしれないが、わたしが示す軸線の物理的真実を誰も崩すことはできず、飛鳥寺が蘇我馬子の建立でないことは証明される。

前述するように、わたしは聖徳太子や蘇我一族の存在を否定しても、『日本書紀』の全てを否定しているわけではない。なぜなら、結果として、「乙巳の変（六四五年）」によって権力を握った側の継承順序は正しいのだろうとおもうからで、藤原一族と天智一族の継承順序は記載されるとおりであろう。

ただ、「乙巳の変」以前の出自《しゅつじ》や経歴に関しては、偽りがある可能性が高い。権力を握った現在を変える必要はないが、過去は変える必要がある。

偽装は天皇（大王）の継承順序に端的に現れている。『日本書紀』の順序は欽明《きんめい》―（五七二年から）敏達《びたつ》―用明《ようめい》―崇峻《すしゅん》―推古《すいこ》―舒明《じょめい》―皇極《こうぎょく》（六四五年）となっているが、わたしは欽明―（五七二年）敏達―舒明（六二〇年頃から六四一年）―古人大兄皇子《ふるひとのおおえのみこ》（六四二年から六四五年）とかんがえている。

「乙巳の変」の真実は蘇我入鹿や蝦夷の殺害ではなく、舒明の後継の大王となった古人大兄皇子の殺害であったが、それは『日本書紀』のコンセプト・万世一系から外れるわけで、その事実を隠さねばならない。そのために考えだされたのが蘇我一族と聖徳太子一族であった。

結果として、用明―崇峻―推古は、敏達の時間を短くするために組み込まれた人たちである。なぜ敏達の時間を調整しなければならないのか。「蘇我聖徳」は「我は聖徳として蘇る」と読めるように、敏達の代わりに聖徳太子を登場させねばならなかったのである。

それこそが本書の命題となっているが、この事実は軸線と古墳の数に現れているはずであって、本書によって証明される。

実は、厩戸皇子について「いわゆる聖徳太子」と述べているが、『日本書紀』に聖徳太子という文字は見いだせないのである。『日本書紀』に豊耳聡聖徳《とよとみみしょうとく》と記され、厩戸皇子の死亡を知った高麗《こうらい》の僧慧慈《えじ》が「大きな聖の徳をもって日本の国にお生まれになった」と述べられている。そこから聖徳太子と呼ばれるようになったのであろう。

慧慈の言葉は事実であった。七二〇年に完成した『日本書紀』には、その伝承が記載されただけであって、その人物が厩戸皇子なのかどうか。一〇〇年前という時間的な差をかんがえると、どのようにでもなるのではないか。

近頃研究者によって、「聖徳太子は存在しなかったのだが、厩戸皇子は存在した」という論理が用いられているが、聖徳太子＝厩戸皇子であり、共に架空の人物である。わたしは聖徳太子以上の大王が存在したと述べているのである。

## 2 「いわゆる藤原京」に先行する飛鳥京

### 飛鳥京の二つの南北軸

飛鳥京という古代都市があったが、この都市もまた、『日本書紀』によって隠されねばならなかった。そして、現代まで、その状態が続いている。わたしには、その工事に携わった古代の工人たちの嘆きが見える。

都市を構成するのに、何か中心となるものを欲するのが人間なのであろう。飛鳥京には二つの南北軸が存在している。それは現在でも見られる。〈図1〉と〈図2〉に示したが、耳成山の南北軸と藤原宮の中心を南北に延長した軸線である。それが同時に存在したのではなく、時間的なずれがある。そのずれが問題であり、なぜ二つの南北軸が生まれたのか。それを解決すれば、『日本書紀』の謎が氷解するとおもっている。

したがって、一般的には二つの南北軸という認識はない。あるのは「いわゆる藤原京」という古代最初の都市であり、藤原宮の南北軸を中心とした都市である。『日本書紀』には登場しない

「藤原京」が古代最初の都市ということになっている。

その典型的な説が日本史学者の岸俊男（一九二〇～八七年）が唱えた「聖なるライン」という話である。それを〔図４〕に示したが、図のごとく藤原宮の中心南北軸上に北から菖蒲池《しょうぶいけ》古墳—天武・持統陵—文武陵が存在している。その西側に、「鬼《おに》の俎《まないた》・鬼の雪隠《せっちん》遺跡」—中尾山古墳—高松塚と続く耳成山南北軸がある。これらの古墳が天皇クラスの古墳と想像されるので、「聖なるライン」と名付けたのである。

しかし、ラインは線であって、現状はゾーンである。わたしは、もうひとつの南北軸・耳成山の南北軸が存在すると主張しているのである。それを〔図４〕に加えてある。

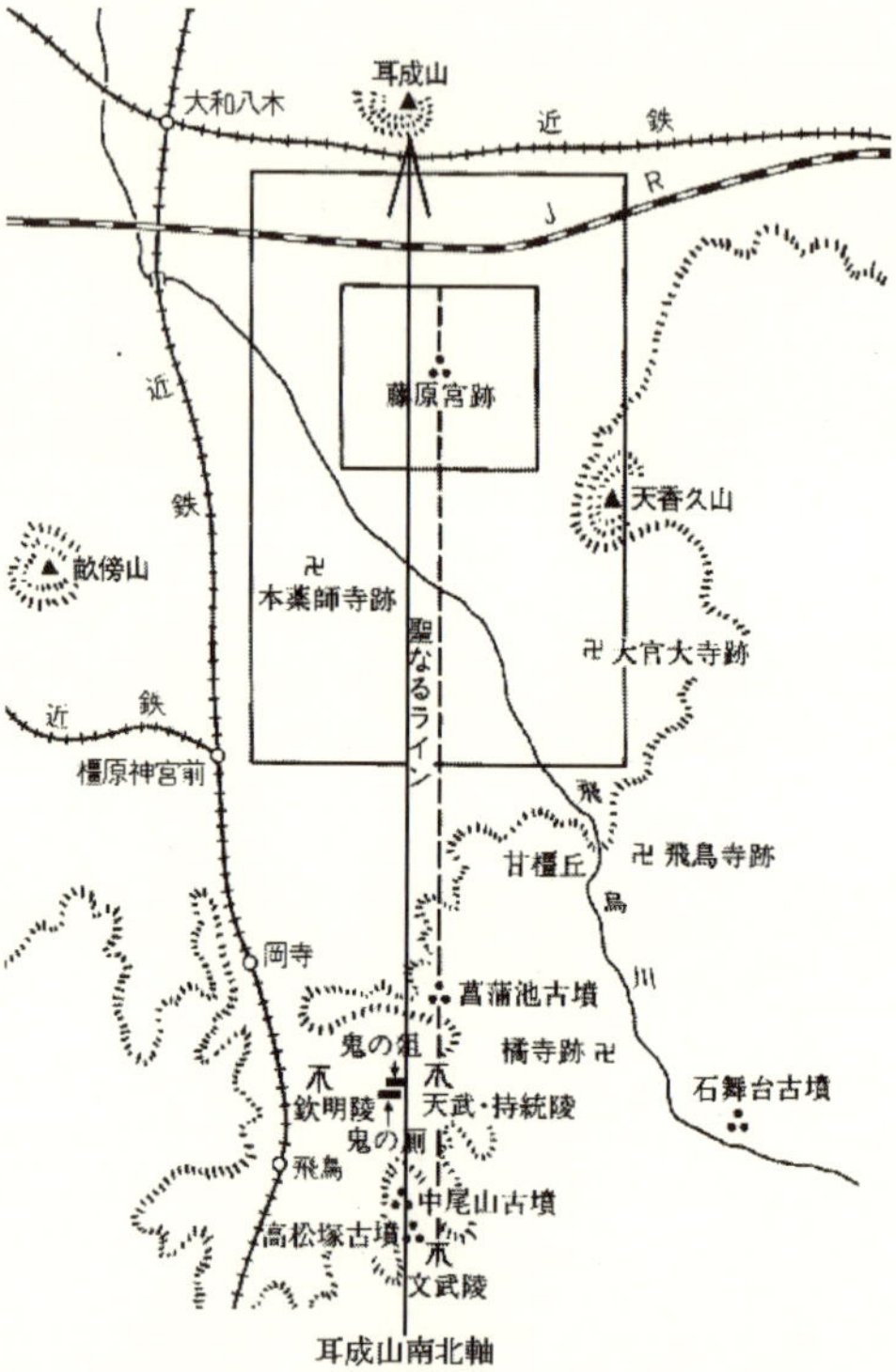


図４　聖なるライン（岸の説に耳成山南北軸を加えた）

つまり、飛鳥京には二つの南北軸が存在している。縄文時代から、日本列島人は亡くなった人の墓石を周囲から高い山へ向けて立てた慣習があり、耳成山は盆地の中央にポツンと聳《そび》える山である。その方向に墓を向けるのも自然なことで、むしろ、耳成山の南北軸が藤原宮の南北軸に先行してあったことを示している。

その証拠に、耳成山南北軸と藤原宮南北軸の水平距離が「いわゆる藤原京」の条坊《じょうぼう》道路（碁盤目状道路）の最少道路間隔に等しいのである。その事実は、耳成山南北軸を中心とした都市が先行して存在しなければ、「いわゆる藤原京」は造れない。それらのことも、後段にて証明している。

## 耳成山南北軸と「聖なるライン」

耳成山南北軸は藤原宮の中心を南北軸としたもうひとつの軸線と並行して語られねばならない。なぜなら、そこに重要な問題が潜んでいるからである。わたしは「いわゆる藤原京」に先行する都市「飛鳥京」が存在したとかんがえている。

耳成山南北軸の存在は、歴史学者のあいだでは問題になっていない。先の岸俊男が提唱した藤原京の範囲が〔図4〕にシングルラインで描かれている。それは、大和三山（耳成山《みみなしやま》、天香久山《あめのかぐやま》、畝傍山《うねびやま》）の内側となっている。この説は、その後の発掘によって都市の範囲が拡大されて消えてしまった。

だが、わたしは大和三山の内側に都市があったとする説を支持したい。そして、耳成山の南北軸を中心とした都市（飛鳥京）が先行してあったとかんがえている。

そのようにかんがえる根拠は、縄文時代からの風習で「墓に立っている細長い石は、遠くに見える浅間山の方に向いていた」（『縄文人の世界』）とあるように、浅間山のように周囲から目立つ山に向けて墓を造成する風習があったことを参照している。それは人間の業《ごう》のようなもので、なにか神聖なものに死後をゆだねる感覚があったようにおもう。

その感覚は、神聖な山を越えて都市を拡大することはしないのではないか。それが大和三山の内側に飛鳥京があったとする根拠のひとつとなっている。

耳成山は平坦地にポツンと突出していて、縄文時代からの風習をおもわせる象徴的な山である。それゆえに、墓を耳成山に向けたとしても不思議はなく、事実、耳成山の南北軸上に破壊された古墳（鬼の俎・鬼の雪隠遺跡）や中尾山古墳と高松塚がある。この古墳群こそがキーポイントとなる位置に存在していたのである。その破壊された古墳を「鬼の遺跡」として、〔図1〕に示している。

つまり、耳成山南北軸を中心とする飛鳥京が先行してあったという証拠が、二つの南北軸間の水平距離であった。その距離が条坊道路の最少道路間隔と同じであった。

条坊道路とは東西の大路《おおじ》を条《じょう》と呼び、南北の大路を坊《ぼう》と呼ぶ古代都市の碁盤目状の道路のことだが、藤原宮の南北軸を設定する時点（六九四年）で、最少道路間隔は条坊道路間隔五三〇メートルの四分の一（一三二・五メートル）であり、耳成山の南北軸と藤原宮の南北軸の水平距離一三二・五メートルに一致していた。

その事実は、同じ道路間隔をもつ都市が最初に存在していなければ、藤原宮をその位置に造れないことを意味している。その証拠に藤原宮の遺跡の下層から道路や運河の遺構が出土する（『飛鳥・藤原京の謎を掘る』）。

だが、歴史学者の論理は六七六年に天武天皇が「新城《にいき》」を造り始めたが、藤原宮を造ったのは持統天皇で六九四年のことであるから、藤原宮の下から道路遺跡が出ても矛盾しないということであろう。

その論理は耳成山南北軸上の古墳の存在を考慮していない。一直線に並んだ古墳の位置は血縁や年代を表しているわけで、明らかに、藤原宮南北軸より古い古墳群の存在を無視した論理となっている。

また、藤原宮の南北軸は耳成山という象徴的な山がありながら、縄文時代からの風習に反して、最初から微妙に中心をずらしたのはなぜであろうか。そのことの方がはるかに不思議なことである。

わたしは、耳成山南北軸が先行してあって、同じ道路間隔の都市（飛鳥京）が先行して存在していた。その後に、先行していた碁盤目状の道路の上に藤原宮の南北軸を設定して、藤原宮を造営した。そうせねばならなかったのである。なぜそのようなことをしたのか、軸線の事実によって、明らかになるだろう。

以上のように、わたしの論理に反して、一般的には〔図5〕(六五頁)のごとく、藤原宮南北軸の都市が倭《やまと》の最初の都市であって、「いわゆる藤原京」として定着しているのである。

その原因は『日本書紀』によって作られている。先行する都市・飛鳥京を誰が造ったのか記載していないことが原因である。少なくとも、藤原宮の下から出土する道路は碁盤目状の道路であって、歴史書というなら、それを誰が造ったのか記載しなければならない。

『日本書紀』はそのことを記載できなかった、と言うより、隠さねばならなかったのである。当事者の作る歴史書などはそのようなものである。それでは「いわゆる藤原京」とは何か、説明を要するであろう。

## 藤原京という名は後代の創作である

飛鳥には都市があったが、「いわゆる藤原京」が六九四年にできたという認識となっている。たとえば、『飛鳥から藤原京へ』という本に『藤原京の成立』(小澤毅著)という論文が収録されている。それには次のようにある。

藤原京(図5)の「発掘調査によれば、本来の地形はもう少し起伏があったらしい。それにそって幾筋もの小川が流れ、散在する沼のあいだに、小区画の水田が広がる景観を呈していたのであろう。天武五年（六七六）、こうした景観を一変させる大がかりな土木工事がはじまる。そ

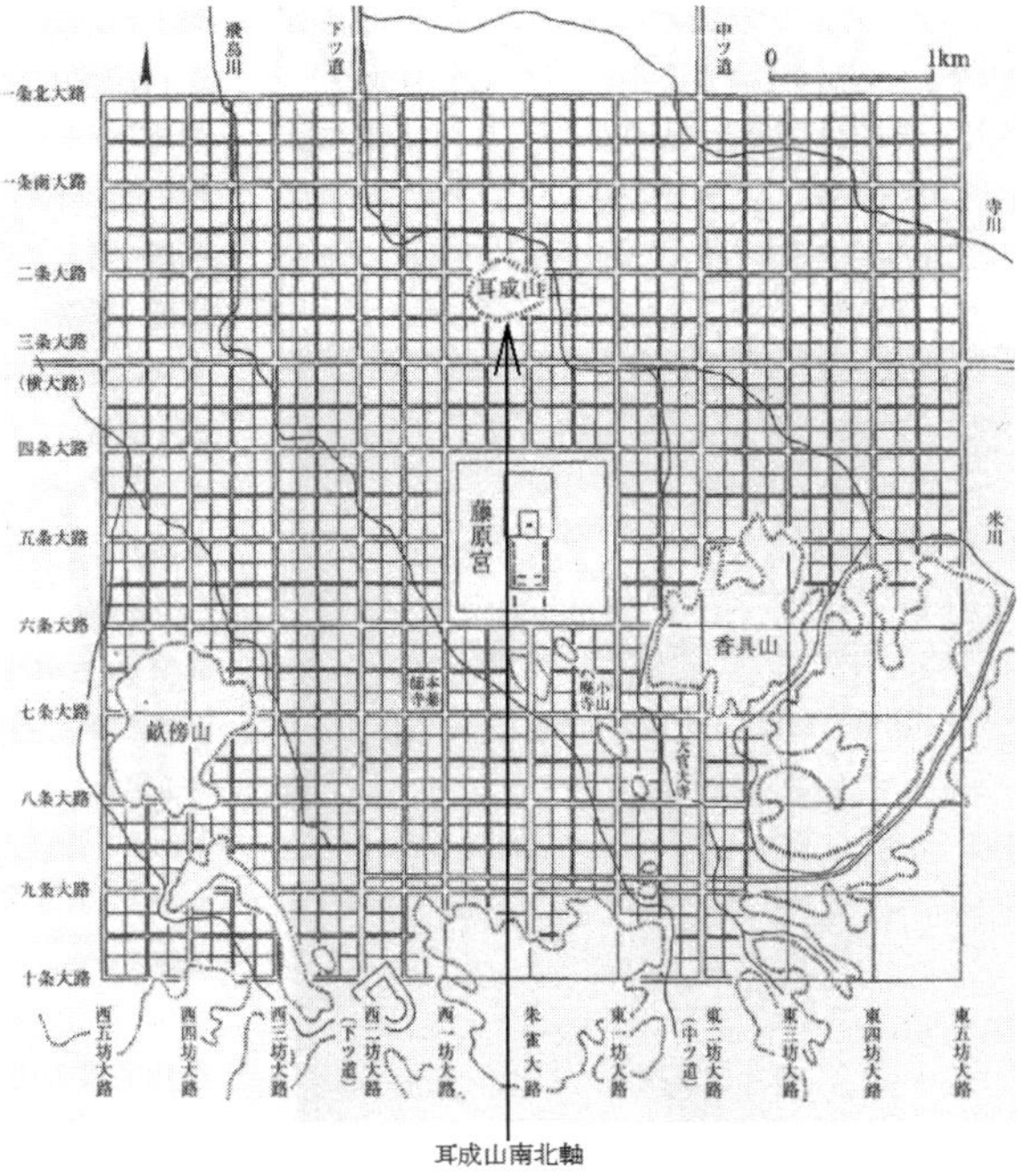

図５　藤原京復元予想図と耳成山（耳成山南北軸を書き加えた）

して山を削り、谷を埋めて土地造成を行い、側溝を掘削して、縦横に走る道路がつくられていった。天武紀が『新城』と表記する日本初の本格的都城、藤原京（六九四～七一〇年）である」

（『藤原京の成立』）

このような認識が一般的となっている。もとは水田だったが、天武天皇によって都市開発が始まったということである。その根拠となっているのは、『日本書紀』に天武天皇の時代の六七六年から「新城《にいき》を造る」と

は記載していないが、新城（新しい都市）という言葉が出てくることである。

それは新城という新しい都市を造ろうと天武が想ったかもしれない。それまでは「畿内《きない》や京や倭京《やまとのみやこ》」といった言葉で表される京＝古い城《き》（新城に対して）の都市があったということであるが、その京は『日本書紀』では、誰が造ったか記載がなく、あいまいとなっている。

研究者のあいだでは、「いわゆる藤原京」が六七六年から造られ始めた都市のような認識が一般的であり、『日本書紀』の現代語訳にも、原文は藤原宮へ「遷居」するが、「遷都」と訳されている。

つまり、「藤原京」という名は、後の歴史家の創作にすぎないのだ。『日本書紀』や『続日本紀』という歴史書をはじめ、『万葉集』（歌の部分）や『古事記』などに「藤原京」という文字は見いだせない。『続日本紀』に平城京に遷都したと明確に記載されているのに比較して、落差がある。

『日本書紀』には「藤原京」の代わりに「新益京《あらましのみやこ》」を造ったと書いてあるのだ。字の意味を素直に解釈すれば新しく増やした都市というようなことであろう。逆に古い都市があったとわかる。

そのようなら、なぜ「藤原京」という名称にしたのか。歴史学者は平城宮のあるところが平城京、平安宮のあるところが平安京となっていたので、本能的に宮殿名を都市名としたのであって、深い意味はないのであろう。

だが、わたしは六七六年から藤原京を造り始めたという論理には疑問を抱いている。それゆえに、藤原京という言葉の前に「いわゆる」を付けているのであって、それ以前に「飛鳥京」が存在したとおもっている。

その都市の名について、倭京《やまとのみやこ》でもよいが、飛鳥板蓋宮《あすかいたぶきのみや》があるなら飛鳥京とすべきなのだろう。飛鳥時代は、一般には五九二年の推古女帝の時代、皇太子に聖徳太子が就いてから七一〇年平城京遷都の間とされる。

しかし、飛鳥京という都市が先行してあるなら、その都市はいつ誰が創ったのであろうか。飛鳥時代という区分をも揺るがす事態となっている。

## 耳成山南北軸を中心とした飛鳥京

わたしは、飛鳥京に欽明大王（天皇）の頃（五五〇年）から道路はあったとおもうが、完全に整備したのは『日本書紀』にあるように五八五年に大野丘北塔《おおののおかきたとう》（和田廃寺《わだはいじ》）を建てた時期であろうとおもう。

その根拠のひとつは、藤原宮の遺跡のさらに下から道路や運河の跡が出土することである。

また、六八〇年から建立を始めた本薬師寺《もとやくしじ》の跡からも、その下層に道路が出土している（『飛鳥・

藤原京の謎を掘る』)。元から存在していた道路の上に藤原宮も本薬師寺も造られたのである。

歴史家の論理なら、六七六年に道路を造り始めて、六八〇年には破壊したことになる。わずか四年で造って破壊したなど、机上の論理そのものだ。

つまり、「いわゆる藤原京」以前に、碁盤目状の道路を持つ都市があった可能性は非常に高いのである。その事実は『日本書紀』では語られていない。

それには理由があって、耳成山の南北軸を隠すことであった。その証拠に、耳成山南北軸上の古墳は異常なものばかりとなっている。壁画のある高松塚はなぜ男女群像を描いたのか、頭蓋骨だけがない遺体など謎は多い。

また、天皇陵の形態とされる八角形墳の中尾山古墳がある。その中にある火葬骨を入れたとされる小さな石槨《せっかく》(石で造られた箱)と段ノ塚《だんのつか》と結ばれる軸線など。さらに、〔図1〕にあるような、梅山古墳の東西軸と耳成山南北軸の十字形の交点にある破壊された古墳(鬼の遺跡)など、謎の連続となっている。

それらの異常性は、先行する都市を造った人物が耳成山南北軸の創始者であり、それを隠すためであったとすれば、謎が解ける。その人物の存在を隠すことが『日本書紀』のひとつの役目であったとかんがえている。

だが、完全に隠すわけにはいかなかった。なぜなら、天智や天武や持統天皇の祖先を消すわけにはいかなかったのである。

その結果として、ある呪文が唱えられている。「蘇我聖徳」という呪文である。「我は聖徳として蘇る」と読めるなど、偶然にしてはでき過ぎている文字の組み合わせである。しかし、確実に聖徳太子は世に浸透している。

伝承のごとく、わたしには仏教の普及に関して、聖徳太子以上の素晴らしい業績の大王がいたことが分かっている。その業績を正確に浮上させることも本書の目的である。

それにしても、大野丘北塔が『日本書紀』に記される事実こそ真実を語るものはない。なぜなら、東京タワーやスカイツリーが歴史に残るごとく、とても目立った建造物であったとおもわれる。それゆえに飛鳥寺と共に蘇我馬子に造らせねばならなかったのである。

## 3　軸線が法隆寺を建立した人物を示している

若草伽藍を建立したのは敏達大王である
『日本書紀』は法隆寺若草伽藍《わかくさがらん》を建立した人物を語らないが、軸線がその人物を示している。
例えば『日本書紀』と比較することができる軸線のひとつは、〔図6〕に示したように、

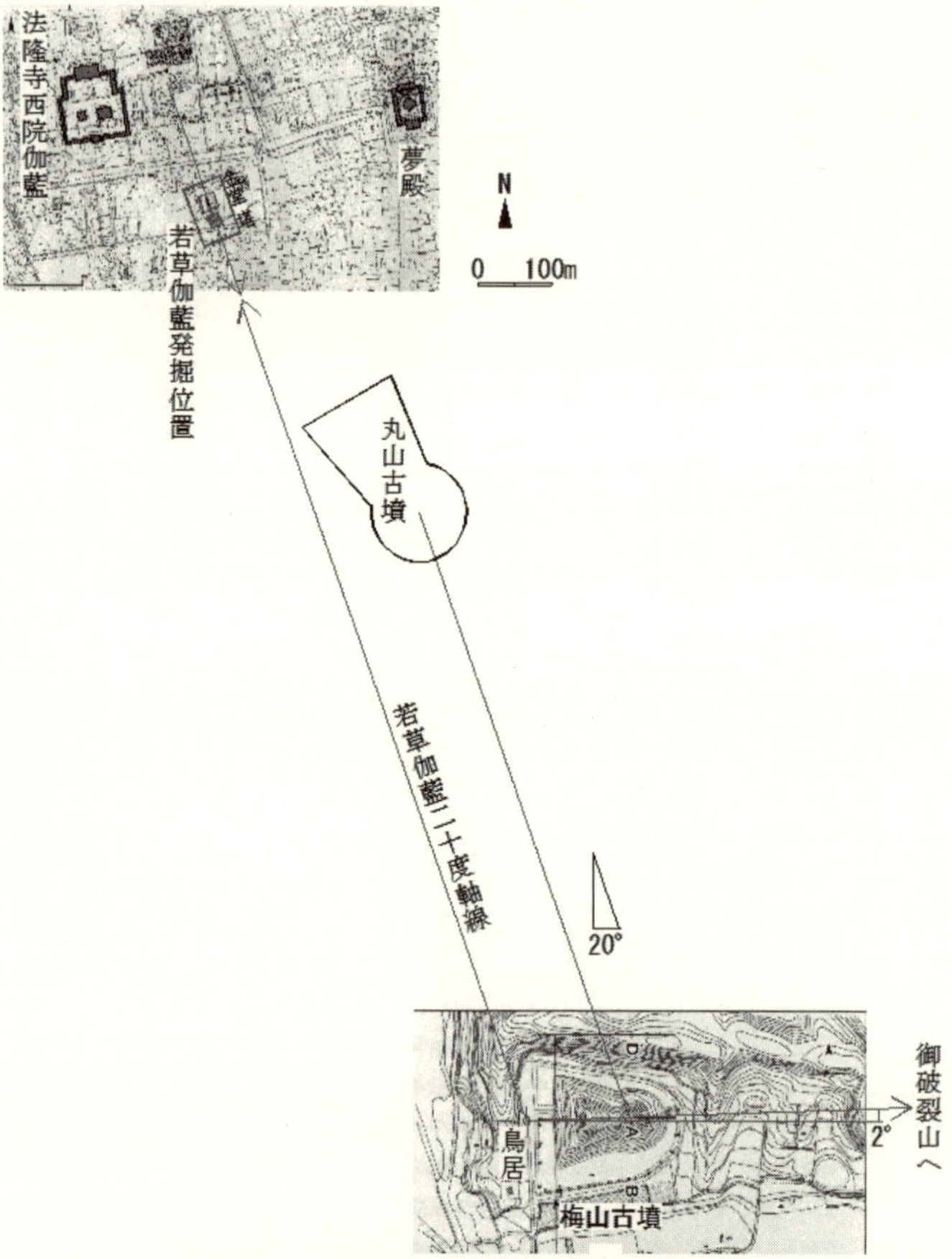


図６　若草伽藍―梅山古墳の 20 度軸線図

六七〇年に焼失したと記載される法隆寺若草伽藍と欽明大王陵とされる梅山古墳を結ぶ軸線である。

なぜ比較可能なのか。古墳と仏教寺院がつながるなら、前述するように、少なくとも古墳の被葬者の鎮魂が目的であり、その被葬者と血のつながりのある誰かが若草伽藍を建立したはずであって、その人物を絞り込める。

一般的な歴史認識はどのようになっているか、『日本書紀』に法隆寺（若草伽藍）は登場するが、誰が造ったのか記載されずに、伝承で聖徳太子が建立したとなっているにすぎない。また、焼失した後も歴史（『続日本紀』）に登場するが、この法隆寺（西院《さいいん》伽藍《がらん》）も誰が造ったか、歴史には記載されない。研究者にも、いまだにわからない。

つまり、若草伽藍と西院伽藍を造った人物を記載するのは、『日本書紀』の編者や当事者には都合が悪いということであって、軸線が唯一、比較検討できる材料ということになる。

「軸線で結ばれる」ということは具体的にどのようなことであるか。そこから始めねばならない。

その法隆寺において、最初に造られた建造物は若草伽藍と呼ばれ、一九三九年に発掘された寺院遺跡であって、現存する法隆寺西院伽藍とは別の寺院である。若草伽藍は四天王寺式といわれる配置型式で、門、塔、金堂、講堂が一直線に並ぶ伽藍配置が特徴となっている。

その伽藍の中心軸線が真北に対して西側に二〇度振れていたのである。その二〇度の中心軸線を約二〇キロメートル先の飛鳥まで延長すると、欽明大王陵といわれる梅山古墳の鳥居（祭祀《さいし》の場）に至る。〔図1〕（二五頁）、〔図6〕にあるように、地図に線で描いても、後述するが測量計算してもそのようである。

一般的に、寺院建築は南北に建てられ、入口の門を南大門《なんだいもん》と呼んでいる。したがって、「西側に二〇度振れていた」ことはかなり特殊なことであったが、今まで、その理由が分からなかったにすぎない。

梅山古墳の鳥居の位置から斑鳩は見えないが、その北側の土山からは、わずかに見えるかもしれない。そのような（見通せない）状況で古墳と寺院が結ばれているのである。前述しているように、互いに見えなくとも、その軸線は「こころ」と血縁を表しているとおもう。

それは違うと言うなら、若草伽藍はなぜ二〇度振られているのであろうか。地形に合わせたとか、偶然そのようになったとするなら、みずからの家を偶然に建て、方位も間取りも偶然そのようになったと言うことに等しい。

程度の差こそあれ、建造物の位置や形態には必ず理由がある。古代人は文字ではなく、「言霊」を信じてきた。人びとは「見えないもの」を信じていたのである。技能や武芸などの奥儀は「見えないもの」であったにもかかわらず、見えるものしか信じられなくなった現代人が、その現象を理解するのは難しい。

現代でも葬式は血縁者が行い、通常は継承者が喪主を務める。大王ならその大王の継承者が墓を造り、寺院を建てる。あるいは、大王がみずからの墓を用意する場合もあるかもしれない。その墓と仏教寺院の位置を「見えない軸線」で結び、神聖な山ともつなげたのである。その意思は理解できるのではなかろうか。

飛鳥と斑鳩は遠いので、軸線で結ばれているなど信じられないと思う人も多いだろう。だが、飛鳥と伊勢神宮が東西軸で結ばれていることは信じられるだろう。はるかに伊勢神宮の方が遠いが。「結ぶ」とは、遠い近いではなく「こころ」の問題であって、若草伽藍を造った人物は都市計画にも長《た》けていたのである。

難波湊から舟運《しゅううん》を使って飛鳥に行く場合、大和川を遡《さかのぼ》る。川は葛城《かつらぎ》山地と生駒《いこま》山地の山間《やまあい》を抜けて、奈良盆地に入り、斑鳩に出る。その左手方向、斑鳩の高台の先端に若草伽藍の塔を望むことになる。その塔と伽藍の方向（二〇度）に飛鳥川や筋違道《すじかいみち》があって、その指し示す方向に飛鳥京が見える。そのように盆地の南半分が計画されている。

建築家の目には、そのように計画された姿に映る。梅山古墳が欽明陵かどうかについては、後述するとして。若草伽藍の配置に関して、視覚的に建物を方向指示器（ランドマーク）のように扱い、「見えない軸線」で古墳と結び、その梅山古墳の中心軸線は御破裂山の頂上に向け、耳成山の南北軸線と交差させている。

明らかに、偶然そのようになったわけではなく、意図されている。その事実をどのように解明していくのか。様々に検討されるべきだが、発見者として、わたしなりに説明する必要があるだろう。

その結ばれている事実を測量計算で確かめてみる。地図上の二つの点は緯度経度で表され、それらは直線で結ばれる。そして、その直線上の点は真北に対して時計回りに方位角を持ち、若草伽藍と梅山古墳の祭祀の場が、若草伽藍の中心軸を延長した直線（軸線角度二〇度）で結ばれていると説明している。

これを測量計算で確かめるのだが、その方法については国土地理院が提供している『測量計算サイト』の「距離と方位角の計算」を利用した。そして、緯度経度の情報はGoogle地図や奈良文化財研究所のデータベースから得た。以上の計算式に関しては、国土地理院の同サイトを参照していただきたい。

計算結果については、小数点以下は四捨五入して、遺跡の角度表示と同じ精度に合わせた。この場合には二〇度となれば、確かにその角度で結ばれているといえる。

偶然ではなく、二〇度の軸線は「高松塚―夢殿（斑鳩宮）」など他にも使われていたのである。文字の代わりに軸線に「こころ」を込めたのだ。偶然にそのようなことになっているなどとは言えない。

〔表1〕の角度計算表のごとく、方位角三三九・九二〇八度を得る。それを三六〇度から減じると、西側へ二〇・〇七九二度となり、軸線角度二〇度の傾きをえる。距離的な精度の問題だが、小数点以下四桁目（〇・〇〇〇一度）が一度異なると一〇メートル程離れるので、緯度経度は五桁（一メートル程度の誤差）まで算出する必要がある。

　結果として、一メートル程の誤差で二つのポイントが結ばれ、数値上も二〇度の角度で結ばれていると証明される。そのような建造物が造られる意味は何か。欽明大王である親の鎮魂の目的で、欽明の子の大王・敏達が若草伽藍を建立したとかんがえられる。

　しかし、『日本書紀』は敏達大王に触れずに、「仏法を信じず、文史を愛《この》む」とだけ記載するのである。これも不自然なのだが、わたしは、敏達大王の業績を消しているのだとおもう。彼の時代の五七八年に百済《くだら》から経論《きょうろん》、律師《りっし》、禅師《ぜんじ》、比丘尼《びくに》、呪禁師《じゅこんはかせ》、造仏工《ほとけつくるたくみ》、造寺工《てらつくるたくみ》が倭国に来たと記載されている。

　つまり、百済から来た人や物は全て仏教のためである。敏達の時代に大量に仏教寺院が造られる条件が整っていたことが『日本書紀』に

| 場所 | 緯度（北緯） | 経度（東経） | 方位角 | 軸線角度 |
| --- | --- | --- | --- | --- |
| 若草伽藍（塔中心部） | 34.61295 | 135.73613 | 339.9208 | 20.0792（360 度マイナス方位角） |
| 梅山古墳（鳥居部分） | 34.46864 | 135.79994 | | |

表1　若草伽藍と梅山古墳を結ぶ軸線の角度計算表

あるわけで、敏達の話と矛盾する。

そして、親の大王の鎮魂を意図したとおもわれる若草伽藍二〇度の軸線の事実がある。この物理的事実が『日本書紀』と対立する点であり、比較対象として軸線が有効であるとする理由となっている。文字と異なり、実際に測量して位置を設定し、建設を実行しているわけで、その労力は簡単なものではなく、建造物が真実を語っている。

若草伽藍の建立が敏達によるものとするには、梅山古墳が欽明陵であるとしなければならない。また、なぜ『日本書紀』が敏達の業績を消さねばならないのか。問題は多いが、それも含めて後段で証明している。

## 丸山古墳と関係する梅山古墳の被葬者

梅山古墳の北側に丸山古墳が存在するが、〔図6〕（七〇頁）のごとく、この二つの前方後円墳の円形部の中心点（被葬者の棺《ひつぎ》の位置）を結ぶ軸線角度も二〇度となっている。これは、私の弟（敏男）の指摘によったが、これらの角度は偶然ではなく、意図しているのであって、二つの古墳の被葬者が関係しているとかんがえられる。また、若草伽藍が二〇度振られている理由も、丸山古墳と梅山古墳の関係性を保ったのであろう。

そして、この事実によって梅山古墳の大きさが決定されている。なぜなら、被葬者を葬る位置の円形の中心点と、若草伽藍と結ばれる祭祀の鳥居の位置の二点によって梅山古墳の長さが決定されるからである。

つまり、計算された位置と形態になっているのであって、このように飛鳥時代の建造物に「見えない軸線」が設定されている。それを発見することによって、個人を特定できるとかんがえる。

念のため、梅山古墳と丸山古墳の円形中心部（地図から推定した）の方位角を計算しておく。各古墳の緯度経度はGoogle地図から得た。結果として、三六〇度から方位角を減じて、軸線角度二〇度を得る。（計算方法は前述している。これ以降も同様）

これらの軸線は、丸山古墳、梅山古墳、若草伽藍の時間を表している。最初に丸山古墳が造られ、中心軸は高取山に向けられた。その後、梅山古墳の築造時に、丸山古墳や若草伽藍と耳成山南北軸の関係性が決定されてから、建設に取り掛かったということである。

梅山古墳の築造時には耳成山南北軸を意識していたわけで、それゆえに梅山古墳は東西軸となっている。逆に言えば、飛鳥京に碁盤目状の道路が造られていたからこそ、耳成山の南北軸が意識される

| 場所 | 緯度（北緯） | 経度（東経） | 方位角 | 軸線角度 |
|---|---|---|---|---|
| 梅山古墳（円中心） | 34.46871 | 135.80145 | 340.1242 | 19.875（360度マイナス方位角） |
| 丸山古墳（円中心） | 34.47588 | 135.79832 | | |

表２　梅山古墳と丸山古墳の円形部の中心を結ぶ軸線角度計算表

のである。

結果として、若草伽藍と梅山古墳や丸山古墳が「見えない軸線」で結ばれている事実より、梅山古墳が欽明大王の陵と証明されるならば、「蘇我聖徳」と、わたしが述べるように、敏達大王が聖徳太子として蘇ることになる。

これから証明するのだが、敏達は聖徳太子以上の素晴らしい業績を残したのであって、彼の業績を隠さなければならない理由があったことになる。「乙巳の変」の真実を『日本書紀』によって隠ぺいしたわけだが、その口封じのために「稲目馬子蝦夷入鹿」という、創作した暗号によって臣下を脅しているようにおもう。

## 古墳の法則――軸線で古墳の被葬者がわかる理由

本書では、古墳を結ぶ軸線がその古墳の被葬者を示しているとしているが、なぜ特定できるのかという疑問があるだろう。

飛鳥時代には北極星を基準とした測量技術があったようにおもう。それらはもちろん一般的ではなく、天皇クラスの人物が関係する古墳や建造物の話であるが、当時の最高技術を駆使して、古墳や建造物の位置を決めていたことが、今回初めてわかった。

それらの古墳や建造物が一直線に並んでいることが分かったのだが、一直線に並べることが高低差のある自然の野山の中で、如何に大変かということを理解してもらわねばならない。

近くで見通せる場所なら簡単だが、二〇キロメートル以上離れて、見通せない場所でも直線で結ばれている。意図しないと、そのようにはできないのだ。

一直線上に並べる必要性があって、当時の権力者しかそのような技術を持たなかった。古墳と神の山や仏教寺院や宮殿を直線で結ぶことの意味は哲学的な話となるが、三点が「見えない直線」で結ばれる話は幾何学でもある。

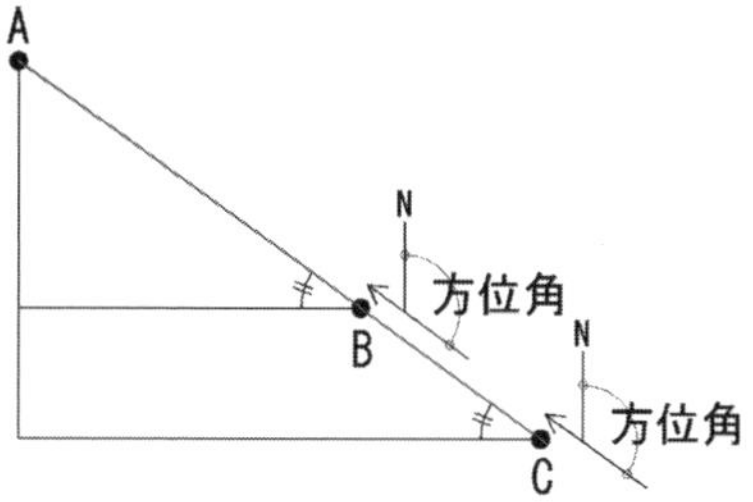

図７　測量計算方法（方位角とはなにか）

現在なら、地図上で誰でも確認できる。三点以上が直線に並べばよいが、より正確には測量計算して、直線的になっているか、確認する必要がある。測量計算は、どのようにすればよいのか。

例えば、方位角を利用すると次のようになる。

〔図７〕を見て、地図上に点ＡＢＣが直線的に並んでいて、それらを結ぶ線を軸線と呼んでいる。

地図上の点ＡＢＣは各々緯度経度情報を持っている。また図に示すように、点Ａに対して軸線上の点ＢとＣは角度を持っている。その北Ｎに対する角度を方位角と呼んでいる。そのＢＣの方位角が一致すれば、直線的に並んでいることになる。

これを測量計算で確かめるのだが、その方法については前述している。計算結果について、幾何学上厳密にいえば、方位角は一致しなければならない。しかし、自然の野山では古墳や寺院に適さない場所もあるだろう。また、当時の測量技術の精度の問題もある。したがって、多少のずれも必然的に生じてくるとかんがえられる。

小数点以下は四捨五入というより、おおよその数値が一致すれば、その角度で結ばれているといえる。一度以上ずれるならば、直線的ではないということだろう。

ただ、宮殿や仏教寺院で、規模が大きい建造物は門と最後尾では緯度経度の数値が大きく異なってくる。結果的に直線でなくなる場合もあり、配置復元図を元にして軸線の通過する位置を割り出す必要がある。

その他、軸線の出発点となった場所は、無理のない場所に造られているはずであり、どこが出発点かを考える意味でも、重要な視点である。

測量計算による点ＡＢＣが直線的並んでいる証明は以上のようである。

問題は、直線的に並ぶことによって判明する事実である。点ＡＢＣは古墳や寺院や宮殿や神の山であり、そこには具体的に伝承や因縁があり、時間的な経過が存在している。

点ＡＢＣは意図されて直線的に並んでいるわけで、古墳なら死亡した順序や血縁とわかるが、なぜ直線的に並ぶ必要性があるのか。結ばれる意味を研究すれば、その古墳の被葬者が判明するはずである。

古代の人びとが死後において、どのように葬《ほうむ》られたいか、または、葬られたのか。その直線の事実を見れば理解できる。

## 4『日本書紀』の暗号

### 『日本書紀』を創ろうとした意図は何か

いわゆる藤原京に先行する飛鳥京を隠し、耳成山南北軸上に存在する異常な三基の古墳を隠した理由はなにか。欽明大王の子・敏達大王の関係者の墓とみられる「鬼の遺跡」(鬼の俎・鬼の雪隠)は、明らかに破壊されている。

それらをかんがえると、大きな疑問が生じてきた。

『日本書紀』を創ろうとした理由は何かということである。それを作った人物の意図があるはずである。特に『日本書紀』は政府の中枢にいた人物が作った歴史書であって、彼らに都合よく書かれているはずである。そこに込められたものは何か。根本的な疑問がある。

『日本書紀』の編集コンセプトは「高天原・天孫降臨・万世一系」(『聖徳太子の真実』)というこ

とになっている。それは、持統天皇が孫の文武に天皇位を移譲することの正統性を天照大御神が孫のニニギノミコトに移譲することに倣《なら》っている。そのようであるが、どうもそれだけではなさそうに見え、仮説を提出せざるを得ない。

あまりにも天智一族を非道に描いている理由はなにか。蘇我蝦夷・入鹿父子を殺害するのは中大兄皇子（天智）であるが、その直後には古人大兄一族を殺害している。また、四年後には大臣（蘇我倉山田《そがのくらのやまだの》〈石川《いしかわ》〉麻呂《まろ》）を殺害する。

持統は甥の大津皇子《おおつのみこ》を夫である天武の死後、直ぐに殺害するなどが描かれる。確かに、書面上で藤原鎌足や不比等が命令を下しているわけではないが、実行しているのは彼らであって、その後、実質的に倭国を支配している。

結果的に不比等の孫は聖武《しょうむ》天皇となるわけで、藤原一族は天皇家となっているのである。この事実から、推測するわけだが、不比等は完全に裏にいて、表に出ることはない。『日本書紀』の編者であるからこそ、そのようなことができるのである。

歴史書の編纂は天武朝から開始されたようだが、持統天皇は現存する『日本書紀』の草案を見ることはなかったと、おもうのだ。あまりにも天智一族が非道に描かれているからだが、彼女が見ていた歴史書は『古事記』の内容であったのではないか。

天照大御神が孫のニニギノミコトに位を移譲することは、持統が孫の文武に天皇位を移譲することに同じであり、推古天皇が女帝だったことで充分であった。持統の欲した歴史書は『古事記』の内容でよかったのであり、女帝の推古天皇も作り話であって、そこで『古事記』が終わっている理由とかんがえる。

したがって、その神話は世の中に発表された。それが『古事記』である。おそらく、太安万侶《おおのやすまろ》が不比等の命ずるままに編集したのであろう。

だが、もうひとつの歴史書を用意していた。そこには、藤原不比等の思惑があった。天智一族が非道であり、歴史に登場しない人物がいて、彼が黒幕であることを示すことであった。それが「蘇我聖徳」であり、「稲目馬子蝦夷入鹿」なのである。

## 「蘇我聖徳」の意図

これから述べることだが、若草伽藍や梅山古墳を建造した敏達大王は、多くの仏教寺院を建立したことがわかっている。少なくともその成果から、聖徳太子以上の業績を残したことになる。

最近の研究では聖徳太子の実在性は否定されている。『聖徳太子の真実』（大山誠一編）によれば、「聖徳太子の実在性を示す史料は皆無であった」のであり、『日本書紀』以前の史料が存在しないことが根拠になっている。

聖徳太子が建てたとする各寺院の縁起なども、そこに使われている文字などを研究すると、聖徳太子の時代には使われていない言葉が含まれているなど、『日本書紀』を参考にして書かれているることが判明している。

考えてみて欲しい。古墳に文字が一つも発見されない状況で、仏像等に文字があるのだろうか。輸入された仏像にはあるかもしれないが、言霊を信じ、文字を信用しなかった可能性のある人びとが仏像に文字を入れるだろうか。その事実を受け止める必要がある。

やはり『日本書紀』以降に、仏像等に文字が加えられ、その情報が現在まで伝えられているとした方がよいだろう。平城京遷都後の七二〇年という時期に『日本書紀』が発表された意味は、文字の普及を待ち、真実を知る人びとがいなくなるのを待ったのかもしれない。

しかしながら今回新しく、聖徳太子のような人物がいたことがわかった。それは伝承のとおりである。四天王寺から若草伽藍、橘寺、飛鳥寺までの軸線や同一の軒丸瓦から、それらを同時に建立した人物がいたことがわかった。また、耳成山南北軸を設定し、碁盤目状の道路を持った都市を造り、大野丘北塔を建てた人物がいたこともわかった。これらは後段で証明されるであろう。

わたしは、蘇我一族もまた、『日本書紀』によって創られた一族とかんがえている。『謎の豪族蘇我氏』（水谷千秋著）によれば、「蘇我氏の実像はいまだ霧の中に隠れて見えないところも多い」のであって、実在性を示す史料は、聖徳太子と同様に、皆無となっている。蘇我氏の実在性を証明できる学者はいないであろう。

その証拠に、物理的な遺跡から「蘇我」や「聖徳」の痕跡は現れない。あるのは『日本書紀』から波及する伝承のみである。甘樫丘《あまかしのおか》にあるとされる蘇我氏の邸宅の遺構は出土しない。一九九四年に甘樫丘東麓《とうろく》遺跡が発掘され始めて、蘇我蝦夷や入鹿の館跡《やかたあと》と騒がれたが、小さな規模で方位もバラバラに建てられた遺構であった。

わたしの述べるように、邸宅の遺構は出土しないであろう。なぜなら、前述するように、「蘇我聖徳」という呪文のようなものが存在するからである。「我は聖徳として蘇る」と読めるような文字の組み合わせが『日本書紀』に組み込まれている。こんな偶然はありえないとおもう。意図しているとかんがえるほうが自然であろう。

## 「稲目馬子蝦夷入鹿」の意味

そのようにかんがえると、蘇我氏の名前も変である。名前を順に続けると、別の意味になる特徴があって、驚愕《きょうがく》の事実がわかる。

稲　目　馬　㋙　蝦　夷　(入)　鹿

稲目はともかく、馬子蝦夷入鹿と並べると、その文字の中で、○で囲んだ「子」と「入」は

写真５　入れ子状の大中小の土器（撮影著者）

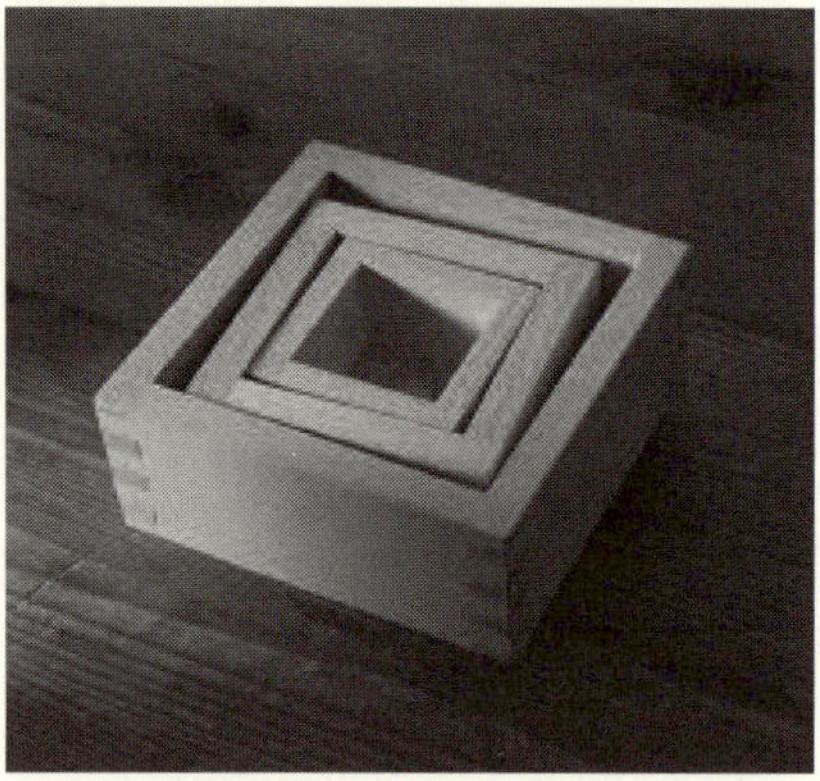
写真６　入れ子の箱枡（撮影著者）

「入れ子」の意味を示しているようにみえる。

「入れ子」とは〔写真６〕のように、大きな箱枡《はこます》の中に一回り小さい箱枡が入るような関係を指す。それと同様に、当時の土器〔写真５〕なども大中小があり、重ねて収納した可能性は高い。そのような意味の「入れ子構造」（二重構造）を文字で示しているのではないか。

「入れ子」なら、それを除くことができる。その文字に挟まれている「入れ子」の「蝦夷」を除くと、外側の「馬と鹿」が残る。「馬鹿《うましか》」は「愚か」の意味で鎌倉時代末期から使われているが、ここでは時間的に紀元前九〇年頃に成立した『史記』の故事「鹿をして馬となす」の意味であろう。

その原文を次に示す。

『史記』秦始皇本紀第六、前二〇七年
八月己亥、趙高欲為亂、恐群臣不聽、乃先設驗、持鹿獻於二世、曰：「馬也。」二世笑曰：「丞相誤邪？　謂鹿為馬。」問左右、左右或默、或言馬以阿順趙高。或言鹿（者）、高因陰中諸言鹿者以法。後群臣皆畏高。

（中國哲學書電子化計劃）


簡単に訳すと次のような意味となる。

秦の二世皇帝に仕える丞相《じょうしょう》の趙高《ちょうこう》が臣下を試すために、皇帝に「鹿を馬である」として献上した。皇帝が臣下に「丞相は誤っているのではないか」と問いかけたところ、多くの臣下は黙《もく》したか、「馬です」と言ったが、「鹿」と答えた者を趙高が暗殺し、臣下は震え上がった。という話である。「馬鹿」は「真実を述べた者を暗殺する」ことを示している。

さらに、「稲目《いなめ》」は「否目《いなめ》」につながり、「見るな」とか「目をつぶれ」となる。つまり、「真実を言うなら殺すぞ」という脅しになる。

「蘇我聖徳」など、彼らの名前が言葉遊びなどではなく、呪文のような、『日本書紀』の謎を解く暗号になっているようにおもう。蘇我一族や聖徳太子の話などは真実ではなく、「真実を言うなら殺すぞ」という脅しとなっているのである。

「入れ子」については古代に使われていたか、異論もあるだろう。「子、入」の意味として、他にも解釈できるのではないか。

「子《ね》」とすれば、「ねずみが入った」となり、すぐに追い出さねばならない。また、「子《こ》を入れる」なら養子という意味にもなり、本来なら「ない」方がよい。等々、様々な解釈が成り立つようで、無理に「入れ子」とする必要もない。

むしろ、その根拠となる『史記』という歴史書が飛鳥時代に読まれていたという明らかな証拠がないことのほうが、問題かもしれない。

中国の四書五経《ししょごきょう》(註)は『日本書紀』にあり、五経の中の「春秋」は歴史書である。敏達大王も歴史を愛したと記載され、「聖徳太子の憲法一七条」が『史記』を参考にしているという説（『近江奈良朝の漢文学』岡田正之著　養徳社〈一九四六〉）もある。

たとえば、『憲法十七条』の「以和爲貴（和をもって尊しとなす）」は「論語」の「和而不同（和して同ぜず）」を手本としているとされるが、それより前の『史記（晏子春秋《あんししゅんじゅう》）』にある逸話のほうが納得させられる。

「斉《せい》」の景公《けいこう》に仕えた宰相《さいしょう》の晏嬰《あんえい》が「和と同の違い」について述べている。「和」とは、吸い物が水・醤油・塩・出汁・具からできているように、異なった要素がよいところを発揮して調和している。しかし「同」は、水に水を足すようなもので、そこからは何も生まれない。とする方が、『憲法十七条』に近いようにおもう。

むしろ孔子が、尊敬していた晏嬰の話を単純化して四字成語にまとめたということである。結果として『日本書紀』が『史記』を参考としていないとは、言い切れないであろう。

そのように、種を明かせば、誰もがわかるように仕組まれているのではないか。それとも、この蘇我一族の名前の文字の組み合わせは偶然と言えるのであろうか。

また、なぜか、『日本書紀』は蘇我氏の滅亡の理由を示している。蘇我入鹿の弟は物部《もののべ》姓を名乗っているとあって、滅亡したことを『日本書紀』が公表している。政権をわがものにしてきた人物の弟が、蘇我を名乗らないなど、それらは「聖徳（厩戸）一族や蘇我氏はいなかった」と言っているようなものだ。

以上のように見てくると、『日本書紀』にある敏達の「文史を愛《この》んだ」は、『憲法十七条』を創作したのは敏達であった、と示しているようにみえる。文史に明るい人間でなければ、『憲法十七条』はできないのではないか。

やはり「蘇我聖徳」、敏達を聖徳として蘇らす呪文が、『日本書紀』や法隆寺に組み込まれているとかんがえた方がよいようにおもう。

研究者の中には「『日本書紀』に登場しない聖徳太子は存在しなかったが、記載される厩戸皇子は存在した」かの論理がみられる。『蘇我氏の古代』（吉村武彦著）や『蘇我氏』（倉本一宏著）などで述べられているが、対外的に俯瞰《ふかん》しても、彼らの名前が創作だったことがわかる。少なくとも中国の唐の時代には「イエス・キリストが馬小屋で生まれた」というキリスト教が「景教《けいきょう》」として確実に伝わっていた。厩戸は馬小屋の意味を持ち、馬子は正に馬であって、一対を成している。それらは偶然だったなどという論理は破綻しているのである。

わたしは研究者の論理とは逆に、「聖徳太子は伝承の中にのみ存在したのであって、実在したのは厩戸皇子ではなく、敏達という大王であった。」としている。敏達は厩戸と馬子に分割されたのであり、大王が主な建造物を造ったという自然な話をしているつもりだ。

（註）四書五経―四書は「論語」「大学」「中庸」「孟子」
五経は「易経《えききょう》」「書経」「詩経」「礼記《らいき》」「春秋《しゅんじゅう》」

## 天智・持統親子と藤原一族の行状

その最も隠したかったことは、「蘇我聖徳」が絡んだ斑鳩宮襲撃や飛鳥板蓋宮で起きた六四五年の「乙巳の変」の真実であろう。真実は蘇我入鹿のような横暴な権力者を殺害するような、安直な馬鹿な話ではなく、大王（天皇）を殺害するというクーデターであった。

中大兄皇子（天智天皇）と藤原鎌足による舒明大王の子・古人大兄皇子《ふるひとのおおえのみこ》一族の殺害だが、そのことを隠すために、天智天皇の子・持統天皇と藤原鎌足の子・藤原不比等によって『日本書紀』

の一部が操作されているのである。

さらに、持統天皇は他の妃《きさき》が生んだ大津皇子《おおつのみこ》を天武の死後、ただちに殺害している。天武の子・大津皇子は『日本書紀』に政務（朝政）を執っていたと記載され、天武が大津皇子を後継指名していたにもかかわらず、殺害された。

天武には少なくとも一〇人の妃がいて、彼女たちが生んだ皇子が一〇人いた。『日本書紀』に描かれる一番優秀な大津皇子を持統が殺害したのである。実は、大津皇子は、持統の姉・大田皇女《おおたのひめみこ》が生んだ甥であった。大津殺害後に、持統が生んだ草壁皇子《くさかべのみこ》を皇太子に立てた。

つまり、その事実は、ひとりの妃《きさき》にすぎない（天皇の地位になかった）持統が天皇あるいは皇太子を殺害したことを示している。藤原不比等の協力があったのであろう。これはクーデター以外のなにものでもない。

なぜそのようなことが言えるのか。一般的には天武・持統陵という合葬墓があって、仲睦まじく葬られたという解釈がされている。つまり、持統が天皇を継承して、藤原宮の南北軸上に天武・持統陵を造営したのだから、『日本書紀』が示すように、大津皇子は謀反を起こして殺害されたということになる。

天武天皇の墓がなければ、そのような解釈でよいだろうが、天武天皇がみずからの墓を岩屋山《いわややま》古墳と定めていたとしたら、その解釈は通用しない。

天武は持統との合葬墓の事実を知らなかったのであり、天武と持統の間に意思の疎通はなかった。天武は草壁皇子を後継指名していない。したがって、クーデターを起こしたのは持統ということになる。

持統は仲睦まじく装って、合葬墓を造らねばならなかったのであって、藤原宮南北軸の設定は天智一族の願いだった可能性が高く、天武・持統陵は一種の演出ということになる。この話は岩屋山古墳が天武の墓という前提となっているが、当然ながら、後段において、軸線が証明してくれる。

真実の大王や皇太子の殺害は『日本書紀』に記載できない。その編集コンセプトは天孫降臨、万世一系であるからだが、天智一族（持統、文武）や藤原氏が権力を握って、彼らのルーツの正統性を記載せねばならない。そのような理由で、何か傀儡《かいらい》を創作することを思いついた。それが「蘇我聖徳」であり、聖徳太子一族と蘇我一族であった。

「蘇我聖徳」など、人物の名前は変更可能だが、建造物は現実であって、斑鳩宮や飛鳥板蓋宮を焼失させねばならない制約が生じたのである。したがって、時間と人物を変更した。そのようにかんがえれば、聖徳や蘇我一族の名前のように、なぜそのような名前としたか理解できる。

それらを創作した人物は藤原不比等だが、陰に隠れて、みずからの娘（宮子《みやこ》）を皇后にし、孫を天皇（聖武《しょうむ》）に仕立て上げた。『日本書紀の最後の文章は、六九七年に持統が策《はかりごと》を決定したところで終わるなど、天智一族を非道に描き、みずからは表面に出ることなく、非常に都合よく書かれている。

『日本書紀』の編者は藤原不比等であって、みずからが亡くなる直前まで『日本書紀』の発表を押さえていた。それも不比等らしく、持統には別の『日本書紀』を見せていたのではないか。その歴史書は『古事記』という名の神話だったかもしれない。

持統にとっては『古事記』のように、天照大御神が孫のニニギノミコトに天皇位を移譲し、女帝の推古がいたことで充分だったのではないか。

藤原氏が権力を握り続けた理由は『日本書紀』に仕組まれていた。奈良、平安時代の五〇〇年間もの長きにわたって権力を掌握できた理由は不明となっているわけで、何か理由があったとかんがえるのは自然な疑問である。

『日本書紀』が最も隠したかった天智・持統親子の執念の成果「大王殺害のクーデター」を利用して、その物語の中に、臣下への警告を巧妙に仕込んだのである。それは、藤原一族にとって切り札であった。

以上のことも、軸線の事実から証明されているが、これから読み進むうちに、より明らかになるだろう。

## 符合する蘇我氏と大王の在位期間

聖徳一族と蘇我一族は存在しなかったのだが、納得できない人も多いとおもう。まさか、蘇我一族の名前が「脅し」になっていたとは、わたしにも驚愕の事実である。

結果として、不比等の企《たくら》みは成功した。一三〇〇年間誰も気づかなかったのだから。あるいは、気づいても言えなかったかもしれないが。

そこから、逆にたどってみよう。『日本書紀』という歴史書を編纂する場合に、なにか不都合を隠ぺいしたいとおもったら、なにができるのだろうか。

乙巳の変が皇太子あるいは大王を殺害するクーデターであったとしたら、その事実をいかに隠ぺいするだろうか。

最も簡単なことは、すべてなかったこととすればよい。しかし、そのようにできなかった。なぜなら、舒明は天智の父であって、消すわけにはいかない。天智がいなければ、持統もいないのであって、それはできない。

そこで、何が隠せて、何が隠せないのかをかんがえたのであろう。権力者が殺害される、建造物が焼失するなど、事件のあったことは隠せない。一番簡単なのは、ダミーを立てて、別の人物がそのようになったとすればよい。

ただ、その場合は、前後の関係が重要であって、その人物は急に現れることはできず、何代も前から定着させねばならない。しかし、あまり前からは煩雑になるだけで、難しい。

　そこで、〔表3〕に大王（天皇）の在位期間と蘇我氏と聖徳太子一族の関係を示すが、彼らの年表を見ると、明確になることがある。

　蘇我一族は大王（天皇）の在位期間にほぼ等しい期間に活動している。馬子だけは敏達、用明、崇峻、推古の在位期間にわたっている。

　それは、欽明が亡くなるときに蘇我稲目が亡くなる。敏達から始まって、推古が亡くなるときに蘇我馬子が死ぬ。また、舒明やその子・古人大兄が亡くなるときに蘇我蝦夷と入鹿が亡くなっ

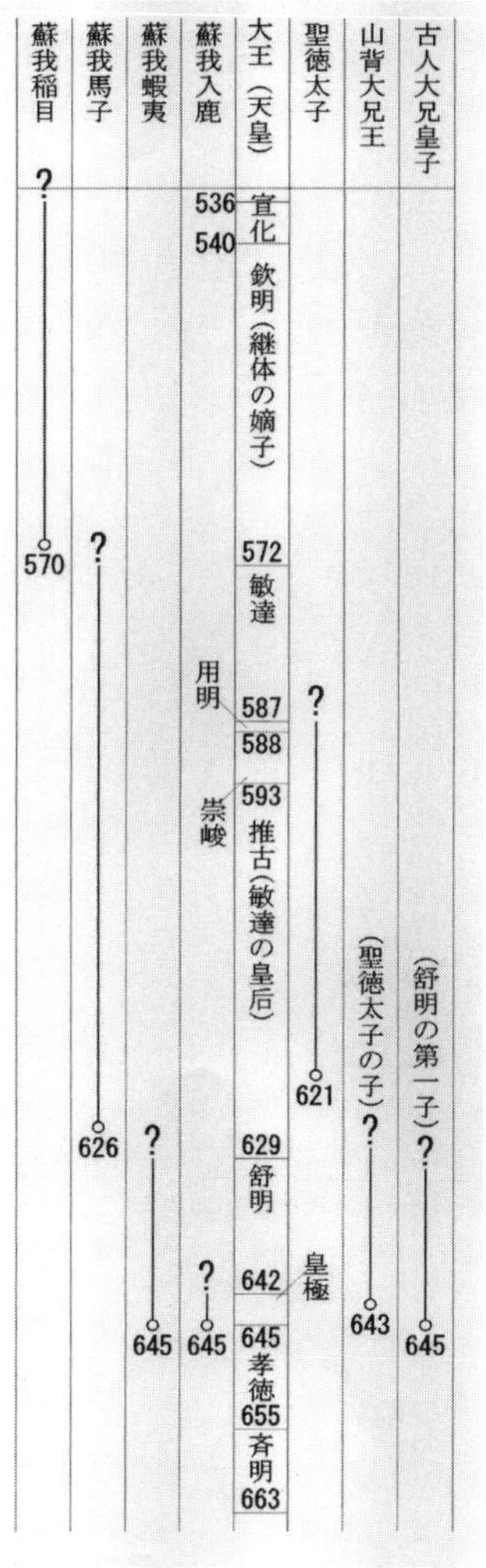


表３　大王（天皇）の在位期間における
聖徳太子と蘇我一族の関係性

ている。そして蘇我氏は滅亡している。

結果として、大王が亡くなるときに合わせて蘇我氏も亡くなるという、偶然が三度もあるのかということである。確かに、大王が変われば腹心も変わるが、死ぬ必要はないだろう。

蘇我氏だけ強調されているのも不自然である。たとえば、欽明の即位当時は、大伴《おおともの》金村《かなむら》大連《おおむらじ》、物部《もののべの》尾輿《おこし》大連《おおむらじ》と蘇我《そがの》稲目《いなめ》宿禰《すくね》大臣《おおおみ》であったが、敏達の時は物部《もののべの》弓削《ゆげの》守屋《もりや》大連《おおむらじ》と蘇我馬子宿禰大臣となっている。

稲目の亡くなったことが書かれているので、馬子となったことは理解できるが、物部弓削守屋については元のとおりとなっていて、尾輿から弓削守屋に変化していることに言及していない。それは蘇我氏を強調しているということである。

また、大伴金村は失脚させられて、大伴氏は政治の場から姿を消してしまう。大伴氏の代わりを蘇我氏として、名前を入れ替えれば事足りる。

逆にかんがえれば、権力者のダミーの生きた時期が真実の大王の時間なのかもしれない。それは、欽明（稲目）―敏達（馬子）―舒明（蝦夷）―古人大兄皇子（入鹿）となって、はるかに自然におもわれる。

それと同じようなことが聖徳一族にもいえる。聖徳太子は用明から始まって、推古が亡くなる頃に亡くなり、聖徳太子の子・山背大兄王は舒明や古人大兄と重なる年代を生きている。

そして、六四一〜六四五年までに、蘇我蝦夷・入鹿父子、舒明・古人大兄父子、山背大兄王が一挙に亡くなっている。これも、まことに不自然である。

## 隠された敏達の業績と天智の出自《しゅつじ》

『日本書紀』の中で、一番に存在感のある蘇我馬子と聖徳太子が敏達や推古の時期に登場していることも注目しなければならない。

そのことから、誰の業績を消したかったかとすれば、舒明は天智や天武の父とされるわけで、この人物は隠せない。やはり、敏達しかいないだろうとおもう。なぜなら、多くの仏教寺院を建立した輝かしい敏達の業績をそのままにすると、舒明や古人大兄皇子が目立ってくる。

少なくとも、天智によって殺害された古人大兄が政権を継承しない理由が必要になる。その理由はどのようであれ、『日本書紀』の万世一系というコンセプトから逸脱している。そこで登場するのが、蘇我氏の横暴な専横ぶりで、天皇の継承が乱れる様を描き、彼らは天智らによって一掃されるのである。

そして、舒明の皇后（宝皇女《たからのひめみこ》）が生んだ第一子（葛城皇子《かつらぎのみこ》＝天智）が治めて、万世一系は保たれたとされるが、『日本書紀』には古人大兄が長兄であったと鎌足が述べている。また、天智は天武と異なり、廣瀬や龍田で神祀りを行っていない。それは古人大兄の弟が大海人皇子《おおあまのみこ》（天武）

で、最も近い親族であったので、鎮魂を行ったのではないか。

さらに、斉明（宝皇女）は天武の母とされるが、斉明陵とされる牽牛子塚《けんごしづか》や越智山陵《おちのみささぎ》（斉明陵）と天武陵（岩屋山古墳）は何も接点がない。むしろ、岩屋山古墳は欽明陵（梅山古墳）や敏達陵（耳成山南北軸上）と関係を持っている。牽牛子塚は吉備姫王墓《きびのひめおうぼ》や飛鳥板蓋宮と結ばれている事実から、天智の母は吉備国《きびのくに》の蚊屋采女《かやのうねめ》で、蚊屋皇子《かやのみこ》が天智であるとした方が、矛盾がない。

つまり、生まれた順序は古人大兄、蚊屋皇子（天智）、大海人皇子（天武）の順で中大兄《なかのおおえ》皇子（天智）が、名前の示すとおり真ん中であり、天智には出自もあって大王を継ぐ権利がなかったのである。真実は『日本書紀』の中にあり、答えを用意している。だから、前述するように、暗号があるのである。

後述するが、牽牛子塚は藤ノ木古墳と若草伽藍の二〇度の軸線で結ばれていることがわかっている。それを造ったのは天武のようで、わたしは菖蒲池古墳から牽牛子塚へ移葬したとかんがえている。どうも、実の母に行う行為ではないようにおもうのだ。

それを嫌った持統が越智山陵に移葬した。菖蒲池や牽牛子塚や植山古墳（東側石室）に遺物がないのは、身内を全て越智山陵に納めたからである。

天智の出自に関する仮説を〔天皇の系譜〕（次頁）に示したが、『日本書紀』に従うと、敏達の皇太子に彦人大兄皇子《ひこひとのおおえのみこ》が存在して、その名を敏達とすれば、中国の歴史書『隋書』に登場する倭

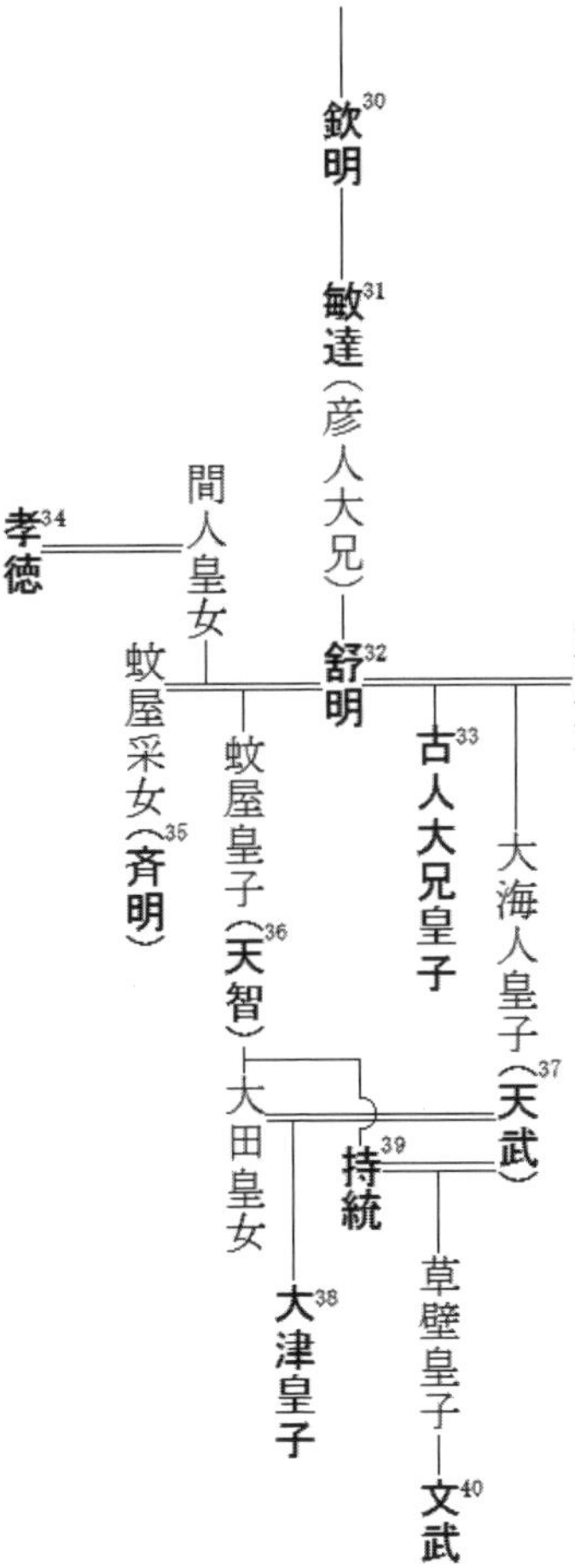


（天皇の系譜）筆者の仮説

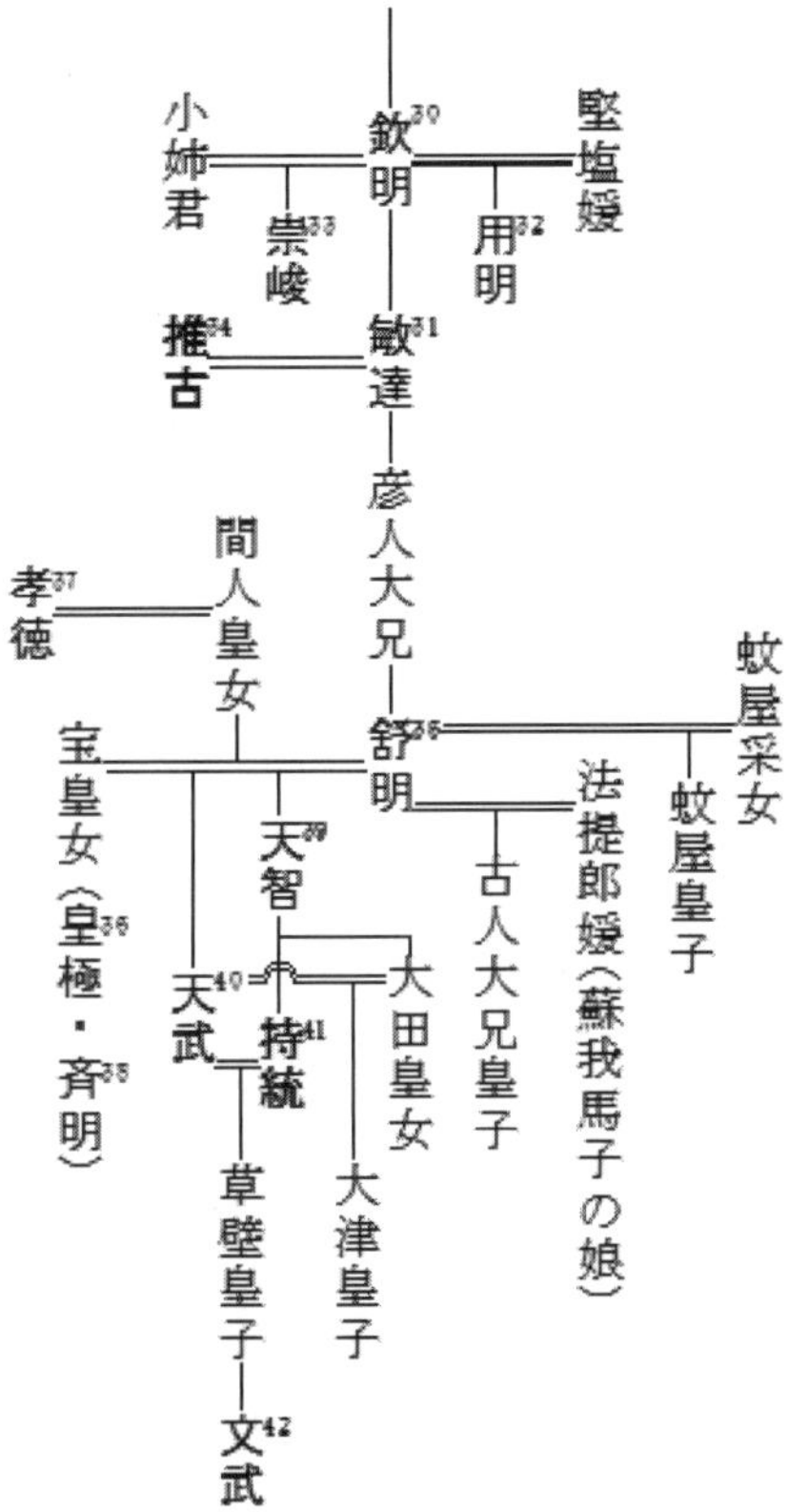


（天皇の系譜）『日本書紀』

国の大王「天《あめ》たりし、彦《ひこ》の大君《おおきみ》」（阿毎《あめ》、多利思比孤《たりしひこ》、阿輩雞彌《あほけみ》『隋書』）と合致する。明らかに男であり、それを敏達の名とかんがえた方が自然であろう。敏達という名は後から贈られた名であって、彦人大兄が敏達の名であったのだ。

その隋から使者が来た時代（六〇八年）の大王は、『日本書紀』では推古という敏達の皇后であったから、どちらかが決定的に偽っているが、隋には大王の名を偽っても、何の利益もないわけで、利害があるのは倭国の方であろう。

それらは、「乙巳の変」の真相を隠すためとすれば、わかりやすい。それによって敏達の業績を隠さねばならなかったわけで、そのようにすると、現実的に多くの寺院を建立した人物がいなくなってしまう。そこで思いついたのが、聖徳太子一族であった。

したがって、敏達が仏教を信じなかったと『日本書紀』は最初に書かねばならなかった。だが、答えは『日本書紀』に含ませていた。「文史」を好んだなら、仏教伝来の頃は仏教自体が「文史」ではなかったか。そして、敏達の時代に仏教寺院を建立する技術が導入されたと記載されている。

『隋書』には、日本では仏教が入ってくるまで文字がなかったとあるが、仏教自体は、『日本書紀』に書かれるより先に、かなり民間に浸透していたようで、そこから文字の入ってきた時期を特定できないが、「仏教」と「文史」が密接だったことはわかる。

結果として、聖徳太子や蘇我一族の実在性をかんがえるとき、彼らは乙巳の変の真実を隠すために創造された人物であったとかんがえる。なによりも、耳成山南北軸上の古墳が三基しかなく、敏達、舒明、古人大兄とすれば、合致するという事実から想像している。

蘇我聖徳を傀儡とした『日本書紀』の場合、何が問題となるか。実際にできている都市や建築を「いつ・誰が」造ったかということを割り振らねばならない。また、憲法などの政策も「いつ・誰が」おこなったか割り振る必要がある。

それらの人物は「隠された大王」と同時期に活動しなければならない制約が生まれる。それが聖徳太子や蘇我馬子であった。その結果が『日本書紀』であり、若草伽藍などの創建年や造った人物が書かれない理由である。

特に飛鳥京を敏達大王が造ったなどとは記載できない。飛鳥京そのものを葬らねばならなかった。その都《みやこ》を新益京《あらましのみやこ》としたのはなぜなのか。藤原京とすれば、なにも問題なかったはずなのだが、新益京なら、古い京《みやこ》があったことを示唆している。つまり、藤原宮の下層遺跡から道路や運河が出土するわけで、あからさま過ぎて藤原京とも記載できなかったのであろう。

以上の筋書きを考えた藤原不比等は、みずからの一族の繁栄を願って暗号を仕込んだ。それが蘇我聖徳であり、稲目馬子蝦夷入鹿であった。

## 5　疑問と仮説

### 『日本書紀』における疑問への対処

『日本書紀』に疑問を抱くのは、わたしだけではなく、多くの研究者もそうであろうとおもう。それは、当事者による歴史書であるという点に疑いを抱くのであるが、文字で書かれた歴史書は他にはなく、比較できないことが致命的となっている。

そのようだが、逆にかんがえれば、それは文字で書かれた部分だけの話であり、文字に関係なく、多くの遺跡や遺物は存在しているのであって、疑いのある文字に惑わされずに済むという利点がある。軸線以外に、建造物なら遺された軒丸瓦であり、古墳の副葬品が重要となる。見えない軸線を地図に描けば、物理的事実となる。その軸線の意味を探れば、それを設定した「こころ」が読める。そこから個人を特定できるとかんがえている。

建築家の目で見ると、『日本書紀』には多くの謎がある。その謎がそのまま法隆寺や夢殿や高松塚に表れている。特に古墳には文字がなく、直接には被葬者が特定されない。飛鳥時代には文字が存在していたが、古墳に文字を入れなかったのである。

しかし、文字を古墳に入れなかったからといって、古代の大王が死後において、みずからの存在を否定しているわけではない。なぜなら、大きな古墳を大量に築造しているからであり、大きさを競っている。それは存在を誇っている証拠であり、文字がなくても誰の墓であるか、明瞭だったのではないか。ただ、現代人がその識別方法を見失っただけなのである。

それには、前述するように、「奥への見えない軸線」を見つければよい。その結果、『日本書紀』が隠さねばならなかった真実が見えてきたのである。

## 疑問と仮説の提示

これまで述べてきた疑問と仮説をまとめると次のようになる。『日本書紀』の謎は数限りないが、結果として、古墳の被葬者や仏教寺院の創建者が分かればよいとかんがえている。それらは最後の終章に述べてあるが、なぜそうなるのか。『日本書紀』の正しい部分と偽りの部分を判別すればよいだけであって、謎が検討項目となっている。

○元々あった都市の上に新しい都市を建設して、中心軸を変更した

「いわゆる藤原京（新益京）」とされる藤原宮の中心軸を南北軸とする都市は、耳成山の南北軸を中心軸とする都市（飛鳥京）の上に造られた。覆い隠すように、同じ道路間隔で、都市領域を拡大した。

その隠された都市は大野丘北塔を建てた時期に完成したのではないか。

○「聖なるライン」は「聖なるゾーン」であって、耳成山南北軸と藤原宮南北軸に分割される

日本史学者の岸俊男が名付けた「聖なるライン」には二つの南北軸が存在していた。つまり、藤原宮の南北軸に先行する耳成山南北軸があった。問題は耳成山南北軸を誰が設定したのかということであり、軸線の事実から敏達大王が設定したと推定できる。

○難波京も敏達大王が完成させた可能性が高い

六〇〇年頃、難波において四天王寺や百済寺や百済尼寺が建立された。それらの寺院の軒丸瓦は四天王寺に同じであり、難波宮前期遺跡からも同型の軒丸瓦が出土する。特に四天王寺は碁盤目状道路の道路割に合致して、それらが一体的に計画されていることを示している。

『日本書紀』が六一三年に難波から都に至る大路を造ったと記載することこそ、その時点には、難波京があった可能性が高い。

○建造物を造った人物を偽り、または記載しなかった

『日本書紀』は、飛鳥寺や大野丘北塔を蘇我馬子が造ったと記載したが、法隆寺若草伽藍や四天王寺を建立した人物（敏達大王）を記載しなかった。軸線において重要な斑鳩の法輪《ほうりん》寺《じ》を一切登場させなかったことなどである。

○証拠隠滅やねつ造をした

耳成山の南北軸を発想した人物・敏達大王の古墳（鬼の遺跡）を破壊した。敏達の古墳は絶対に存在させてはならなかったのである。また、蘇我馬子の古墳（桃原墓《ももはらのはか》）や馬子に殺害された崇峻《すしゅん》大王と墓（倉梯岡陵《くらはしのおかのみささぎ》）をねつ造した。

○大野丘北塔と飛鳥寺を造った人物は蘇我馬子ではない

飛鳥京を造った人物が大野丘北塔や飛鳥寺を造ったのではないか。つまり、それらは国家プロジェクトであって、大臣クラスの仕事ではなく、最も権力を握っていた敏達大王の仕事であった。

○何の目的もなく古墳が整備されている

六二〇年梅山古墳（欽明大王陵）にさざれ石を敷き、域外《めぐり》に土山を築いて柱を建てた。これより以前の近い時期に、大王は亡くなっていない。それは敏達大王が亡くなった時期ではないか。その次の六二一年に聖徳太子が亡くなったとされるわけで、敏達は聖徳という名を追遣《ついけん》されたに等しい。

○何の目的もなく宮殿が整備されている

皇極《こうぎょく》（斉明）大王は即位した六四二年に飛鳥板蓋宮を造営している。この前後に、何か予定されている大きなイベントはない。その宮殿は唐の使者を迎えるために、舒明大王によって、六三〇年頃に完成していたのではないか。

○天智天皇は植山《うえやま》古墳（西側石室）に葬られた後に、山科山陵《やましなのみささぎ》に移葬された

天智天皇は山科山陵に移葬されたが、それは六九九年に天智の子・持統天皇によってなされた。つまり、「乙巳の変」の真実が皇太子や大王の殺害であったわけで、その張本人の天智の墓は正式に造られなかった。

○天智天皇の母は宝皇女とされるが、吉備国の蚊屋采女ではないか

年齢順に古人大兄皇子、中大兄（天智）、大海人皇子（天武）とかんがえられる。天智の通称・中大兄は年齢的に真ん中の皇子であったためである。

○高松塚と藤ノ木古墳は乙巳の変で殺害された人びとであった

六四五年に起きた「乙巳の変」は、蘇我蝦夷や入鹿の殺害ではなく、舒明大王の子・古人大兄皇子、その子夫婦など、大王家一族の殺害であった。その事実を覆い隠すため、聖徳太子一族や蘇我一族を傀儡とした。

○藤ノ木古墳の被葬者は「乙巳の変」で殺害された古人大兄の子夫婦である

薬師寺にある絵画の吉祥天像（伝奈良時代）と藤ノ木古墳の女性被葬者が関係することがわかった。軸線や副葬品や装身具などから、そのように推定される。また、その女性は倭漢氏に関係し、キトラ古墳の被葬者とも関連している。

○大王の継承の順序

結果として、欽明―敏達―舒明―古人大兄皇子―孝徳の順であって、その間の用明、崇峻、推古、皇極は傀儡であった。したがって、耳成山南北軸の古墳は三基であり、数は合致する。

○天武天皇は岩屋山古墳をみずからの墓としていた

岩屋山古墳の位置は三輪山や御破裂山と結ばれ、丸山古墳と梅山古墳に関係し、飛鳥京の南北道路の延長線上にある。それができる人物は、それらの古墳の被葬者と血縁関係にあり、権力者である天武ということになる。したがって、藤原宮南北軸を設定したのは、持統である。

以上、疑問と仮説を述べてきたが、これらは軸線の事実や軒丸瓦などによって、関係者が明かされる。

その軸線の意味をかんがえたときに、古墳や寺院が意味もなく、その場所に存在するわけではないと理解するのであり、その場所の意味が被葬者を表している。

軸線の発見は古代史を語るのに『日本書紀』だけでなく、初めて比較検討できる別の資料が手に入ったのではないかとおもっている。その別の資料とは、軸線や軒丸瓦が示す古墳の被葬者であり、仏教寺院の建立者であって、その事実と『日本書紀』が比較可能となる。

これらの膨大な仮説及び推測は斑鳩と飛鳥の軸線を提示することによって解明し、証明できる。ただ詳細にすれば、本書一冊では足りないだろう。また、それは建築家の役目でもないようにおもうので、概略を述べるにとどめた。

# 第二章　斑鳩と飛鳥を結ぶ軸線

図８　天智天皇崩御 671 年以前の軸線概略図
（この時点では法隆寺西院伽藍や夢殿は建立されていない、
また藤原宮南北軸も設定されていない）

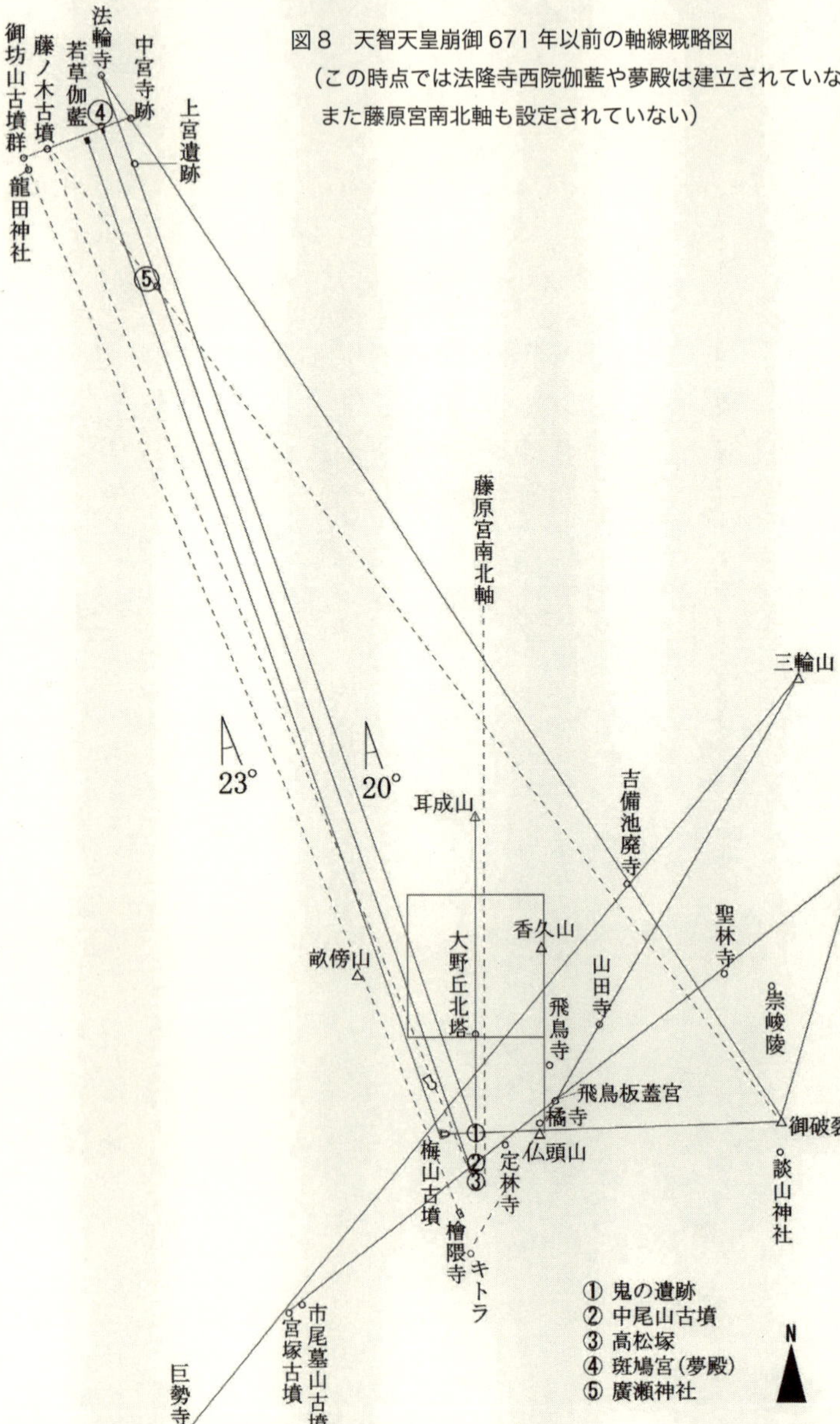

斑鳩と飛鳥を結ぶ軸線図（図1　二五頁）及び飛鳥の軸線図（図2　二七頁）に示すごとく、建造物と古墳や神聖な山を結ぶ「見えない軸線」が存在している。それらが軸線で結ばれて建造されたことは明白な事実であって、現在でも線を描けば視覚化される。

古代人は、なぜに、そのようなことをしたのであろうか。彼らの意思と感情がそのようにさせたわけで、建造物が人間によって造られる以上、そこには、結ぶ理由があり、建造する理由が存在する。この第二章では斑鳩と飛鳥を結ぶ軸線について、先に軸線が結ばれる事実を述べて、その後に軸線の意味をかんがえることにする。

斑鳩と飛鳥は軸線概略図（図8）のごとく、互いに多くの軸線で結ばれていた。

それらが何故に軸線で結ばれているか。その軸線の意味をかんがえれば、古墳の被葬者が誰か、また建造物を造れと命じた人物を特定できるようにおもう。

そこで、軸線がどのように結ばれているか。できるだけ簡潔に、物理的な事実から紹介して行こうとおもう。

そのようにかんがえているが、もう既に古墳や遺跡や寺院には名前があって、被葬者などが推測されている。その場合には、その建造物の因縁に言及せざるを得ないし、わたしの推定と違うなら、反論などを試みなければならない。その点はご了承願いたい。

ただ、ここでの問題は「なぜ軸線で結ばれているか」ということであって、物理的な事実が設定されている理由を問うもので、歴史研究では例のないことかもしれない。

## 1　四天王寺―若草伽藍―橘寺―飛鳥寺を結ぶ軸線

――《軸線の事実》――

### 若草伽藍の五重塔はランドマークタワーであった

飛鳥と斑鳩を結ぶ軸線図（図8　一一〇頁）において、説明の順序は経緯を示すために、原点である斑鳩の法隆寺若草伽藍と飛鳥の梅山古墳のつながりから始めるべきであって、既に第一章で述べている。

ただ、軸線は狭い都市や盆地の中だけでなく、都市と都市を結ぶ場合にも用いられている。斑鳩と飛鳥を結ぶばかりではなく、当時の貿易港であった難波湊《なにわみなと》（難波津）と斑鳩も結ばれていたとかんがえる。

その連続する「つながり」のシンボルとして仏教寺院が使われたのではないか。四天王寺式伽藍配置（図10　一一六頁）の四天王寺、若草伽藍、橘寺と同じ形式の寺院を配置した理由は、難波湊からの連続性を意識している。その視点から始めようとおもう。

四天王寺は大阪の天王寺駅の北側にあって、古代と同じ場所に同じ大きさで、南北に建てられている。現在は、その天王寺駅の南側に高さ三〇〇メートルを誇る「あべのハルカス」が建つ。技術的に可能になった高さだが、飛鳥時代の四天王寺もまた、その高さを誇ったのであろう。

四天王寺のある難波湊から、斑鳩の若草伽藍を通って飛鳥京の橘寺と飛鳥寺に至る。それらの仏教寺院は六世紀末から七世紀の前半に建てられていることがわかっているが、わたしには「見えない軸線」で結ばれているようにみえる。それらは、ひとりの大王が意図したようにおもえるのだ。

それらを軸線で結んだ人物は誰か。その人物を、これから追究しようとするのだが、書いた文字が証拠として出るわけでもないから、完全なる証明とはならない。また、『日本書紀』のように書かれたものが正しいとも限らない。完全なる証明が不可能だということは古代史の宿命だが、遺跡として出土する建造物は確実に存在したわけで、それらを意図した人物がいたことも確実である。

したがって、その二つの確実な事実をつなぎ、浮かび上がらすことができればよいということになる。その一つの手段が「軸線」である。飛鳥と斑鳩の軸線図〔図1〕や〔図2〕のごとく、建造物は軸線で結ばれている。

わたしは、その軸線に「こころ」や「血縁」が込められていることを発見した。おそらく、その意味を読み解くことができれば、人間の書いたもの以上に真実に迫れるのではとおもう。それを頼りに古代史をもう一度辿ってみようとおもう。

朝鮮半島の国々（百済、新羅）や中国「隋」から倭国へやってくる使者は、『日本書紀』六〇八年の記述をみると、難波湊に到着して、大郡《おおごおり》という政府の饗応施設でもてなされて、奈良盆地の南端の飛鳥京にやってくる。

難波から〔図9〕に示すごとく、四天王寺の塔を右手に見て大和川を遡り生駒山地と葛城《かつらぎ》山地の山間を抜けて奈良盆地に入る。そこに聳《そび》えるのが生駒山地の高台に建つ若草伽藍の五重塔であった。大和川から望む現在の法隆寺（写真7）は、若草伽藍より二〇〇メートル程奥に建っているから、高台の先端に若草伽藍を建立した人物の、都市をデザインするセンスを感じる。

飛鳥京から延びる筋違道《すじかいみち》（太子道）や飛鳥川も約二〇度の角度で斑鳩に集まり、難波湊から街道と舟運《しゅううん》の集中する山間を抜けて、視界の開けた場所から、正面に見える斑鳩の高台に五重塔を建てたことが素晴らしい。しかも、伽藍の向きを飛鳥京の方向二〇度に合わせて配置している。高台に建てれば、ランドマークタワーはさらに高くなる。

やはり、若草伽藍の位置と二〇度は意味があったのである。難波湊の四天王寺、斑鳩の若草

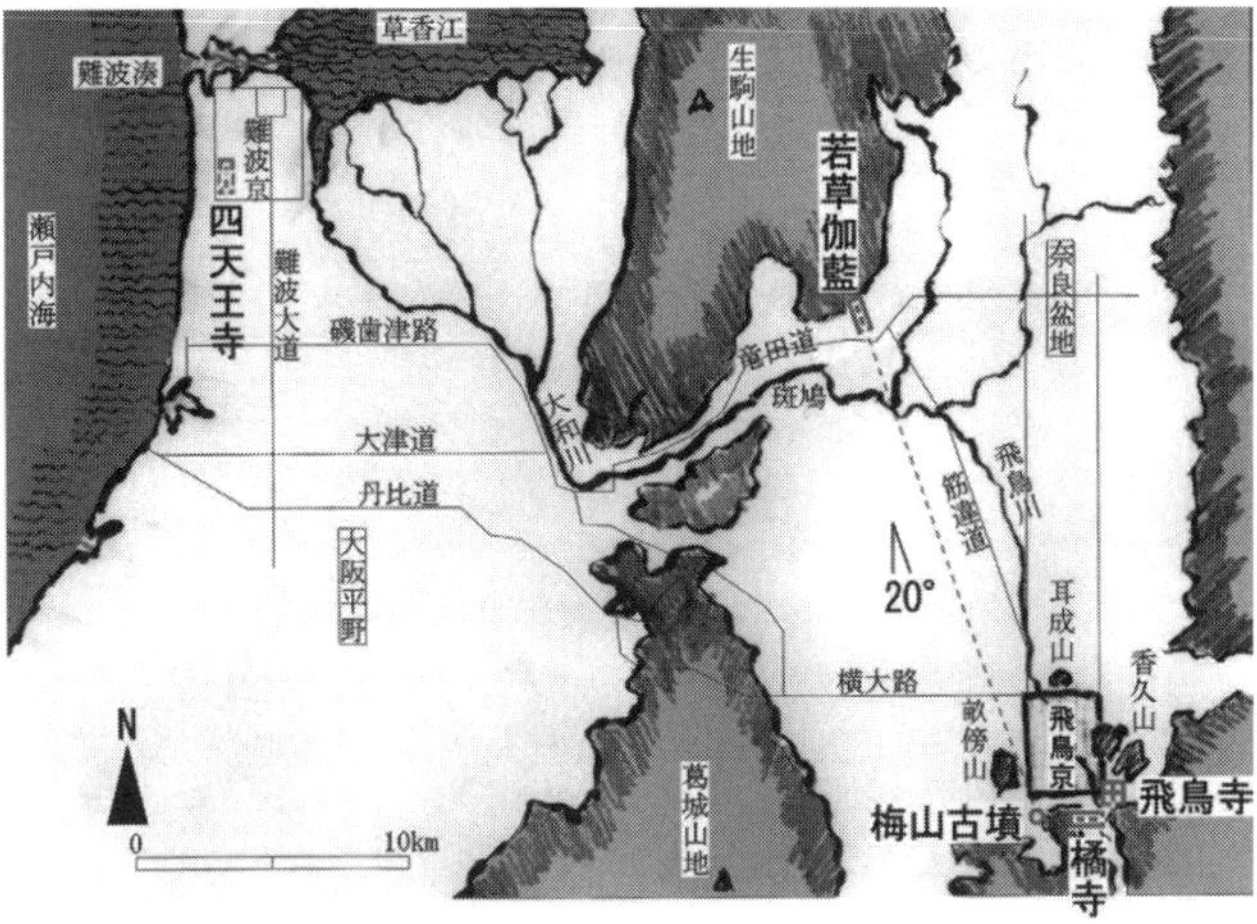


図９　仏教寺院の位置（大阪平野と奈良盆地）

写真７　手前の大和川から法隆寺を望む

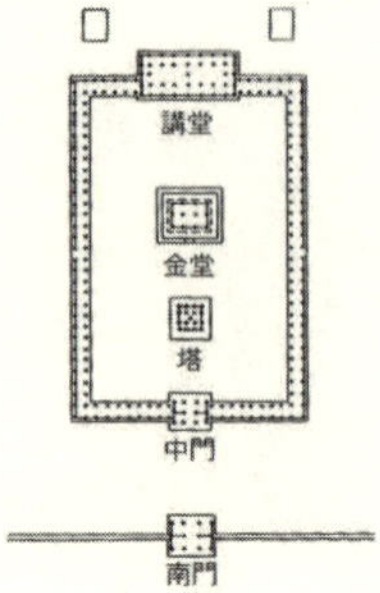

四天王寺伽藍配置

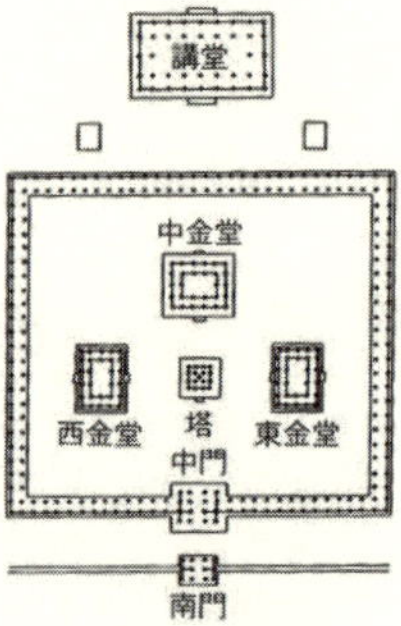

飛鳥寺伽藍配置

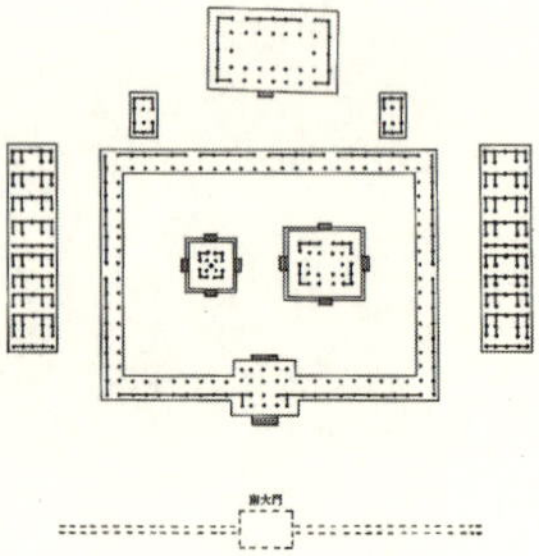
法隆寺西院伽藍（復元図）

図 10　寺院の配置

伽藍、飛鳥京の橘寺は〔図9〕に示すような位置関係にあり、四天王寺式の伽藍配置（図10）で門、塔、金堂、講堂が一直線に並んで方向性がある。

しかも、若草伽藍の二〇度の中心軸は梅山古墳と結ばれ、梅山古墳と橘寺は東西軸となっていて、その橘寺から香久山に向かう道路に沿って飛鳥寺はある。まさに「見えない軸線」で結ばれているようだ。門の方向が全て次の寺院や古墳の方向に開いている。その点からも、若草伽藍の二〇度の傾きは斑鳩の都市計画線に合わせただけでなく、多くの意味があり、梅山古墳と結ぶことであったと示している。

また、伽藍配置は飛鳥寺だけ異なる十字形（図10参照）となって、それらの寺院の総本山のようにみえる。四天王寺から直線形で来たものが十字形となるわけで、軸線からすれば終着点のようだ。

それらの寺院は五八八年から五九三年のあいだに工事を始めた可能性が高い。その根拠は『日本書紀の謎と聖徳太子』（大山誠一編）に、発掘で出土する軒丸瓦（写真8、9）の形状によって、同じ型で生産されていることがわかったとある。建設の順序は飛鳥寺から始まって、若草伽藍、四天王寺の順序となっているそうだ。（ただ、難波京にも同じ軒丸瓦を使用した百済尼寺などがあって、瓦の運搬をかんがえると、四天王寺の建造時期は難波との関係性のなかで考察されるべきであろう。）

また、橘寺も飛鳥寺と同じ型からつくられた軒丸瓦を使用している（『橘寺』奈良県立橿原考古学研究所）そうで、四天王寺―若草伽藍―橘寺―飛鳥寺はひとりの大王が造らせた寺院とかんがえられる。

なぜなら、軒丸瓦のデザインは寺院によって異なっており、意匠登録されたエンブレム（紋章）のようなもので、他人や他の寺院では使用しないからだ。つまり、現在と同じように、軒丸瓦のデザインは単なる文様ではなく、個人を特定する紋章とかんがえられる。


――《軸線の意味》――

## 軒丸瓦の文様は紋章である

軒丸瓦の〔写真8、9〕（一一九頁）を見ながら想像してほしい。軒丸瓦とは瓦屋根の軒先の丸瓦《まるがわら》で文様が丸い部分に入っている。その丸い部分の文様が四天王寺、若草伽藍、橘寺、飛鳥寺の四つの寺院に共通しているのだ。その事実は、それらを造らせたスポンサーが同じであることを物語っている。それは紋章であって、個人が特定される。

寺院の瓦は数十年毎に補修が必要であり、また、火災などで焼失して再建されるなどして、スポンサーが替われば、異なった瓦が使用されている。そこで、創建者は誰かという場合には、創建時の瓦を比較しなければならない。写真に示した瓦は研究者によって、いずれも創建瓦とされるものである。

軒丸瓦は、ほとんどが花模様のデザインで、飛鳥寺や橘寺や大野丘北塔のものは素弁十一葉《そべんじゅういちよう》蓮華文《はすはなもん》と呼ばれているが、「素弁」とは一枚の単純な花びらという意味で、蓮華の花弁一一枚の先端に小珠《こだま》を施すデザインとなっている。研究（『軒丸瓦製作手法の変遷』）によれば、瓦の製作集団が二つあって、製作方法やデザインに微妙な違いが存在するとされる。

逆にかんがえれば、花弁の数や花弁の先端に小珠を施すデザインは共通性を持たせているわけで、その事実（二つの瓦製作集団の存在）は依頼者の意向によって、文様が統一されていることを示している。そのようにみると、若草伽藍と四天王寺は同一で花弁が八葉となっていて、デザインは共通だが、飛鳥寺とは花弁の枚数に差がある。

飛鳥寺や橘寺の花弁枚数が多いことに関して、特に飛鳥寺は特殊な扱いであったとかんがえられる。四天王寺や若草伽藍とは異なる一塔三金堂方式（図10）で金堂の数も多い伽藍配置で、前述のように、それらの総本山のようにみえる。つまり、総本山として他とは差をつけたのではないか。また、飛鳥京に存在する寺院と他の寺院を区別した可能性もある。

花びらの枚数は異なるが、花びらの先端に小珠を冠した、このような軒丸瓦は他に存在しないわけで、それは独特で、その文様は紋章であると示される。今のところ一例しかないので、信じられないかもしれないが、軸線上にある寺院が全て同じ文様の軒丸瓦を使用していることを後述している。

もうひとつ、それを紋章とすると、多くの寺院が一人の人物が建てたことになり、それはおかしいという議論がある。また、『日本書紀』には飛鳥寺と大野丘北塔（和田廃寺）は蘇我馬子が建てたと記載されているわけで、『日本書紀』を信じていれば、わたしが述べることは信じられ

写真８　飛鳥寺の創建軒丸瓦

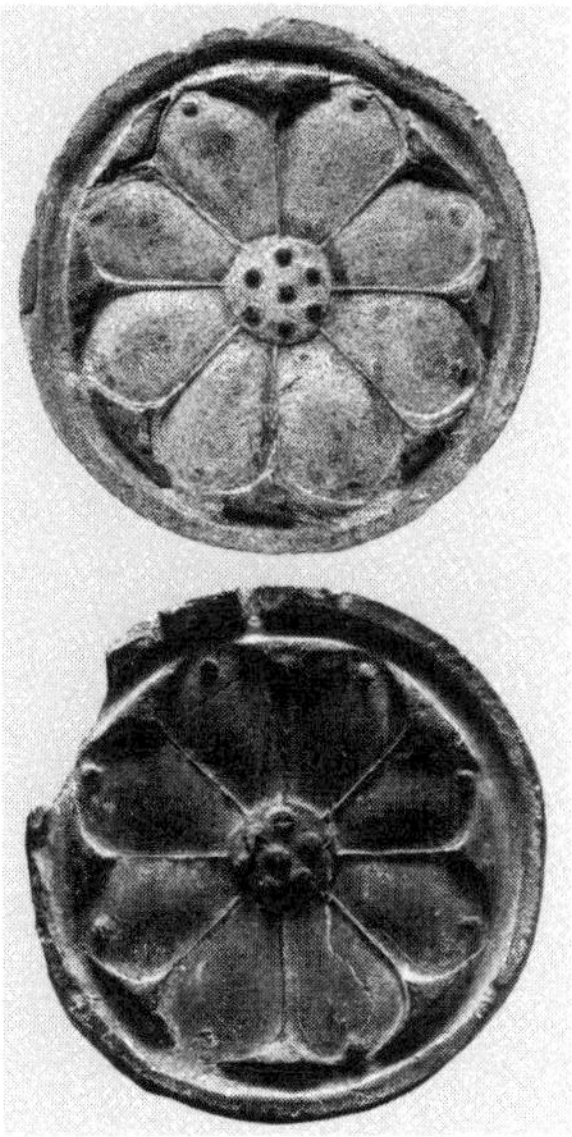

写真９　上から若草伽藍、
四天王寺の創建軒丸瓦

ないだろう。

それゆえに、軸線が『日本書紀』に対抗できる科学的な事象であると述べているのだ。多くの寺院を建て、仏教を興隆した聖徳太子のような人物がいた。「蘇我聖徳」ということである。四天王寺から飛鳥寺までの軸線が物語るように、軒丸瓦のデザインもそれらの寺院が関連していることを示している。それらの紋章を冠した寺院は連続性があり、ひとりの大王によって、都市デザイン的な、あるいは仏教による国づくり的なストーリーに乗って造られていると想像できる。

以上のことは『日本書紀』の記述に反するが、軸線の発見によって、軒丸瓦の関係性が判明したことは確実であり、それらには『日本書紀』の隠した事実を浮上させる力がある。古墳に文字が存在しない意味を、もう一度考えるべきであろう。

## 大野丘北塔と飛鳥寺を建立した人物

### ・飛鳥寺を建立した人物

『日本書紀』は飛鳥寺を蘇我馬子が建てたとするが、その根本的な点に疑問がある。蘇我馬子が建てたのではないことを、軒丸瓦から証明できるが、なぜそう書かねばならなかったか、それこそが問題である。

大臣の蘇我馬子が総本山のような象徴的な飛鳥寺だけ造って、他は造らなかったとするのは一般的ではない。ナポレオンの凱旋門のように、象徴的な建造物は大臣の仕事ではなく、大王の行う事業である。それを大臣が造ったとする『日本書紀』の記載に疑問をいだく。

前述するように、大野丘北塔（写真10参照）も飛鳥寺と同型の軒丸瓦が出土する。それは若草伽藍をはじめとする寺院と大野丘北塔のスポンサーが同じであることを示している。今の段階では、軒丸瓦の文様が紋章であるとする決定的な証拠を一例しか提出できていないが、読み進むうちに「4　舒明の軸線」などにて証明されよう。

それが証明されるなら、『日本書紀』が、飛鳥寺と大野丘北塔を蘇我馬子が建てたと記載して、他の寺院を誰が建てたのか記載しない理由がわかる。わたしの論理は、軒丸瓦の共通性から二者択一であって、飛鳥寺と大野丘北塔を馬子が建てたなら、橘寺や若草伽藍や四天王寺もまた馬子が建てたことになる。

『日本書紀』はなぜそのように記載しなかったのか。やはり「蘇我聖徳」ということで、聖徳太子が建てたことにしたかったが、そのように書くと馬子より聖徳太子のほうが権力者にみえてしまう。また、馬子が全て建立すると、聖徳太子の存在意義が失われてしまう。そのような理由であいまいにしたのである。

逆にかんがえるなら、飛鳥寺と大野丘北塔は古代においても、かなり目立った建造物であったと言える。ここに大野丘北塔が登場する意味こそ、耳成山南北軸の都市が先行して存在し、飛鳥京が実在した証拠となっている。したがって、飛鳥寺と大野丘北塔を蘇我馬子に造らせることによって、彼が権力者であったことを示したのだが、そこで墓穴を掘ったのである。

『日本書紀』は政権を持つ当事者の作成した歴史書であって、何か都合の悪いことは述べていないようにおもう理由がここにある。何を隠したのか、これから述べる軸線の事実から真実を浮かび上がらせたい。軸線の事実と考古学や歴史学の成果を合わせれば、それは可能であろうとおもう。

・大野丘北塔を建立した人物

〔写真10〕に示した大野丘北塔（和田廃寺《わだはいじ》）は蘇我馬子によって五八五年に建てられ、飛鳥寺（法興寺）は五八八年に建てられたと『日本書紀』に記載されているが、それらは、建築家の目を通すなら、まともに信じられるものではない。

わたしは、大野丘北塔は前述するように、飛鳥京のランドマークタワーだったとかんがえている。それは和田廃寺跡（写真10）とされるようで、現在でも塔跡とみられる礎石《そせき》が残っている。〔写真10〕を見ると、耳成山の頂上方向が北側で、そこには南北道路が一直線に走っていて、山の姿が頂上から裾まで見えたはずだ。そして、手前に塔が建っていた。

藤原宮の南北軸はここより東側（写真右）に一三二メートル程行った道路となる。その道路から頂上は正面には見えない。それが『日本書紀』の新益京とする都市である。

写真10　耳成山と大野丘北塔跡（手前の土壇）

大野丘北塔の発掘調査によれば、飛鳥寺と同じ型の軒丸瓦が出土している（『和田廃寺第二次の調査』奈良国立文化財研究所〈一九七六〉）ということで、『日本書紀』に記載される時期（五八五年頃）に建設されたのであろう。

また、大野丘北塔は耳成山の南北軸上にあり、その南側には破壊された古墳（鬼の遺跡）─中尾山古墳─高松塚と連続してある。まさしく、藤原宮南北軸（菖蒲池古墳─天武・持統陵─文武陵）のように並んでいるのである。

そして当然ながら、藤原宮南北軸より耳成山南北軸の方が古いわけで、耳成山というシンボリックな山を中心軸に据えた人物がいたことを示唆している。『日本書紀』から推測すれば、その人物は蘇我馬子ということになる。

そのようであれば、耳成山南北軸上の古墳群は蘇我氏が葬られた墓であって、「聖なるライン」という天皇を葬った場所に豪族が割り込むことになる。特に中尾山古墳は八角形をしており、それは天皇の古墳を示しているわけで、鬼の俎・鬼の雪隠遺跡や高松塚までもが蘇我氏の墓という論理は完全に矛盾する。

つまり、前述するように、『日本書紀』には隠された部分があるのではないか。それは、大野丘北塔を何のために建てたのかを追究すれば、わかるのではとおもった。建築家には位置や時期が気にかかる。

建造物は何の目的もなく造られるものではない。特に国家の施設となると、二〇二〇年の東京オリンピックではないが、国の威信をかけたコンセプトを持つ建造物を造らねばならない。そのような目で見なければならないだろう。

大野丘北塔は飛鳥京の中心的な位置に造られた。その時期は飛鳥京に碁盤目状の道路が完成した時期なのではないか。そうかんがえているが、大王が造ったのではないと『日本書紀』は語るのである。

あまりにもシンボリックな塔を蘇我馬子のような大臣クラスの人物が建てるのが信じられないのである。前述するように、パリのエトワール広場の凱旋門（写真1　三三頁参照）を皇帝のナポレオンが造らせたのではなく、彼の大臣が建てたと言っているようなもので、そんな馬鹿なことがあるわけはない。そのような場所に大野丘北塔は建っているのである。

耳成山の南北軸上に建つ塔の意味は、塔と耳成山の間に直線的な道路があった場合に最も効果が発揮される。それを狙って建造したことは明らかで、よほど目立ったために、『日本書紀』に記載しなければならなかったのである。エトワール広場から延びるシャンゼリゼ通りのように、直線の街路がなければ記念碑としての凱旋門は目立たない。つまり、大野丘北塔も効果が薄く造った甲斐がないのだ。

その証拠に藤原宮遺跡や本薬師寺《もとやくしじ》遺跡のさらに下層から、道路や運河の遺構が出土する。その事実は、わたしが述べるように、碁盤目状の道路を持った飛鳥京が先行していた可能性が高いのである。

それでは大野丘北塔を誰が建てたのか。そのことが課題なのだが、軸線の事実から、それらを造った人物が判明するとかんがえている。

## 2　若草伽藍―梅山古墳の軸線

### ―《軸線の事実》―

### 法隆寺若草伽藍と西院伽藍

第一章で概略を示したが、より詳細に問題点を述べる。法隆寺若草伽藍は『日本書紀』の六七〇年に一舎も残らず焼失したとされる仏教寺院である。その遺構は一九三九年に発掘されて、それまで続いた法隆寺論争に決着がついた。

その「再建・非再建」論争は、現存する法隆寺西院伽藍（写真11）が再建されたものなのか、建てられたまま現在まで続いているとする非再建なのかを争ったものであった。

『日本書紀』に焼失したと書かれているにもかかわらず、なぜ再建されていないとする論理が出るのか、不思議に思うかもしれない。

その論理の根拠は、西院伽藍の建築様式が飛鳥様式（五九三～六四四年頃）で古く、六七〇年に焼失して再建されたとする時代は白鳳《はくほう》様式（六四五～七〇九年頃）であるから、再建されたはずはない。『日本書紀』の記載間違いである、とした理由であった。

一方、『日本書紀』に記載のあるように、焼失して再建されたとする側は西院伽藍を調査しても、その下部から焼失した証拠を見つけることができずに、決定的な話とならなかった。

写真11　法隆寺西院伽藍

しかし、若草伽藍の発掘によって、別の場所に西院伽藍として再建されたと証明され、西院伽藍は再建されずに創建当時のままであったとわかった。

つまり、西院伽藍を非再建とする側には若草伽藍の発掘によって再建されたとわかり、西院伽藍を再建とする側には、若草伽藍の発掘によって非再建とわかった。お互いに架空の論理で論争していたのであった。

このことで論争は終息したが、問題は残ったままであった。それらの疑問は、わたし自身の謎も含めると、次のようなことである。

○法隆寺という名称

若草伽藍とは別の場所に異なる伽藍配置の西院伽藍を建造して、なぜ同じ名前の寺院としたのか。本来なら別の寺院とするところである。

○若草伽藍や西院伽藍を造った人物は誰か

若草伽藍や西院伽藍をいったい誰が建てたのか。『日本書紀』には記載がない。建立者を記載できないなら、法隆寺を登場させなければよかったが、歴史に登場するのはなぜか。

○若草伽藍中心軸二〇度の意味はなにか

なぜ若草伽藍の中心軸は真北に対して西側に二〇度振られているのか。

○尺度の問題

現存する西院伽藍は、白鳳時代の唐尺《とうしゃく》という尺度が使われていた時期に建立したのに、なぜ、わざわざ飛鳥様式で古い高麗尺《こまじゃく》という尺度を使って建てたのか。

○西院伽藍や東院伽藍夢殿の中心軸八度の傾き

なぜ西院伽藍や東院伽藍夢殿が真北に対して八度西側に振られているのか。

以上のような疑問が出てくるのは、『日本書紀』が正確に語らないことが原因であるが、わたしの関心事は若草伽藍の二〇度の傾きであった。

通常なら、同時期に創建された四天王寺のように、南側に門を配置して、塔、金堂、講堂が南北軸上に一直線に並ぶ配置（四天王寺式）となるのだが、若草伽藍は同じ四天王寺式とされているのに、二〇度振られている理由がわからなかった。

だが、その二〇度には意味があった。前述するように、斑鳩から二〇キロメートル程離れた奈良盆地の南側、飛鳥の地にある梅山古墳と結ばれていたのである。

## 若草伽藍―梅山古墳二〇度の軸線

軸線は〔図6〕（七〇頁）、〔図8〕（一一〇頁）にあるように、法隆寺若草伽藍の中心軸（二〇度の軸線）を斑鳩まで延長すると梅山古墳の祭祀の場所（鳥居）に到達している。他にも二〇度の軸線が使われていることを後述するが、それらの事実は明らかに意図されたものである。

また、第一章に示したごとく、斑鳩と飛鳥にあった飛鳥京を結ぶ筋違道も飛鳥川も約二〇度の方向であった。つまり、二〇度は斑鳩と飛鳥を結ぶ都市デザインとして使われた角度であり、若草伽藍の五重塔は斑鳩に置かれたランドマークタワーであったのである。また、斑鳩地区も二〇度の都市計画線によって、整備されていた（『法隆寺建立の謎』）。

法隆寺若草伽藍がなぜに真北に対して西側に二〇度振られていたか。その点について、歴史学者や考古学者の見解は斑鳩の地形に合わせたというのが一般的である。特段に建造物の位置や形態に関心があるわけでもなく、それらに特徴があると思っていないようだ。しかし、事実は違っていた。

古墳という墓と仏教寺院を結び付けていたのである。それは現代まで続いている仏教と同じとしてよい。梅山古墳の被葬者の鎮魂のために、若草伽藍という仏教寺院を建立したということである。

それならば、梅山古墳の被葬者と若草伽藍の建造者は大王を継承した親子の関係とするのが自然であり、少なくとも血縁関係が濃いことを表している。

その大王（天皇）の最初の意図は五九〇年頃に建立を始めた若草伽藍と梅山古墳を二〇度の軸線で結んだことであった。

その梅山古墳は前方後円墳で、後述するように、『日本書紀』に「域外《めぐり》に土を盛り上げて山を造った」と記載される土山《つちやま》が北側に連なる古墳であり、欽明《きんめい》大王（天皇）の檜隈坂合陵《ひのくまのさかあいみささぎ》となっている。

また、その名の示すとおり、幾本かの坂道が合流する地点に梅山古墳は存在している。

## 梅山古墳中心軸の角度

〔図11〕に示すごとく、若草伽藍から発する軸線は梅山古墳に至り、そこで方向をかえて東西軸となっているが、完全なる東西ではなく、微妙に角度がついていて、前方後円墳の中心軸は御破裂山の山頂に向かっていた。これは、前述するように、縄文時代からの風習で周囲から目立つ高い山に向けて葬る（『縄文人の世界』）ことであった。

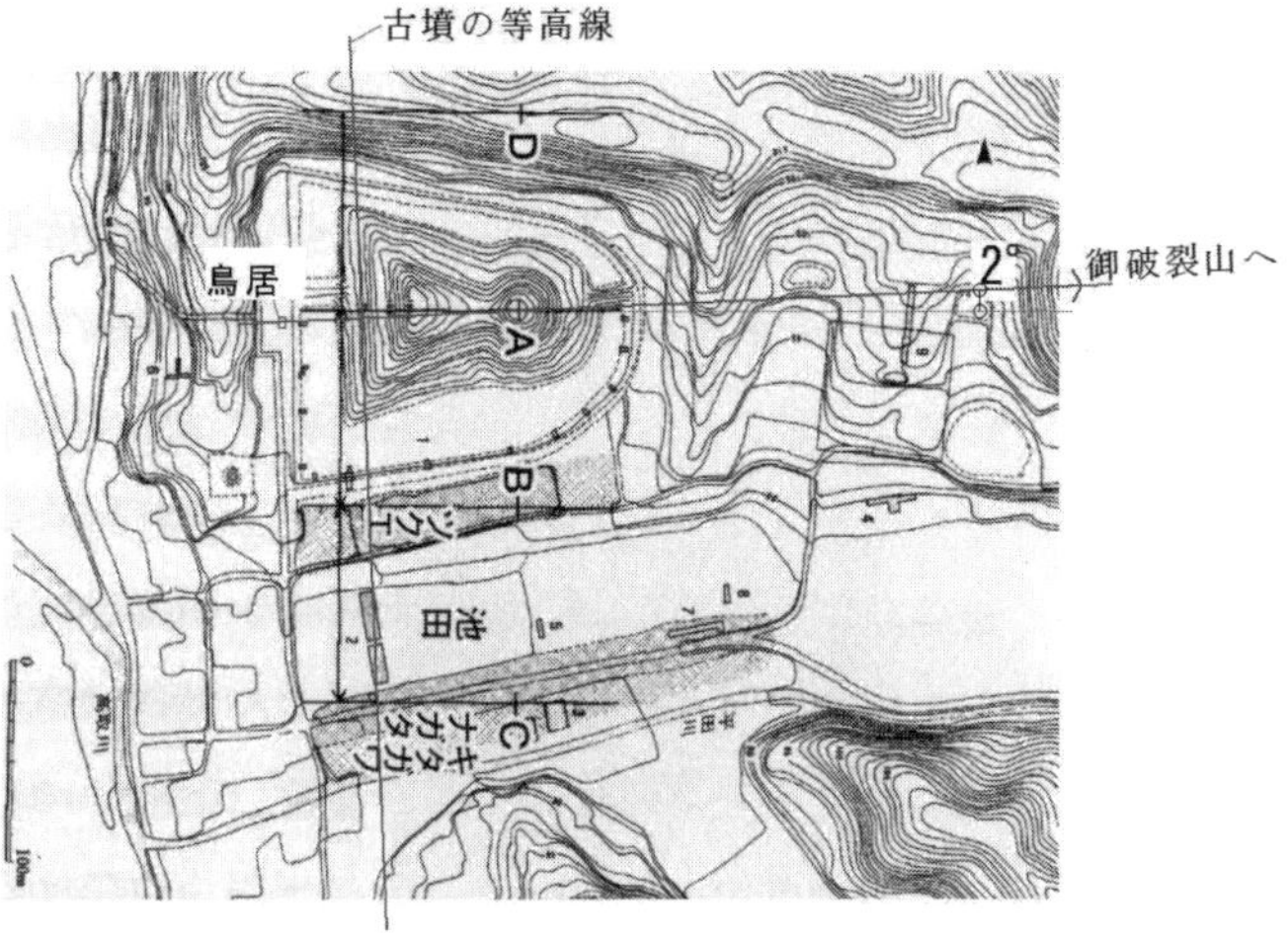


図11 梅山古墳の角度（『飛鳥から藤原京へ』今尾文昭著の正方位説に線を加えた）

しかし、梅山古墳は、一般的には〔図11〕に示すように、東西南北の正方位に造られたとされている（『飛鳥の古墳の被葬者を探る』今尾文昭著）。だが、この論を裏付けるはずの図を見る限り、南北の線と古墳の等高線は平行ではない。その線を加えてみたが、やはり微妙に角度がついている。

梅山古墳の中心軸は正方位ではなく、微妙に傾いて御破裂山に向いていた。丸山古墳も高取山に向けているように、他の古墳もそうだが、周囲より高い山に向けて古墳を築造している例が多く、縄文時代からの風習がそのようにさせているのであろう。

その事実を作図すると約二度となるが、測量計算によって確かめる。それを〔表4〕（次頁）に示した。

結果として、方位角八七・八五四七度を得る。それを九〇度から減じると、北側へ二・一四五度となり、約二度の傾きをえる。

したがって、この物理的事実から、梅山古墳の中心軸は縄文時代の風習と同じに、御破裂山に向いているとわかる。正方位ではなく、自然を崇拝する心がそのようにさせているのであろう。単に二点を結んだわけではない。

現在、御破裂山の南に談山《たんざん》神社がある（図8参照、一一〇頁）。藤原一族に関係する神社がその山の麓に存在することこそ、御破裂山には何らかの意味があって、梅山古墳がその山に向いていることが原因であると推測できる。

談山神社は当初、仏教寺院の妙楽寺として、藤原鎌足の子・定慧《じょうえ》によって建立されたと伝承されている。鎮魂を目的とした仏教寺院を御破裂山の麓に建てねばならなかった理由こそが問題なのである。

| 場所 | 緯度（北緯） | 経度（東経） | 方位角 | 軸線角度 |
|---|---|---|---|---|
| 御破裂山（山頂） | 34.47049 | 135.86005 | 87.8547 | 2.145（90度マイナス方位角） |
| 梅山古墳（鳥居部分） | 34.46864 | 135.79994 | | |

表4　梅山古墳と御破裂山を結ぶ軸線の角度計算表

## ――《軸線の意味》――

### 梅山古墳が檜隈坂合陵である理由

檜隈坂合陵《ひのくまのさかあいのみささぎ》（梅山古墳）はその名のごとく、幾つかの坂の合流点に位置している。主要街道となる吉野への登り口（紀路《きじ》）や檜隈寺や斉明陵のある車木《くるまき》への登り口が集中する地点となって、そのような要衝に築かれたことがわかる。かなりの権力者の墓と想像されるのだ。

その梅山古墳は欽明大王陵とされるが、その根拠は『日本書紀』の六二〇年に「さざれ石を、檜隈陵の敷石にしいた。域外《めぐり》に土を積み上げて山を造った」（『全現代語訳　日本書紀』）とあることによる。

その様子を物語る証拠が現状の地形図の等高線に残っている。〔図11〕に示すごとく、梅山古墳の北側及び東西の域外《めぐり》に土山があることによって『日本書紀』の記述と合致し、梅山古墳が檜隈坂合陵であり、欽明大王（天皇）陵であることが確定される。

その地形図をみると、梅山古墳の北側の等高線は東西方向に細長く連なっていることが確認される。これは明らかに人工的に築造されていることがわかる。おそらく、梅山古墳の築造時に小山を掘り込んで前方後円墳を造り、掘った土を北側と東西の両側に盛り上げたのであろう。その後に、土山を東側に延長していったとおもわれる。

また、前述するように、前方後円墳の梅山古墳は東西軸（水平に対して約二度の角度）となって、その軸線は橘寺の背後にある仏頭山《ぶっとうざん》を通って御破裂山と結ばれていた。その東西軸は耳成山の南北軸線と交差して、その交点にあるのが「鬼の俎・鬼の雪隠遺跡」であり、破壊された古墳であった。

その交点からも二〇度の軸線が斑鳩まで延びて、法輪寺《ほうりんじ》（法林寺とも呼ばれる）に至る。それらは意図されていることが明白となっている。

そのことから、古墳と寺院を結ぶ軸線の意味は仏教による古墳の被葬者への鎮魂の行為であるとわかる。その行為は、現代と同様に血縁関係にある人物がする行為であって、自然にかんがえれば親子の関係ということになる。

ただ、前述するように、六二〇年に梅山古墳にさざれ石を敷き、土山を築き、柱を建てた（『日本書紀』）ことに疑問を抱く、需要人物が亡くなった時期でもなく、なにもない時期にそのような行事をするわけがない。

つまり、その時期に重要な人物が亡くなった。おそらく、敏達が亡くなったのであろう。次の年（六二一）に聖徳太子が亡くなっていることも符合する。民衆の記憶には聖徳太子が亡くなったことが残ったのだろう。文字があるのは『日本書紀』しかないのだから、おのずと、敏達では

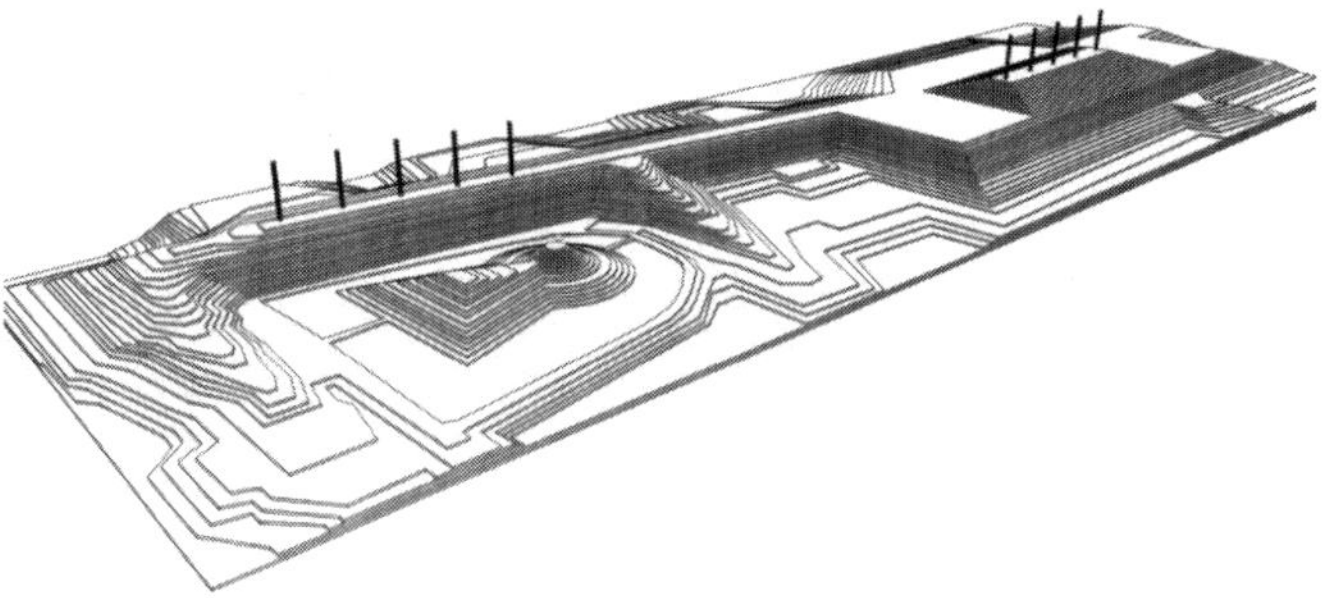

図12 「鬼の遺跡」の復元想像図
（連続する手前の土山と梅山古墳の先に敏達の古墳がある）

なく聖徳太子の名しか残らない。

　敏達大王の墓はどのようなものであったか。現状の等高線から想像してみた（図12）。域外《めぐり》を延長して土山を築いたという記述から想像したが、耳成山と呼応する形態だったのではないか。

　この土山に最も高い柱を建てたのが倭漢坂上直一族と記載されるが、クレーンなどの建設機械のない時代に穴を深く掘り、長い柱を立てた技術は、倭漢坂上直一族が建設工事に長けた人びとであったことを示すものである。キトラ古墳の被葬者もこの一族とかんがえているが、彼の先祖の仕事であったのだろう。

　また、柱を建てた事実こそ記憶に残るもので、『書紀』に記載せざるを得なかったのであり、敏達の古墳が破壊されるまで存続していたとかんがえられる。

## 3　敏達の十字架

### ――《軸線の事実》――

### 耳成山南北軸と梅山古墳―御破裂山の東西軸の交点

梅山古墳をなぜに東西軸としたか。〔図13〕にあるごとく、耳成山の南北軸と交差させて、十字形とする構想を持った人物がいたとしか、その事実は説明できない。東西南北という十字形を意識した時代だったのだろう。

建造物は、なぜそのような位置に造り、そのような形態としたのか。それぞれ理由があると、建築家としての職業を通して、そうかんがえるようになった。

耳成山の南北軸と梅山古墳の東西軸は交差している。しかし今現在、その交点に遺跡はない。あるのは周辺に「鬼の俎・鬼の雪隠遺跡（鬼の遺跡）」が散乱した状態で存在しているだけである。その状態からは、誰も想像力が働かないだろう。

だが、軸線概略図〔図8〕（一一〇頁）や〔図13〕に示すように、その交点①「鬼の遺跡」から発する若草伽藍と同じ二〇度の軸線は斑鳩の法輪寺の中心部に至る。「見えない軸線」だが、事実として存在している。

それらは明らかに人間の手によって、意図されたものである。それならば「なぜそのようにせねばならなかったのか」理由が存在するはずである。その理由が理解できれば、それらの因縁が浮かび、関係者が明らかになる。

交点にあった「鬼の遺跡」は〔図14〕（次頁）に示すように、破壊されているとかんがえるのが自然だろう。そして、その古墳と法輪寺は梅山古墳と若草伽藍の関係に同じということになる。この事実は明らかに、「鬼の遺跡」の被葬者の鎮魂のために、法輪寺という仏教寺院を建立したとしてよい。

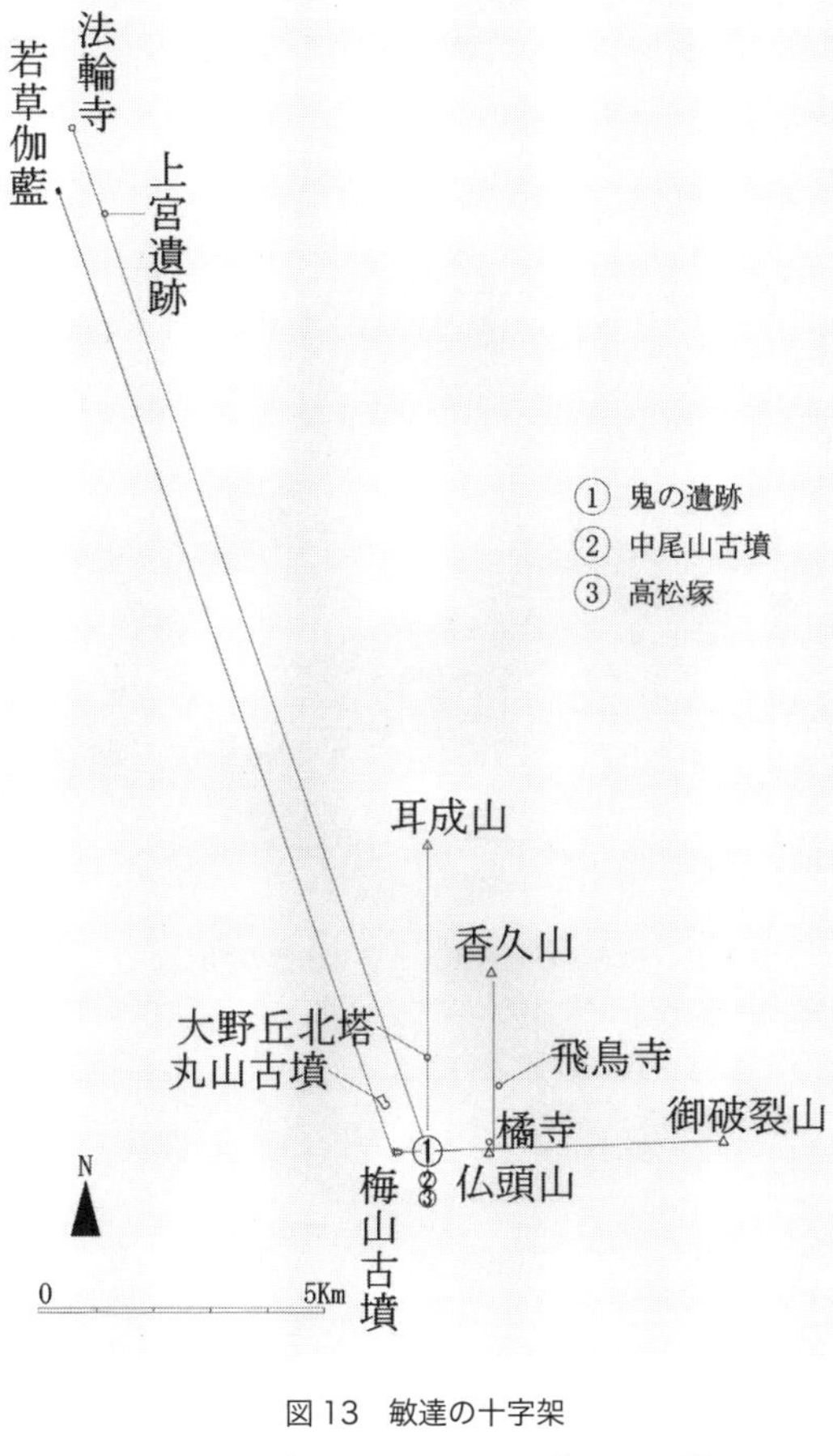


図13　敏達の十字架

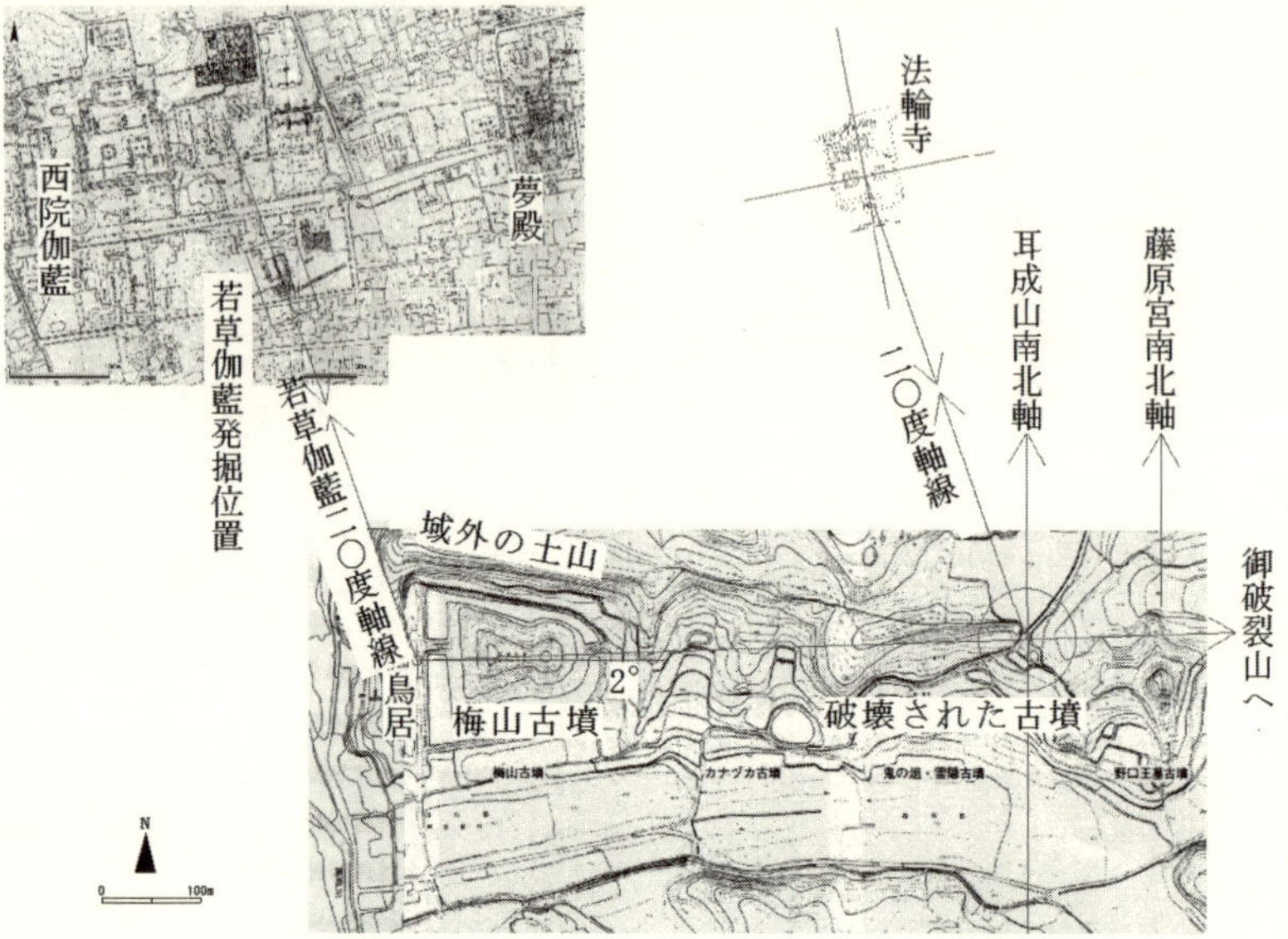


図14　鬼の遺跡（破壊された古墳）と若草伽藍の関係図

| 場所 | 緯度（北緯） | 経度（東経） | 方位角 | 軸線角度 |
|---|---|---|---|---|
| 法輪寺（中心部） | 34.62222 | 135.73898 | 339.9962 | 20.0038（360度マイナス方位角） |
| 鬼の遺跡（中心部） | 34.46895 | 135.80645 | | |

表5　法輪寺と鬼の遺跡を結ぶ軸線の角度計算表

他にも理由は考えられるが、仏教寺院の役割が現代も同じであるとするほうが自然である。念のために法輪寺と「鬼の遺跡」の中心部（耳成山の南北軸と梅山古墳の東西軸の交点）の方位角を測量計算しておく。それを〔表5〕に示した。結果として軸線角度二〇度を得る（数値はGoogle地図から得た）。

## 鬼の遺跡―上宮遺跡―法輪寺の軸線

敏達の十字架（図13）の交点①「鬼の遺跡」から発する若草伽藍と同じ二〇度の軸線は、斑鳩の上宮《かみや》遺跡を通過して、法輪寺の中央部に至る。その事実は重い。

明らかに、若草伽藍―梅山古墳を意識した同じ行為であって、法輪寺を建立した人物は、大王である親の鎮魂を目的として寺院を建立したといえる。つまり、法輪寺を建立した人物が大王位を継承したのである。法輪寺の文字は『日本書紀』には見いだせないが、七世紀前半の創建と研究されている（奈良文化財研究所）。逆にかんがえるなら、法輪寺が『日本書紀』にないことこそ、隠された事実とわかる。

後述しているが、軸線と軒丸瓦の文様によって、法輪寺は舒明大王が建立したことが判明している。舒明は古人大兄皇子の父であって、耳成山南北軸の古墳が三基しかなく、敏達（鬼の遺跡）―舒明（中尾山古墳）―古人大兄（高松塚）とすれば数は合っている。

そのようであれば、敏達の後の用明、崇峻、推古は傀儡であって、前述の仮説どおりであり、軸線の事実によって、古墳の被葬者と仏教寺院を建立した人物を推定することが可能と示される。

したがって、梅山古墳は域外《めぐり》に土山のある古墳であって、欽明大王（天皇）がその被葬者となり、その鎮魂の意味として、「見えない軸線」で古墳（梅山古墳や鬼の遺跡）と仏教寺院（若草伽藍や法輪寺）を結びつけたと確定できる。ひとつの例しかなければ偶然といえるが、数例あるなら、それは意図したものである。

ただ、耳成山南北軸の古墳は全て異常な古墳であり、破壊された古墳、天皇を示す八角墳だが小さな石槨しかない古墳、壁画のある古墳となっている。

はっきりしていることは、梅山古墳の東西軸と耳成山の南北軸の交点（十字形）を考案した人物が、みずから墓の位置をその交点（鬼の遺跡）とし、四天王寺など一連の寺院と梅山古墳を造ったと推定される。同時に、「鬼の遺跡」から二〇度の軸線を斑鳩まで延長し、その途中の上宮《かみや》遺跡に何らかの仏教施設を造ったのである。軒丸瓦などからもそのように推定される。

さらに、〔図8〕（一一〇頁）に示しているが、その法輪寺の中心点から御破裂山に線を引くと、軸線の途中に中宮寺跡（創建中宮寺）や吉備池廃寺《きびいけはいじ》が存在する。この事実は梅山古墳が縄文時代からの風習で御破裂山に向き、法輪寺もまた、御破裂山と結んでいることから、そのように造ったとしか説明できない事実である。

その吉備池廃寺こそが、舒明大王が建立したとされる百済大寺とされ（『飛鳥・藤原京の謎を掘る』）、法輪寺と同じ軒丸瓦であって、法輪寺が舒明による建立とわかる。それらの証明は後述している。

## 上宮遺跡の位置

上宮《かみや》遺跡は法輪寺と「鬼の遺跡」を結ぶ二〇度の軸線上に存在する。また、伝承によれば聖徳太子が亡くなった「飽波葦墻宮《あくなみあしがきみや》」であり、現在では、その宮の跡地に建てられたとされる成福寺《じょうふくじ》が遺跡の近くにある。ただ、『日本書紀』に聖徳太子は六二一年に斑鳩宮で亡くなったと記載され、伝承とは異なる。

ただし、この宮は平城京遷都後も存続していた可能性が高い。『続日本紀』によれば、七六七年と七六九年に称徳《しょうとく》天皇が「飽波宮《あくなみのみや》」に行幸したという記事がみえる。

その記事を裏付けるように、軒丸瓦が三種類出土する。〔写真12〕（次頁）は若草伽藍と同じ素弁八葉蓮華文となっていて、上宮遺跡になんらかの仏教施設が六〇〇年頃に存在していたことを示している。なぜ仏教施設となるかということだが、六〇〇年頃は屋根に瓦を使用するのは仏教施設だけだったようで、そのように推測している。〔写真13上〕（次頁）はひとつの花弁の中に二つの模様が入っていることで複弁《ふくべん》と呼ばれ、複弁八葉蓮華文とされ、川原寺《かわらでら》や法隆寺西院伽藍（二二二頁参照）のそれに似ている。特に、花冠《かかん》（花

写真 12
上宮遺跡から出土する
若草伽藍と同じ文様の軒丸瓦

写真 13
上宮遺跡軒丸瓦の複弁八葉蓮華文

全体）中央の花柱（雌しべ）や葯《やく》（雄しべ）の形態が若草伽藍と比較すると大きくなっている特徴がある。〔写真13下〕は平城京から出土する軒丸瓦と同じ文様となっている。

その事実は六〇〇年頃から若草伽藍を建立した人物と関連する建造物が上宮遺跡に存在したことを示し、同一人物の建立という伝承を裏付けている。また、その後も上宮遺跡に何らかの施設が存続していたことを表している。

つまり、欽明陵とされる梅山古墳と若草伽藍が結ばれ、同様に、「鬼の遺跡」と上宮遺跡や法輪寺が二〇度の軸線で結ばれている意味は何かということである。

その似たような事実は、欽明の子の敏達が若草伽藍を建立して親の鎮魂を願ったのではないか。そして、耳成山の南北軸と梅山古墳の東西軸線の交点に、みずからの古墳（鬼の遺跡）を予定したのではないか。また、その「鬼の遺跡」から延びる二〇度の軸線上に上宮遺跡を建造したとかんがえられる。

ここでわかることは、軸線で結ばれる寺院が同じ文様の軒丸瓦を使用していることで、軒丸瓦の文様が紋章であって、個人を特定している事実である。

結果として、〔図8〕（一一〇頁）に示すように、軸線による二つの十字形が完成している。一つは「鬼の遺跡」と法輪寺を結ぶ軸線に直交する若草伽藍と創建中宮寺を結ぶ軸線（斑鳩軸）であり、耳成山南北軸と交わる梅山古墳と御破裂山を結ぶ東西軸線が十字形となっている。

——《軸線の意味》——

## 鬼の遺跡の被葬者

耳成山の南北軸と梅山古墳の東西軸の交点を構想したのは、前述するように、若草伽藍を建立した敏達大王ということになる。

墓を造るのは親族に限られ、大王の墓なら大王を引き継いだ人物が造ったのである。その人物が、みずからの墓を構想した。それが耳成山の南北軸と梅山古墳の東西軸の交点の古墳であった。その南北軸と東西軸が偶然に十字形になるわけがなく、誰かが意図したことは確実であって、敏達が行ったとかんがえている。

敏達の時期に百済から造寺工《てらつくるたくみ》らが倭国に来ている記事（五七八年）が記載され、五八五年の大野丘北塔の建設工事にかかれる状態となっていたと、想像される。明らかに、敏達の要請によって来たのであろう。宮大工を育てるに数年を要したとすれば、そのような時期となる。

しかし、『日本書紀』の編者には敏達の業績をそのままにしておくことはできなかった。敏達―舒明―古人大兄皇子となることは避けねばならなかった。理由は前述しているが、耳成山南北軸の異常な三基の古墳が証明している。

破壊された古墳は地形図に人工的な痕跡を残すのみで、想像するしか方法がない。ただ、なぜ破壊されたと言えるのか、疑問があるだろう。

たとえば、耳成山南北軸と梅山古墳東西軸の交点に古墳があったとして、〔図12〕（一三五頁）の復元想像図のように、耳成山南北軸が明確に意識され、古墳の被葬者が問題となる。その古墳は大野丘北塔―耳成山と呼応する形となり、藤原宮の南北軸にとって、それは政治的な意味で目障りで邪魔なのである。その存在は消さねばならない。したがって、破壊された。

そして、現状の散乱している鬼の俎・鬼の雪隠遺跡（写真14・15）は軸線の交点になく、敏達本人のものではないだろう。写真や見取図（図15）にあるように、直接土に埋める大石を刳り抜いた石槨《せっかく》で、石室の中に納める石棺《せっかん》ではない。周辺に葬られた関係者の墓かもしれない。

敏達が目立つことは『日本書紀』の編者には都合が悪いのである。結果として破壊されたが、証拠は残っている。破壊された古墳と法輪寺が二〇度の軸線で結ばれている事実こそ、その証拠である。

証拠があるなら、順番にかんがえていけば、それらの関係者に辿りつくとおもわれる。

敏達の孫が舒明大王とされているが、前述するように、六二〇年頃に敏達が亡くなったとかんがえる。そこで、舒明が引き継ぎ、「鬼の遺跡」を築造して、二〇度の軸線を踏襲して斑鳩に法輪寺を建立した。そのようにかんがえるしか、若草伽藍を踏襲した二〇度の軸線の理由を説明できない。明らかに、親族によってなされている。

写真 14　鬼の俎

写真 15　鬼の雪隠

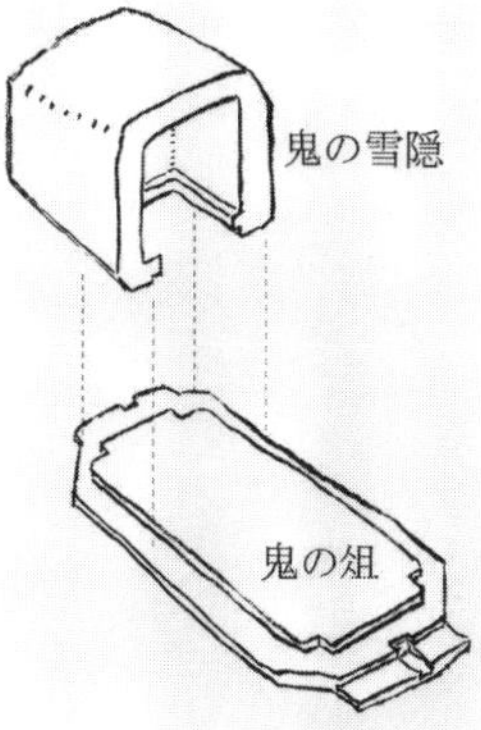


図 15　見取図

『日本書紀』は敏達の時代を縮小して、用明、崇峻、推古を組み込んでいるので、舒明を敏達の孫としなければ計算が合わない。敏達の時代を長くすると、長生き過ぎるとの疑問もあるが、〔表3〕（九五頁）のごとく、蘇我馬子はもっと長生きだった。つまり、傀儡の人物の時間が敏達の時間だったのである。

「稲目馬子蝦夷入鹿」の暗号が示すように、敏達の業績を隠さなければ、舒明大王や古人大兄皇子が注目され過ぎる。そこで目立たなくするために、傀儡を挿入した。それが蘇我一族であった。

しかしながら、敏達の業績は消すわけにはいかないほど偉大であった。そこで、「蘇我聖徳」聖徳太子を登場させたのである。つまり、民衆の記憶のごとく、『日本書紀』に記載される聖徳太子以上の人物が実在したということである。その民衆の記憶を利用した人物がいたのである。

## 上宮遺跡の破壊痕跡

上宮遺跡は伝承のごとく、聖徳太子に関係していた。敏達の軒丸瓦が出土することから、そのように推定できる。そして、上宮遺跡に破壊された痕跡が残っている。また、聖徳太子の亡くなった場所と伝承されることも気になる建造物である。

破壊されているのは「鬼の遺跡」ばかりではなさそうだ。上宮遺跡で凝灰岩の切石が出土しているが、表面が焼けている。そして、次の施設の建設時に地盤面を平らに削っていることが発掘によってわかっている（『飛鳥時代の斑鳩と小田原』斑鳩町教育委員会）。

通常なら、地盤面を削ることは安定地盤に達する必要があるなら行う行為であるが、元々建物が建っていた場所なら、それなりの準備がなされて建物が建っていたわけで、地盤を削る必要はないとおもわれる。

それを削ったということは、焼けた土や石などが残っていて、それを放置できなかったのではないか。表土のみを取り除けばよいはずだが、血がついているなど、より深く削った理由が存在するはずである。

研究者にも六四三年に蘇我入鹿が斑鳩宮を襲撃した時期に、上宮遺跡も焼失したのではないかと考える人がいるが、そうであれば、その後に地盤を削って、その痕跡を消したいと誰が思ったのであろうか。蘇我入鹿は二年後に暗殺されているわけで、実行できない。

斑鳩宮や上宮遺跡を襲ったのは、入鹿ではなく、他の誰かではないかと疑う理由がここにある。後述しているが、上宮遺跡の軒丸瓦（写真13上）は天智や持統の紋章であって、天智一族が地盤を削って建物を建てた可能性が高いわけで、「乙巳の変」の真相が想像される。

つまり、「鬼の遺跡」は破壊されて存在しないが、二〇度の軸線で法輪寺と結ばれている。また、上宮遺跡がその軸線上に存在する。「鬼の遺跡」はなぜ破壊されねばならなかったのか。上宮遺跡から焼失した痕跡が出土するが、それらの地盤が削られねばならない理由はなにか。この謎を解明すれば、『日本書紀』の謎に迫ることができる。

## 敏達大王の古墳が破壊された理由

「破壊された古墳」の位置に古墳がなかったという論理も成り立つが、十字形を構想した人物がいたことは現状を見れば、人間の仕業であることはわかる。

だが、その人物は、そこにみずからの墓を造らなかったという論理には納得できない。そのような権力者は存在しないとおもう。造りたかったが、造れなかったというなら理解するが、「破壊された古墳」と法輪寺は軸線で結ばれているわけで、古墳はあった。古墳がなければ、鎮魂という「こころ」が伝わらず、仏教寺院と軸線で結ぶ意味がなくなる。

わたしは敏達の古墳は『日本書紀』の記述と合致しないので、その編者が破壊したとおもう。敏達から直接舒明に引き継がれた証拠を隠滅したのではないか。そのようにかんがえれば、欽明陵の土山に柱を建てた時期（六二〇年）に敏達が亡くなったとかんがえられる。

その同じような時期に、聖徳太子や蘇我馬子が亡くなったことも、敏達の傀儡ならそのごとくであろう。敏達から舒明の間の用明、崇峻、推古は敏達大王の時期を短く見せるための穴埋めとかんがえる。

そのようであれば、中国の歴史書『隋書』の六〇八年に、隋の使者・裴世清《はいせいせい》が倭国に来て、男の大王にあったと記載されることに合致する。『日本書紀』では推古女帝の時期となっている。その倭王の名は「阿毎《あめ》、多利思比孤《たりしひこ》、阿輩雞彌《あほけみ》」と『隋書』にあるのだが、わたしには「天《あめ》たりし、彦《ひこ》の大君《おおきみ》」と読める。明らかに男だが、敏達の子に彦人大兄皇子《ひこひとのおおえのみこ》がいて舒明の父とされている。この「彦」の名が一致して、敏達の名ではないか。敏達は後から付けられた名であって、他に名前があったはずである。つまり、実在の同一人物を名を変えて二重に登場させていることになる。このようにかんがえれば、なにもかも説明がつく。

わたしは、まったくの架空の論理で話を進めているのではない。すべてにわたって物理的な「見えない軸線」を示した上で、軸線の意味をかんがえ、論理を提出しているのである。それは遺跡から出土する品々から想像する行為となんら変わることはない。むしろ、人間の意図に直接触れる分、それに惑わされる場合もあるが、「こころ」に到達する場合もある。

たとえば、高松塚の壁画や軸線は葬る側の「こころ」に直接的に触れることができる。副葬品の銅鏡や剣や玉などより被葬者がわかりやすい。副葬品は同様なものが多数存在するので、個人を特定しにくい。

特に軸線は空間を支配する道具である。それを支配者が操ったとしても、何も不思議なことではない。天武天皇が陰陽寮《おんようのつかさ》を設け、占星台《せんせいだい》を造って、式《ちく》を用いて占ったと『日本書紀』にある。それゆえに、彼の妻であった持統が設定した藤原宮南北軸があるのだろう。

それと同様に、耳成山南北軸と梅山古墳（欽明陵）の東西軸との交点を設けた人物がいたのである。それは天武と同様に大王であるに違いない。その人物は敏達大王だが、『日本書紀』は「天皇は仏法を信じられなくて、文章や史学を愛された」（『全現代語訳　日本書紀』）としている。

わたしが述べるように、敏達大王は多くの寺院を建立し、仏教による国づくりを推進した人である。また、都市を整備して、大野丘北塔というランドマークタワーを建造した人物であり、遣隋使を派遣して、国際社会との関係を図るような人、つまり、聖徳太子のような人であった。そのように『日本書紀』は記載していないが、明らかにその証拠が軸線と軒丸瓦に残っている。

そのように、敏達大王の業績を隠さねばならなかった理由は一つしかない。敏達—舒明—古人大兄皇子と引き継がれたことを隠したかったからと想像できる。耳成山南北軸上の古墳が三基であることに同じとなるが、偶然ではないだろう。この見えない軸線こそ、真実を伝えているのである。

## 4　舒明の軸線

### 法輪寺―創建中宮寺―吉備池廃寺―御破裂山の軸線
### ――《軸線の事実》――

法輪寺（写真16）は、法隆寺の北東に位置する。夢殿の北側へ向かって民家を抜けると、法輪寺を見通す直線道路に出る。法輪寺の三重塔は前述の西岡常一棟梁によって創建時の位置に再建された。

中門より左側に塔を配置するのは法隆寺に同じであって、東側にある法起寺《ほうきじ》の三重塔が中門の右側に造られたことも関連するとわかった。そして、伽藍の中心軸は西側に一六度程振られているが、大和三山の畝傍山《うねびやま》の頂上に向けられていた。

写真 16　現在の法輪寺

法輪寺は『日本書紀』に一切登場しないが、前述するように、とても重要な位置に存在している。伽藍の中心軸を畝傍山に向けて造られたことがキーポイントであった。その後に畝傍山の真東に本薬師寺が建てられ、真北上に薬師寺が建立されたことにつながっていたが、この話は第五章の藤ノ木古墳に関係していく。

また、法輪寺の発掘調査から七世紀の前半に存在していた（奈良文化財研究所データベース）可能性があって、舒明大王の時期に一致して、違和感がない。

〔図16〕に示すように、法輪寺から御破裂山を結ぶ軸線上に創建中宮寺や吉備池廃寺が存在す

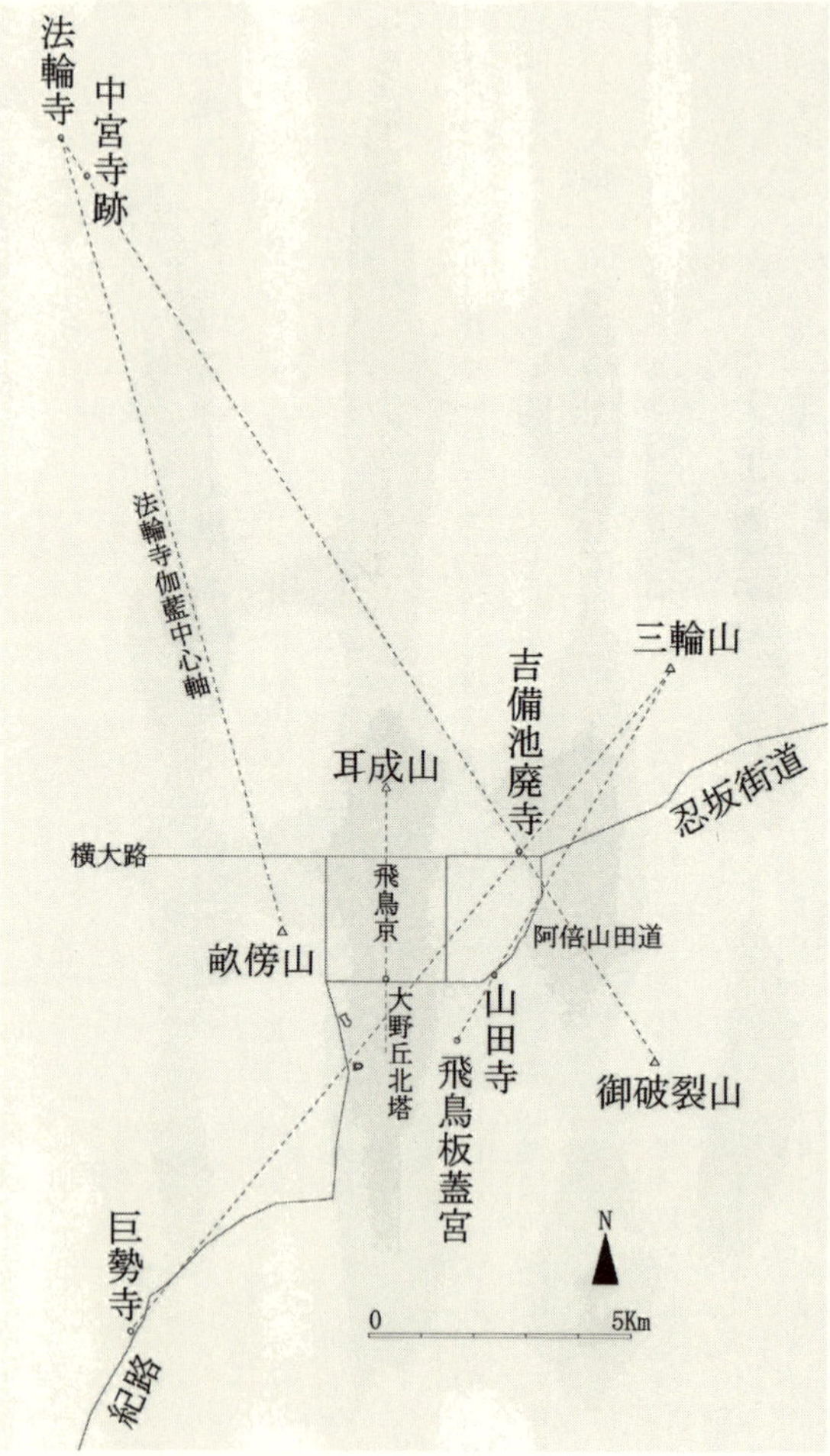

図16　舒明の軸線

る。また、吉備池廃寺を交点として三輪山―吉備池廃寺―巨勢《こせ》寺《でら》の軸線が交差している。敏達大王と同様に、神聖な山に向けて軸線を設定して仏教寺院を建立している。

この事実は、偶然などではなく、明らかに人間によって意図されたもので、「見えない軸線」が存在していることの証明となり、その軸線と軒丸瓦の文様が関係し、それが紋章であることの証拠となっている。

法輪寺、創建中宮寺（中宮寺跡）は『日本書紀』に記載がないが、吉備池廃寺（百済大寺）は六三九年に舒明大王が百済川のほとりに大寺を造り始めたとされる寺院である。そこで、軒丸瓦を比較することによって関連を調べてみる。

中宮寺から出土する最古の軒丸瓦（写真19）は素弁八葉蓮華文で花弁の先端に小珠がある。そ

写真 17　法輪寺創建軒丸瓦

写真 18　吉備池廃寺軒丸瓦

写真 19　中宮寺最古軒丸瓦

れは明らかに若草伽藍に同じであって、若草伽藍と同じ人物が建てたと想像できる。

一方、法輪寺や吉備池廃寺の創建瓦（写真17・18）は、素弁八葉蓮華文として同じだが、花弁一枚ごとに間隔をとり、花弁の先端は小珠ではなく、花弁中心を盛り上げて先端につなげている。基本は若草伽藍と同じとして、微妙に変化をつけている。その事実は、親子の関係のように、基本は受け継いで、微妙に変化を付けて独自性を出していることである。

以上のごとく、法輪寺の創建軒丸瓦と吉備池廃寺（百済大寺）の軒丸瓦は写真のごとく一致している。軒丸瓦が建立したスポンサーを示しているのである。つまり、法輪寺は百済大寺を造った人物と同じ舒明大王が造ったとしてよい。

そのようであれば、御破裂山へ向けて梅山古墳（欽明陵）を造成し、耳成山の南北軸との交点を設定した人物が若草伽藍と創建中宮寺を造ったのである。

そして、軸線の事実と軒丸瓦のデザインから、各寺院の成り立ちが判明する。

若草伽藍を建立した人物は、その後、若草伽藍の二〇度の傾きに垂直な軸線を東に延長した場所に中宮寺を建てた（図8、一一〇頁）。また、みずからの墓（鬼の遺跡）から法輪寺へ延びる二〇度の軸線を設定して、途中に上宮遺跡を建造した。

その人物の死後、その子が御破裂山と中宮寺を結ぶ軸線と「鬼の遺跡」からの二〇度軸線の交点に法輪寺を建立し、御破裂山の軸線上に吉備池廃寺（百済大寺）を建てたということになる。

それらの建造物は意図された場所に、順番に建設されていたとわかる。

それらを想定した時期は、一体いつ頃のことであろうか。梅山古墳を造成する頃には決定されていたとかんがえざるを得ない。その人物は欽明大王の子・敏達大王だが、『日本書紀』は「敏達は仏法を信じず」としている。つまり、軸線の事実と矛盾するのである。

『日本書紀』が、最も隠したかったことがここに現れている。敏達から直接舒明に引き継がれたことを証明する事実が法輪寺を結ぶ二つの軸線である。破壊された「鬼の遺跡」は敏達のものとしてよく、敏達の鎮魂のための法輪寺を舒明が建立したわけで、敏達から大王位を継承したのは舒明と、物理的に証明されている。

念のために、法輪寺―中宮寺跡―吉備池廃寺―御破裂山の軸線が一直線に並んでいるか、測量計算で確かめる。中宮寺跡の位置情報のみ奈良文化財研究所のデータ、

| 場所 | 緯度（北緯） | 経度（東経） | 方位角 |
|---|---|---|---|
| 御破裂山（山頂） | 34.47049 | 135.86005 | — |
| 吉備池廃寺（門中心） | 34.50381 | 135.83396 | 147.035 |
| 中宮寺跡 | 34.6125 | 135.74472 | 146.0654 |
| 法輪寺（中心部） | 34.6222 | 135.73898 | 146.5314 |

表６　法輪寺―中宮寺跡―吉備池廃寺―御破裂山を結ぶ軸線の角度計算表

他はGoogle地図から得た（表6）。

計算方法は御破裂山と各寺院が結ばれる直線の方位角を算出し、その角度が一致すればよいとした。結果として、四ヵ所が約一度の範囲に並んでいることがわかる。特に吉備池廃寺は伽藍が大きく、どこの位置を抽出するかで数値に違いが出るので、特に問題はないとした。

## 舒明大王と三輪山―吉備池廃寺―巨勢寺の軸線

飛鳥から南へ向かう紀路《きじ》を進み、五條盆地へ抜ける狭隘部《きょうあいぶ》の中間点に巨勢寺《こせでら》跡がある（図8、図16参照）。

現在の明日香村から御所《ごせ》市へ向かう紀路（国道三〇九号）が巨勢寺遺跡の横を通り抜けるその地点は、峠となっていて三輪山を望むことができ、御所市側からも認識できる位置にある。その位置と標高の高さが、ここに仏教寺院を建てた由縁であって、百済大寺（吉備池廃寺）を九重の塔として、高くしなければならなかった理由である。

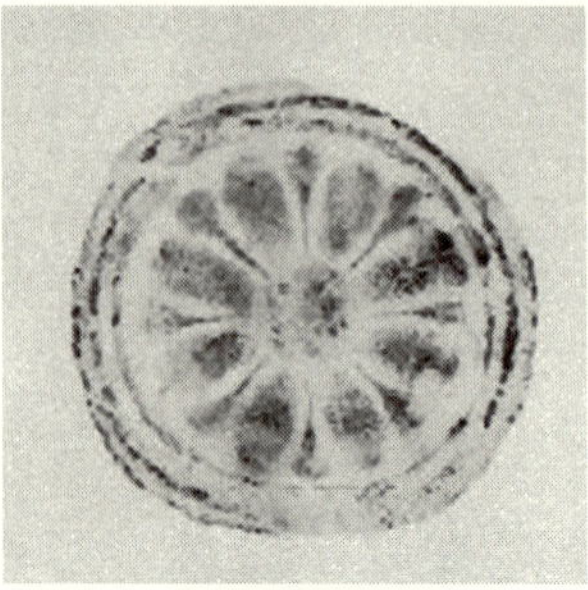
写真20　巨勢寺創建瓦（拓本）
素弁八葉蓮華文

巨勢寺は法隆寺式伽藍形とされ、『日本書紀』の六八六年に登場し、地名（御所市古瀬）とも合致する。ただ一般的に、誰がいつ建立したのか不明であって、この地域の豪族の巨勢氏が建てたとされている。

創建瓦（写真20）とみられる軒丸瓦は舒明大王の法輪寺や吉備池廃寺（百済大寺）と同じ文様（素弁八葉蓮華文）で、伽藍配置も共通する。それらの事実は、軒丸瓦の文様が紋章となっていることを示し、舒明大王と関連する可能性が高いことがわかる。

舒明は遣唐使を最初に派遣した大王であって、唐からの使者を迎えている。そのような目的で、彼の仕事は飛鳥京へ至る街道に沿って、大寺を建てることではなかったか。

難波から長尾街道の通る斑鳩には若草伽藍が建てられており、舒明は残った紀路に巨勢寺を建て、東から倭京へ向かう忍坂《おしざか》街道入口に吉備池廃寺（百済大寺）を建立したといえる。また、後述するように、阿倍《あべ》山田道《やまだどう》の屈曲点に山田寺を建立したことも分かっている。

そう述べる根拠は軸線にあって、〔図16〕のごとく、巨勢寺―吉備池廃寺（百済大寺）―三輪山と一直線に並び、伽藍配置や、軒丸瓦が一致することである。

それらの寺院を一直線に並べ、しかも三輪山と結ぶなど、一豪族のする仕事ではない。つまり、それらは国家の仕事であり、舒明が建立したのである。そして、欽明の軸線は軒丸瓦の文様が紋章であることの確実な証拠となっている。

また、その軸線は法輪寺―吉備池廃寺―御破裂山の軸線と交差して、交点にある吉備池廃寺（百済大寺）を造った舒明が関わり、それらが舒明によって計画されたことがわかる。そして、それらの寺院が飛鳥京へ至る街道に沿った場所に建てられ、ランドマークの役目を負っていたことも想像できる。

地図に軸線を描けばつながるのだが、念のため測量計算を行って確かめる。緯度経度情報はGoogle地図から得た。三輪山頂上と各寺院を結ぶ軸線の方位角が一致すれば、一直線に並んでいるとしてよい。巨勢寺に関しては伽藍配置が入手できてないため、地図上の塔の表示点とした（表7）。

計算結果として、共に四一度を得る。伽藍配置など情報不足で比較する場所が異なるが、それらの寺院が一直線になっているとしてよいだろう。

以上のことから、百済大寺を九重塔とした理由がわかる。

百済大寺の位置は標高八一メートルで巨勢寺は標高一一六メートルとなって、標高差は三五メートルあるが、途中に一〇三メートル程の山があり、樹木などを計算に入れると一一三メートルとなって、五重塔とすると、見えないことが理由とかんがえられる。つまり、現存する法隆寺の五重塔は三一・五メートルであっ

| 場所 | 緯度（北緯） | 経度（東経） | 方位角 | 軸線角度 |
|---|---|---|---|---|
| 三輪山（頂上） | 34.53500 | 135.86694 | — | — |
| 吉備池廃寺（門中心） | 34.50381 | 135.83396 | 41.18326 | 41度 |
| 巨勢寺（塔中心部） | 34.42565 | 135.75323 | 40.700 | 41度 |

表7　三輪山—吉備池廃寺—巨勢寺を結ぶ軸線の角度計算表

て、その高さでは見えないことになり、少なくとも一・五倍は必要ということで、九重塔としたと想像される。

塔の高さを決定する根拠として、当時の街道を辿ってみると、伊勢方面から飛鳥京へ向かう忍坂街道は現在の国道一六五号であり、その正面に百済大寺を見ることになる。ここからは飛鳥京方面は見通しがよく、無理に九重塔としなくてもよいようにおもう。

したがって、忍坂街道ではなく、紀路ルートの巨勢寺から三輪山と百済大寺を共に眺めることが可能な高さが必要であったとわかる。四方から見通せる百済大寺の場所に巨大な塔を建てる意味は大きいと思ったと推測できる。そして、建設順序は法輪寺や巨勢寺が先であろうとおもう。

なぜなら、巨勢寺を建てたからこそ、そこからの眺めが重要になるのであって、ランドマークタワーの意味はそのようなものであり、軒丸瓦の文様の変化も、法輪寺や巨勢寺が先に建造されたと示している。

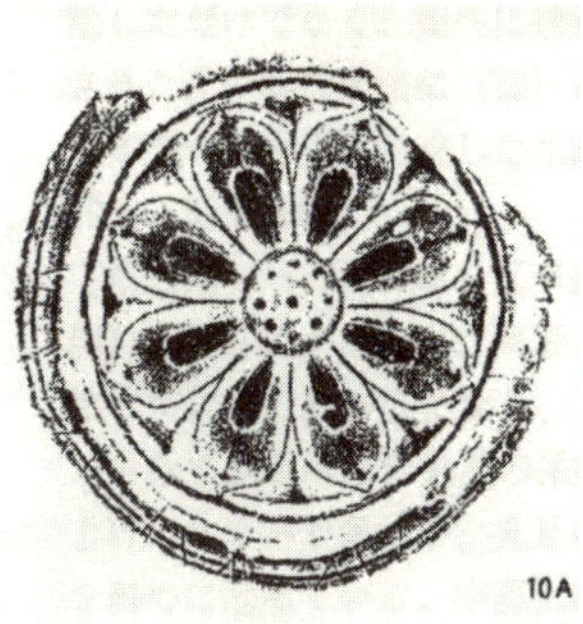

写真21　山田寺創建軒丸瓦拓本

## 三輪山―山田寺―飛鳥板蓋宮の軸線

山田寺は、『日本書紀』によれば、蘇我倉山田《そがくらのやまだの》（石川《いしかわ》）麻呂《まろ》が建てたということになっているが、軸線及び軒丸瓦の事実と異なる。

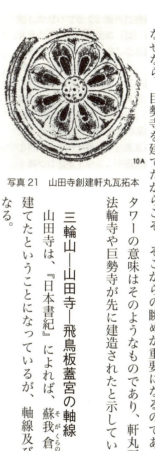

山田寺の軸線は三輪山―吉備池廃寺（忍坂街道）―巨勢寺（紀路）に似て、主要道路の要衝に寺院を建てるというコンセプトどおり阿倍山田道の屈曲点に建てられ、山田寺の創建軒丸瓦（写真21）は法輪寺や吉備池廃寺に同じであって、明らかに舒明大王の施策方針と合致している。

ただ、創建軒丸瓦のデザインに少し変化が見られる。吉備池廃寺や山田寺では、花弁の付け根を明確化していることから、建設時期が吉備池廃寺や山田寺の方が遅いとかんがえられる。

つまり、建設順序は法輪寺・巨勢寺グループが先で、吉備池廃寺、山田寺が後ということになり、敏達を引き継いだ舒明が最初にやるべきは法輪寺の建造であったことを証明している。

『日本書紀』の山田寺に関する記述は「作り話」だが、街道に沿って造られた吉備池廃寺、山田寺、巨勢寺を無視できなかった。逆に斑鳩の奥にある法輪寺は歴史に登場しない。

山田寺の位置と時間が示す意味は重要である。三輪山―山田寺―飛鳥板蓋宮を結ぶ軸線は、三輪山という神の山と仏教寺院や宮殿を結びつけて、神の加護を祈っている。その行為は、そこに住む人間のする行為であって、舒明が飛鳥板蓋宮に住んでいたことを表している。

だが、舒明が飛鳥板蓋宮に関係していることは『日本書紀』の記述とは異なるのだ。舒明の死後、飛鳥板蓋宮が造られるとなっていて、ここでも『日本書紀』を疑う点がある。

舒明の軒丸瓦を持つ山田寺は『日本書紀』によれば、六四九年に建設中であったと記載されている。舒明による建立であれば、六四一年以前でなければならない。また、飛鳥板蓋宮と三輪山を結ぶ軸線はそれらの建造物が六四一年以前に完成していた可能性を示している。

つまり「倭《わ》王権を統括する大臣家としての蘇我氏の地位は揺らぐことはなかった。蘇我氏の氏上《うじのかみ》が蝦夷・入鹿系から倉麻呂系に移動したに過ぎないのである」（『蘇我氏』）としているが、その証拠となる蘇我倉山田（石川）麻呂が建立したとする山田寺が舒明による建立であった。蘇我一族の物理的遺産は何もないのだ。単に文献にあるのみであって、馬小屋を意味する厩戸と馬子が一対であって、キリスト教の逸話にヒントを得た「作り話」なのである。『蘇我氏』が示すように、葛城《かつらぎ》氏を蘇我に変えるだけで済んでしまう。文字とはそのように簡単に変えられるのではないか。

ここで、三輪山、山田寺、飛鳥板蓋宮が一直線に並んでいるか、測量計算をしておく。結果として、三輪山に対する山田寺、飛鳥板蓋宮の方位角が一致すればよい。

位置データはGoogle地図などから得た。結果として、

| 場所 | 緯度（北緯） | 経度（東経） | 方位角 |
|---|---|---|---|
| 三輪山（山頂） | 34.5350 | 135.86694 | — |
| 山田寺 | 34.48449 | 135.83009 | 31.11856 |
| 飛鳥板蓋宮 | 34.47325 | 135.82116 | 31.52671 |
| キトラ古墳 | 34.45125 | 135.80527 | 31.35239 |

表８　三輪山―山田寺―飛鳥板蓋宮―キトラ古墳の軸線の方位角計算表

方位角三一度で一直線に並んでいることがわかる。飛鳥板蓋宮は規模が大きく、計測位置によって大きく数値が動くので、〇・四度程の差は問題ないとした（表8）。

キトラ古墳を加えてあるが、直線的に並んでいることは確かであり、キトラ古墳はこの軸線と法隆寺南大門鯛石―檜隈寺―キトラ古墳の二〇度軸線との交点に存在している。若草伽藍の二〇度の軸線と関係しているわけだが、キトラの被葬者はどのような人物であろうか。謎が多い。その詳細は後述せざるを得ない。

## 中尾山古墳―飛鳥板蓋宮―段ノ塚の軸線

軸線には、明らかに、鎮魂やその「こころ」が込められている。それが段ノ塚と呼ばれる舒明陵に表れている。

耳成山の南北軸に眠る一族は、同じ血縁の三人の大王たちであって、法輪寺を建立したとおもわれる舒明大王は中尾山古墳に眠るはずであった。

しかし、中尾山古墳は八角形墳となっていて、天皇（大王）の古墳であるが、小さな石槨（内法九〇センチ×九三×高さ八七）があり、内側は水銀朱が塗布されているという。小さな石槨は火葬された骨しか入らないようで、火葬された文武天皇ではないかという説がある。

だが、二つの南北軸線の事実によって、文武は天武・持統陵のある藤原宮南北軸に属するわけで、「鬼の遺跡」の被葬者のために法輪寺を建立した舒明大王が順当なところで、軒丸瓦によって確定される。

中尾山古墳は〔図17〕に示すごとく、段ノ塚と結ばれている。その根拠は段ノ塚の位置と形態にある。それを〔図18〕に示す。前方後円墳の台の上に八角形墳を載せた形態はかなり特異な形態となっていて、他に例がないようにおもう。それは初めて大王の陵を八角形墳とした古墳とさ

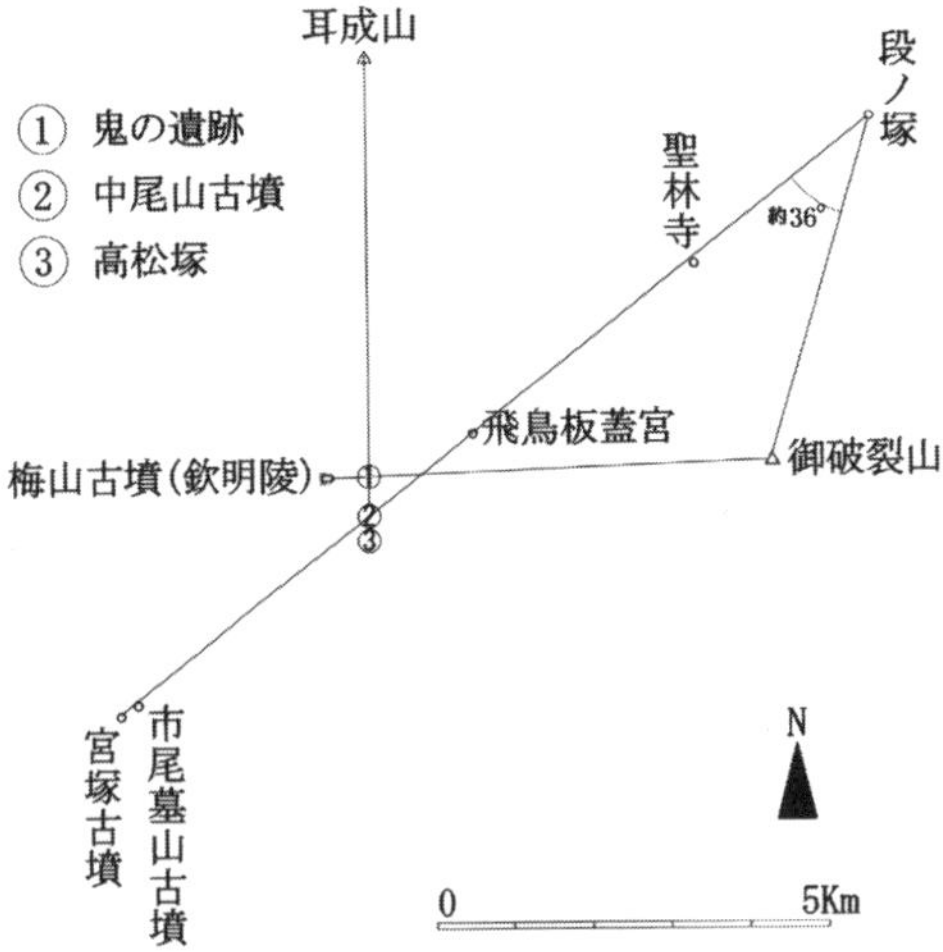


図 17　中尾山古墳―段ノ塚の軸線略図

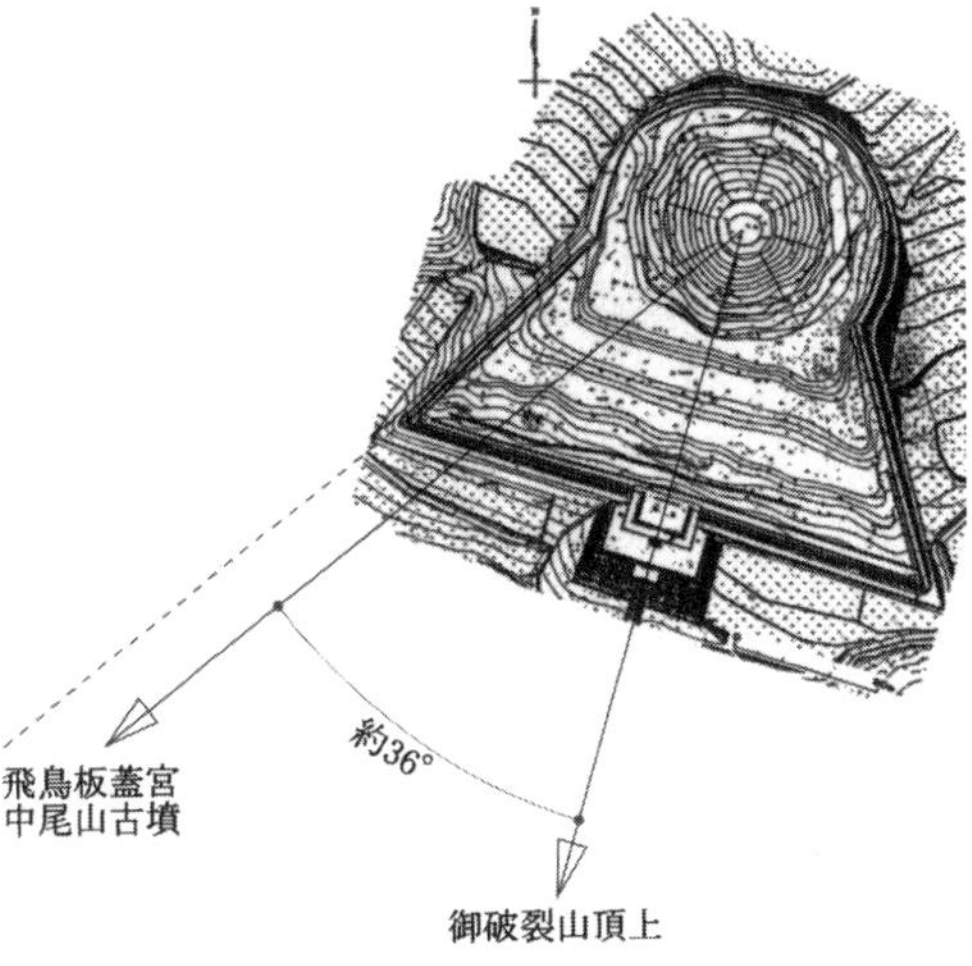


図 18　段ノ塚の配置図

れ（『飛鳥・藤原京の謎を掘る』）方墳部分の台形の底辺は一〇五メートルで、八角形の対辺長四二メートルと大きい。

舒明大王は『日本書紀』にあるように、六四一年末に亡くなり滑谷岡《なめはざまのおか》に葬られたが、その後六四三年に押坂陵《おしさかのみささぎ》に移葬されたとされる（『日本書紀』）。押坂陵は一般的には段《だん》ノ塚と呼ばれている。段ノ塚の中心軸は御破裂山に向いて配置され、方墳部の角度は中尾山古墳に向いた角度となっている。

段ノ塚と中尾山古墳を結ぶ軸線は途中に飛鳥板蓋宮《あすかいたぶきのみや》を通る。また藤原鎌足の子・定慧が創建したとされる聖林寺《しょうりんじ》がその軸線の途中にある。

この事実は古墳の形態が、その被葬者の建造物との関わりを表しているようにおもう。そうでないならば、なぜ段ノ塚がそのような位置に造られ、なぜそのような形態になっているのだろうか。それは偶然そのようになったとでも言うのであろうか。

やはり、人間の仕業である以上、何かの理由があるに違いない。偶然には建造物はできない。計画がなければ、何も実現しないのだ。古墳という墓の場合、土を盛るにも意味を見つけ出したとおもう。

そのような視点でみるときに、段ノ塚—聖林寺—飛鳥板蓋宮—中尾山古墳を通る軸線が謎となる。ひとつは、そもそもなぜ段ノ塚と中尾山古墳が結ばれているかという疑問がある。その疑問は段ノ塚の配置図（図18）を見ると、台形の角度が飛鳥板蓋宮と中尾山古墳の方向となっていることに気づく。つまり、なぜその角度となっているかとかんがえるとき、やはり、偶然とは言えないだろうとおもうのだ。

それは何も関係がないとする見方もあるかもしれないが、段ノ塚の形態をみると、台形の角度が特異であることに気づく。一般的には前方後円墳は梅山古墳のように台形の開き方が小さいが、かなり大きく開いている。それは、その角度を優先していることである。

その軸線の意味は、少なくとも中尾山古墳と段ノ塚がなんらかの関係にあるということであろう。そして、もうひとつの疑問が浮かんでくる。『日本書紀』によれば、舒明大王は飛鳥板蓋宮とは関係がないことになっているからだ。板蓋宮は「乙巳の変」の舞台となった宮殿で、蘇我入鹿が中大兄皇子に暗殺される宮殿である。

板蓋宮は舒明の皇后である皇極大王が即位して、六四二年に蘇我蝦夷に造らせた宮殿であるが、舒明がなくなった後で、舒明に関連がない。また、三輪山―山田寺―飛鳥板蓋宮の軸線も存在する。それではなぜ軸線を通しているのであろうか。

前述したが、若草伽藍を建立した人物と上宮遺跡が関連するように、軸線は仏教寺院や宮殿などと古墳を結びつけている。舒明と板蓋宮も関連があるようにおもう理由がここにある。

その意味は「見えない軸線」が「こころ」を表しているのではないか。何かしら、宮殿と神山を結ぶ軸線は安寧を願う「こころ」があるとした方がよいだろうとおもう。

それにしても、段ノ塚を築造した人物は誰であろうか。中尾山古墳から耳成山南北軸の東側に移葬したのであれば、天智一族の仕業であって、巨大古墳を山腹に築造するセレモニーを行わねばならなかった人物ということになる。

つまり、天智天皇しかいないようにおもう。

## 段ノ塚—飛鳥板蓋宮—中尾山古墳—市尾墓山古墳—宮塚古墳の軸線

段ノ塚—聖林寺—飛鳥板蓋宮—中尾山古墳を結ぶ軸線は、さらに一二キロメートル延長すると飛鳥京の南西にあたる紀路街道の戸口に市尾《いちお》墓山《はかやま》古墳と宮塚《みやつか》古墳があって、それらと結ばれている（図17）。

一般的には、市尾墓山古墳と宮塚古墳は紀路をおさえた豪族巨勢《こせ》（許勢）氏のものではないかという説となっている。それらの因縁はよくわからないが、舒明の軸線上にあることは確かで、その古墳が六世紀の築造とされていることには疑問がある。

舒明の軸線上に関係するなら、七世紀でなければならない。なぜなら、市尾墓山古墳と宮塚古墳が築造される時期に、七世紀に造られた中尾山古墳—飛鳥板蓋宮—段ノ塚の軸線を知っていなければ、市尾墓山古墳と宮塚古墳をその位置に築造できないからだ。

軸線の事実から、市尾墓山古墳と宮塚古墳は偶然そのような位置にあったか。または、七世紀に造られたということになる。その二つの古墳が後で造られなければ、直線的に並べることができないのだ。

偶然というなら、二〇キロメートル程離れたそれらの古墳が、どのような精度で造られているか方位角を測量計算で求める。緯度経度はGoogle地図から求めた。

〔表9〕のごとく、古墳の位置はかなり精度が高く、結果としては、偶然と言えるような数値でない。それらは一直線に並んでいるとしてよいとおもう。つまり、それらは七世紀に造られた可能性が高い。

それでは、古墳の築造時期をどのように判定しているかということだが、調べても明確ではない。どうも、石室の内部に置かれている祭祀に使われた土器の様式年代で決めているようなのだ。

この話は第五章の藤ノ木古墳の築造時期も同じような問題

| 場所 | 緯度（北緯） | 経度（東経） | 方位角 |
|---|---|---|---|
| 段ノ塚 | 34.50771 | 135.87565 | — |
| 中尾山古墳 | 34.46443 | 135.80627 | 52.99381 |
| 市尾墓山古墳 | 34.44401 | 135.77467 | 52.67821 |
| 宮塚古墳 | 34.44268 | 135.77244 | 52.71027 |

表9
段ノ塚─飛鳥板蓋宮─中尾山古墳─市尾墓山古墳─宮塚古墳の軸線の方位角計算表

があり、そこで展開しているのでここでは割愛するが、納得できない年代測定となっている。

市尾墓山古墳と宮塚古墳はどのような古墳なのか。共に前方後円墳で、市尾墓山古墳は二段に築かれ、全長六五メートル、後円部直径三九メートルとなっている。宮塚古墳は全長五〇メートル、後円部直径二五メートル、となっていて、市尾墓山古墳の方が一回り大きい。ただ、宮塚古墳は丘陵の頂部にあり、平地の市尾墓山古墳と違いがある。

石室に関して、市尾墓山古墳は横穴式石室で玄室の規模は、長さ約六メートル幅二・六メートル高さ三メートル、宮塚古墳は横穴式石室で玄室長さ六・四メートル幅二・四メートル高さ二・七メートルとなって、同じような規模としてよい。また、刳り抜き式の家形石棺も共通で、全体は朱に塗られていた。

副葬品は、馬具や刀などを装飾した金銅製金具が出土している。特に宮塚古墳は多くの副葬品があり、藤ノ木古墳に匹敵すると言われているようだ。変わったものとして金銅製の鈴が一個出土している。

今わかることは、市尾墓山古墳と宮塚古墳は舒明大王に関係した古墳であって、その被葬者は六四五年の「乙巳の変」に関係して死んだのではないかと想像するのみである。また、藤ノ木古墳も朱に塗られた刳り抜き式の家形石棺で、築造時期も同じではないか。そのようにおもっている。

## ――《軸線の意味》――

### 軸線と軒丸瓦が『日本書紀』の偽りを示す

若草伽藍と同じ二〇度の軸線が「法輪寺――破壊された古墳」の関係に使われている事実がある。『日本書紀』の順序であるなら、敏達のために、次の推古大王（敏達の皇后）が古墳を造り、法輪寺を建立したことになる。しかし、そのように記載されていないし、事実も異なる。

敏達は大阪の河内磯長陵という古墳の密集地に葬られた。磯長は誰の墓かわからない程、古墳の多い場所とされている。飛鳥から遠い場所に葬る意味もわからない。かなりあいまいである。つまり、『日本書紀』は敏達の墓をあいまいにしなければならなかった。敏達だけではなく、用明や推古も最終的には河内磯長陵となっていて、明確にできなかったのである。推古は大王であって、本来なら耳成山南北軸上に葬られねばならないはずだ。また、崇峻は蘇我馬子に殺害され、蘇我氏の専横ぶりを強調して、芝居がかって見える。

それらの疑問は軸線と軒丸瓦が解決してくれる。軸線に沿った仏教寺院が同じデザインの軒丸瓦を使用している事実は、少なくとも一族の血縁的な軸線という意味であって、寺院を建立した人物が特定される。

軒丸瓦の模様はその建物の建立者や所有者を示しているわけで、舒明は法輪寺、巨勢寺、吉備池廃寺（百済大寺）、山田寺を建立したことが明白である。

したがって、「法輪寺――破壊された古墳」の若草伽藍と同じ二〇度の軸線が舒明によって完成されたことになり、敏達―舒明と直接に継承したことになる。

そのようであれば、耳成山南北軸が敏達によって創造されたことが明らかとなり、『日本書紀』に飛鳥寺と大野丘北塔を蘇我馬子が造ったと記載されていることが偽りであったと確定される。わたしは軸線や軒丸瓦という物理的事実から、そのように判断している。

つまり、軸線と軒丸瓦の事実から、蘇我一族や聖徳一族が傀儡であり、「蘇我聖徳」であったと証明できたことになる。

古代の日本列島人が文字を古墳に入れなかったことは、縄文時代からの「言霊」を信じていたのだろうとおもう。言霊は「見えないもの」で、「見えない軸線」が真実を示しているとかんがえられ、古墳や仏教寺院の位置こそが、それらの関係者を示していたのである。

『日本書紀』には飛鳥寺と大野丘北塔以外の、若草伽藍や四天王寺の所有者や建立者は記載されないわけで、『日本書紀』が語れない部分があるとかんがえるべきであろう。

歴史書ならば、「どこそこに誰が何を造った」と誇らしげに書くのが通常の歴史書であるが、そのようになっていない。ましてや、当事者が作る歴史書なのであって、それが記載されないことに不審を抱くが、それら建造物の位置に真実があった。

わたしは、軸線と軒丸瓦の関係から、敏達の墓が破壊されていることを軸線が教えてくれているとおもう。そして、破壊された時期は法輪寺が建てられた後であり、吉備池廃寺（百済大寺）が造られた後であることもわかる。なぜなら、古墳があったからこそ、法輪寺や百済大寺が建立されたのである。

おそらく、敏達の墓は藤原宮南北軸を設定した時期に破壊されたのだろう。天武・持統陵を築造する時期で、一三〇メートル程しか離れていない場所での工事は一体的に行われた。結果として、古墳が破壊されて人びとが驚いたはずで、軸線上の御破裂山などの名もその時期に生まれた可能性がある。

巨大古墳の土砂は新益京の建設に使われたのであろう。現在の土木工事でも、土砂の再利用を考えることが重要であって、藤原不比等の考えた一石二鳥ということのようにおもう。

## 御破裂山と藤原一族

御破裂山の南側に藤原鎌足を祀るといわれる談山神社がある。わたしの主張は、建造物の位置や形態には理由が存在するということである。

そこからかんがえると、御破裂山の南に談山神社がある理由に、その答えがあるようにおもう。また、御破裂山などという名前の由来は何かである。

談山神社は伝承によれば、鎌足の子・定慧が六七八年に多武峰《とうのみね》妙楽寺として建立した仏教寺院であって、その後に談山神社となったとされる。

御破裂山の南側の麓に仏教寺院を藤原一族が建立した理由は何か。また、御破裂山という名称は明らかに変である。そのようなことに疑問を抱く研究者は皆無であって、位置や形態に理由があると思わないようなのだ。

御破裂山は破壊された古墳から延びる軸線の終着点であって、法輪寺から中宮寺跡、吉備池廃寺を通る軸線の終着点でもある。さらに、外鎌山《とかまやま》の麓の忍坂にある舒明陵とされる段ノ塚も中心軸線が御破裂山に向いている。

そのような多くの因縁を持った山の下に、藤原一族の寺院が造られた理由は何か。当時の仏教寺院の建立の理由は鎮魂ということで、やはり御破裂山を鎮める意味があり、御破裂山という名称も、破裂した古墳、破壊された古墳とつながってくる。

なぜ御破裂山の下に妙楽寺があるのか。それらの寺院や古墳の位置や形態が意味を持っていたのであって、そこに人間の意思や感情をみることができる。

後述しているが、その定慧が眠るとみられる古墳（花山西塚古墳《はなやまにしづか》）があった。その古墳は、三輪山から法輪寺を結び、御破裂山や破壊された古墳と結ばれていた。そこに答えが隠されているのである。

## 舒明の宮殿

軸線と軒丸瓦は舒明大王と飛鳥板蓋宮を結びつけているが、『日本書紀』は無関係としている。真実は「見えないもの」の方にある。

敏達から舒明へ直に引き継がれたことは、『日本書紀』には記載できなかった。何としても避けねばならなかったのだ。その理由は前述しているが。

敏達の業績は素晴らしく、その敏達から舒明へ引き継がれた場合、その次は古人大兄ということになり、なぜ古人大兄が殺害されねばならないのか理由が難しくなる。

また、舒明の後継と『書紀』が示す皇極大王（舒明の皇后）の時期は古人大兄が大王位を継承していたが、クーデターによって殺害されたと想像され、その事実は『日本書紀』の「万世一系」というコンセプトから外れる。

そのような理由で、蘇我一族と聖徳一族を彼らの傀儡として、「桃太郎の鬼退治」をしてみせたのである。鬼は蘇我一族で、桃太郎は中大兄、猿雉犬が藤原鎌足であった。日本列島人の琴線に触れるような「昔話」は一三〇〇年を超えるマインドコントロールとなったのである。

『日本書紀』の編者は結果的なことを述べているが、時間的な前後を変更するだけで、別の意味になることを知っている。

結果的に舒明大王を中尾山古墳から段ノ塚に移葬したが、その六四三年という時期が問題である。六四一年末に亡くなって、工期的に底辺が一〇五メートルもある古墳に葬れるわけはなく、別の時期とわかる。

それではいつなのか。そのようにしなければならない時期があったはずである。詳細は高松塚の話の中で述べるが、呪術的な理由なのであろう。

舒明の宮殿も時間差があるとかんがえている。聖徳太子の亡くなった時期に敏達大王が亡くなり、それを受け継いだ舒明は六二〇年頃に即位して、遣唐使を初めて送り出した（六三〇年）とかんがえられる。

中国の歴史書『旧唐書《くとうしょ》』にあるように、六三二年に唐からの使者が倭国にやってきた。『日本書紀』では、舒明の即位は六二九年となっていて、舒明が遣唐使を送ったとするなら、準備期間が少ないことに疑問をおぼえる。そして、六三〇年頃に、唐からの使者を迎えるために、飛鳥板蓋宮を完成させていたのではないかとおもう。

建造物から考えるならば、何か目的がなければ、新しい建造物は造らない。唐の使者を迎える時期（六三〇年頃）に向けて、宮殿を新しくしたのではないか。そのような理由で、飛鳥板蓋宮を建てたとかんがえたほうがよく、舒明が崩御してから即位した皇極大王（舒明の皇后）が蘇我蝦夷に造らせた（六四二年）とするより、わたしには現実的におもえる。

実は、小墾田宮《おはりだのみや》が『日本書紀』に正確に記載されないのは、六〇八年に隋朝から使者・裴世清《はいせいせい》が来た時期に遷宮しているからではないかと推測している。つまり、小墾田宮は敏達の宮殿であった。宮殿の持ち主を『日本書紀』は正確に語れなかったのだ。板蓋宮は六四五年に「崩壊するきざし」があったが、六五五年に焼失していると書く。それは真実へのヒントを与えているに等しい。

板蓋宮は「乙巳の変」の舞台となった宮殿で、その大極殿で事件は起きた。真実は、舒明が唐の使者を迎えるために六三〇年頃に造営して、「乙巳の変」で焼失したのではないか。そうかんがえる方が自然ではないか。そうであれば、舒明の軸線が板蓋宮を通過している意味がわかる。

飛鳥板蓋宮は「乙巳の変」（六四五年）の舞台となっていて、蘇我入鹿がその板蓋宮で殺害された。父の蝦夷は甘樫丘の館で殺害された。それと同様のことが、舒明父子あるいは古人大兄父子に起こったのではないか。

わたしは、飛鳥板蓋宮はそのとき焼失したとかんがえる。そこでは、大王となった古人大兄皇子が殺害され、斑鳩宮でその子（皇太子）夫婦が殺害された。理由は政治的な理由であり、大王一族の殺害というクーデターであった。

理由や証拠は前述したとおりであるが、中大兄皇子（後の天智天皇）にとっては大王となる可能性が増大したのであり、藤原鎌足にとっては権力を握るチャンスであった。その事実を隠したのが、『日本書紀』である。後段にて証明しているが、中大兄皇子は母の出自によって、大王になる可能性はなかったのである。

## 舒明が建立した法輪寺・百済大寺・山田寺・巨勢寺が示す継承順位

結果として、敏達から直に舒明が大王位を継承したのではないか。その証明として、「破壊された古墳」から二〇度の軸線で法輪寺に至り、その法輪寺から御破裂山に向けた軸線上に、中宮寺跡や吉備池廃寺跡（百済大寺）が存在する。敏達の古墳が十字形の軸線の交点に存在しているからこそ、法輪寺や創建中宮寺や百済大寺が建てられたのであって、それらは意図されたものであるとわかる。

法輪寺や百済大寺は共に東西軸で、西に塔、東に金堂という共通性がある。配置に関しても、一連の共通した様式で建立されていて、法輪寺と御破裂山を結ぶ軸線上に配置されている。この事実から、その行為は舒明が敏達を鎮魂する構図とするのが自然におもえる。

そして、百済大寺は忍坂街道、巨勢寺は紀路、山田寺は阿倍山田道と、それぞれ街道が飛鳥京へ入る地点に建立されている。軒丸瓦の共通な寺院が共に共通の役目を負っている構図から、その施策が舒明によってなされているとしてよい。

百済大寺だけ舒明が建立したと『日本書紀』は示すが、軸線で結ばれた法輪寺や山田寺や巨勢寺もまた、軒丸瓦が示すように、一連の共通した建築物で、舒明が建立したのである。敏達の次の大王は敏達の子・舒明であった。それらの建造物がそう語っているのである。

つまり、歴史書『日本書紀』は舒明を板蓋宮から遠ざけているが、軸線は結びつけている。どちらを信用するかといえば、見えない方であろう。軸線や軒丸瓦は真実を語っている。見えない言霊を信じるのであればそのようになる。

わたしは、『日本書紀』が「乙巳の変」の時期にわざわざ「板蓋宮が崩壊するきざしがあった」と書くこと自体が不思議におもう。それは、『日本書紀』が「乙巳の変の真実は何か」という謎を解くキーワードを記載しているのではないかとおもう。

「蘇我聖徳」や「稲目馬子蝦夷入鹿」などの暗号もあり、蘇我入鹿の弟は物部姓とか、板蓋宮の崩壊するきざしなどだが、明らかに変である。

『日本書紀』は藤原不比等が主となって編纂し、七二〇年に完成したとされる。その後の歴史は奈良時代から平安時代まで藤原氏の天下と言ってよい程、藤原氏の権力が増大した時代となる。なぜそのような権力を何代にもわたって集中させることができたのであろうか。その元は『日本書紀』にあった。

つまり、『日本書紀』は「乙巳の変の真実を隠した書」であった。そのように考えれば、謎は解けるはずだが、なぜにそのようなことをしたのか。

それは、『日本書紀』が政治的目的をもって編纂されたからであり、「王権が持統《じとう》（天皇）から文武《もんむ》（天皇）に移譲されるときに、文武の正統性を証明するために、藤原不比等《ふじわらのふひと》らによって構想されたのが高天原《たかまがはら》・天孫降臨《てんそんこうりん》・万世一系《ばんせいいっけい》というイデオロギーである」（『聖徳太子の真実』大山誠一編）のであった。

大王を殺害するという「乙巳の変」の真実は『日本書紀』の編集コンセプトに反するわけで、隠さざるをえなかったが、不比等は真実を解明するキーワードを残したとかんがえられる。不比等の孫は聖武天皇となっているわけで、キングメーカーの地位を築くためであった。

この結論には、わたし自身も驚かざるを得ないが、その後の藤原氏の権力維持をみると、そうであっても不思議はないようにおもうのだ。

## 市尾墓山古墳と宮塚古墳の被葬者

この二つの古墳が舒明大王に関係していると軸線が示している。「乙巳の変」では古人大兄皇子が謀反を起こしたとされ、一族が殺害されている。その他に、四年後に阿倍倉梯万侶《あべのくらはしまろ》大臣が亡くなり、蘇我倉山田石川麻呂《そがのくらやまだのいしかわまろ》大臣が謀反を起こしたとされて、殺害されている。

その蘇我倉山田麻呂に加担した人びとがいた。田口臣筑紫《たぐちのおみつくし》、耳梨道徳《みみなしのどうとこ》、高田醜雄《たかたのしこお》、額田部《ぬかたべの》湯坐連《ゆえのむらじ》、秦吾寺《はたのあてら》らである。時間的には「乙巳の変」から四年後だが、二人の大臣が一挙に亡くなるというのも、偶然かもしれないが、変である。

なぜなら、『日本書紀』によると、舒明と皇極大王の時代（六二九～六四五年）、大臣は蘇我蝦夷ひとりとなっている。例によって、時間をずらしたとすれば、蘇我蝦夷は傀儡であって、舒明の時代の大臣は阿倍倉梯万侶と蘇我倉山田石川麻呂大臣だったのではないか。

また、蘇我倉山田麻呂が山田寺を造ったとされているが、山田寺は舒明大王が造ったと、軸線や軒丸瓦から証明されるわけで、この人物も傀儡の可能性が高い。実は蘇我稲目の時代に大伴氏が失脚していて、蘇我と大伴を入れ替えたのではないかとおもっている。大伴倉山田麻呂《おおとものくらやまだのまろ》を蘇我に変えるだけでよく、書類の上で二重に存在しただけで済む。

したがって、市尾墓山古墳と宮塚古墳は「乙巳の変」で亡くなった二人の大臣の墓ではないか。または謀反に連座したとされる人びとかもしれないが、古墳の規模などから、豪族の長という予測もできる。

## 5　斑鳩宮（夢殿）―高松塚二〇度の軸線

――《軸線の事実》――

### 高松塚の位置

耳成山の南北軸は北から大野丘北塔―鬼の遺跡―中尾山古墳―高松塚と連続して、明らかに

「聖なるライン」を構成している。後に述べる藤原宮の南北軸線上にある天武・持統陵—火振山《ひぶりやま》古墳—文武陵と連続する、もうひとつの「聖なるライン」が、耳成山の南北軸線を踏襲していることがわかる。

耳成山の南北軸線上の古墳には謎が多い。破壊された古墳の存在や舒明大王の中尾山古墳や段ノ塚の軸線、その下にある高松塚（写真23、一八四頁）など、謎だらけと言ってよい。それらには理由があるとかんがえられる。その謎を追っていきたい。

一九七二年に石室に描かれた壁画で有名な高松塚が発掘された。日本中が驚き、多くの学者や研究者がその被葬者を推測したが、決定打はいまだない。その一〇年後にキトラ古墳が発掘され、その石室にも壁画が存在した。

そこで、他の古墳にも壁画があるのではと、さかんに発掘が行われたが、他に壁画は出てこなかった。本書で取り扱う藤ノ木古墳も、その時期に発掘された古墳である。

高松塚の位置は耳成山南北軸線上にあって、〔図19〕のごとく、その南北軸線と焼失して今は存在しない斑鳩宮から発する若草伽藍と同じ二〇度の傾きを持つ軸線の交点に存在する。

そのような偶然はありえない。その事実が示すことは、敏達の設定した軸線上で、欽明大王からの流れのなかに高松塚があるとわかる。

現在では、法隆寺東院伽藍の夢殿（写真22、一八四頁）の中心部と結ばれて、それらは意図されているとわかる。わたしは、斑鳩宮と夢殿に分けて考えるべきであるとおもうが、問題はなぜそのようになっているか。また誰がそのように設定したかということであろう。

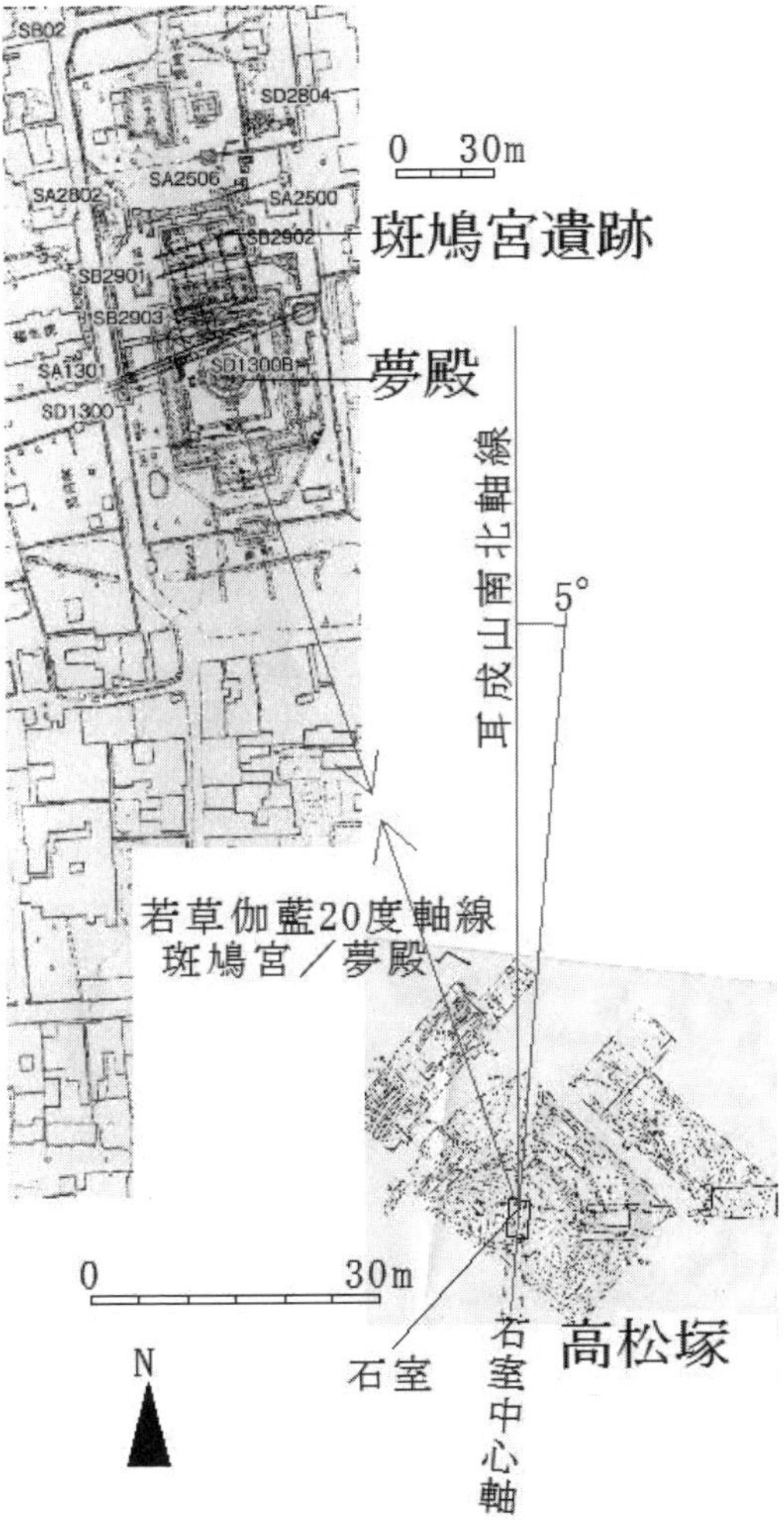


図19　夢殿（斑鳩宮建物跡）と高松塚の関係性
（奈良文化財研究所『高松塚古墳の調査二〇〇六』の図を利用した）

斑鳩宮と高松塚が若草伽藍の二〇度の軸線で結ばれているか。測量計算をして確かめる。緯度経度の測定として、八角形をした夢殿の中心部を小数点以下五桁まで求め、誤差一メートル程とする。（緯度経度データ―夢殿は Google 地図、高松塚は奈良文化財研究所）

〔表10〕の測量計算のごとく、夢殿の中心部と高松塚の緯度経度から方位角三三九・八六八三度を得る。そこから三六〇度を引くと、西側へ二〇・一三一七度となり、二〇度の傾きをえる。

この若草伽藍の傾きと同じ二〇度の事実は、若草伽藍を造った人物と関係があるに違いない。明らかに人為的で、高松塚の被葬者と若草伽藍の建立者の関係は血縁関係ということになる。墓と仏教寺院なら他に関係はないであろう。

どのような血縁関係かといえば、耳成山の南北軸の順番だろうとおもう。「鬼の遺跡」―中尾山古墳―高松塚という順で、三人ということになる。現状では「鬼の遺跡」の位置に遺跡の痕跡はない。鬼の俎など散乱したものがあるにすぎないが、そこから発する二〇度の軸線と結ばれる法輪寺が存在するなら、そこに古墳があったことに間違いはない。

| 場所 | 緯度（北緯） | 経度（東経） | 方位角 | 軸線角度 |
| --- | --- | --- | --- | --- |
| 夢殿（中心部） | 34.61435 | 135.73893 | 339.8683 | 20.1317（360度マイナス方位角） |
| 高松塚（中心） | 34.462222 | 135.806389 | | |

表10　夢殿と高松塚を結ぶ軸線の角度計算表

なぜなら、若草伽藍と二〇度で結ばれる梅山古墳があるからで、鬼の俎など散乱した遺跡を見れば、明らかに交点に「敏達の古墳」が存在した。地図上で周囲の等高線を見れば、人為的な痕跡が見られるように、そこに巨大な建造物があったとおもわれる（図12、一三五頁参照）。

高松塚の位置はそのような謎の多い耳成山の南北軸にあって、古墳の北から三番目の場所で中尾山古墳が舒明大王なら、次は皇后の皇極大王（斉明）となり、高松塚の男性遺骨とは矛盾する。仮説のごとく、軸線の血縁から、舒明の子とするのが妥当な線であろう。

耳成山の南北軸は大王の軸線であるが、『日本書紀』は何も語らない。鬼の遺跡や中尾山古墳などを含めて、異常な古墳が耳成山南北軸にあることが、謎であり、それを解明すれば『日本書紀』の謎が解けるとかんがえられる。

## 高松塚と斑鳩宮（夢殿）の関係

斑鳩宮は聖徳太子が六〇一年に造り、六〇五年に移り住んだと『日本書紀』にある宮殿である。その後、「乙巳の変」の二年前（六四三年）に聖徳太子の子・山背大兄王の一族が蘇我入鹿によって殺害された場所で、その時に焼失したとされる。その後に夢殿が同じ場所に建てられた。

夢殿の建立は『続日本紀』には一切の記事がない。ただ、七三七年に藤原不比等の子、兄弟四人が病で亡くなったこと、また、七三八年に政府より食封《じきふ》が法隆寺に寄進されたことは記載され

写真 22　夢殿

写真 23　高松塚

ている。伝承では、夢殿は七三九年に建立され、秘仏・救世《ぐぜ》観音《かんのん》像（写真24）が明治まで秘匿《ひとく》されていた。

その八角形の平面をもつ夢殿は、八角墳が天皇の古墳であるように、天皇クラスの人物の墓であるとされている。その中に異様な仏像、光背を頭の後ろ中央に大きな釘で止められた救世観音像が「人目に晒《さら》すな」という掟《おきて》のもとに秘匿されていた。

その夢殿あるいは斑鳩宮と、高松塚が「見えない軸線」で結ばれていた。高松塚も壁画があって異様な古墳である。それらが関係していることがわかった。それらの関係性を読み解けば、謎が解明されることは確実であるとおもった。

つまり、高松塚—斑鳩宮と高松塚—夢殿の二通りの考察が必要なのである。

その一つは、斑鳩宮は聖徳太子の子・山背大兄皇子一族が六四三年に殺害された場所であって、高松塚が山背大兄皇子の墓であるとすれば、『日本書紀』の記載に合うが、そうであろうか。大王ではなかったのだから、耳成山南北軸に墓があるはずがなく、聖徳太子が中尾山古墳に葬られたわけはない。

他に、山背大兄皇子のように殺害された人物が「乙巳の変」にいる。蘇我入鹿・蝦夷の父子と舒明の子・古人大兄皇子である。高松塚の被葬者を蘇我入鹿とすると、少なくとも夢殿とは関係しないので、軸線の意味がない。また、大王の墓「聖なるゾーン」に反し、耳成山南北軸には葬られない。

『日本書紀』にあるごとく、古人大兄皇子は「乙巳の変」の直後に殺害されている。舒明の第一子であり、皇太子であった古人大兄皇子の殺害が真実であって、蘇我一族が傀儡とすれば、こんなわかりやすい話はない。

写真 24　救世観音像側面

そうであれば、古人大兄皇子が怨霊となって、祟りを起こすと考えたのは、彼を殺害した側の人間たちである。祟られたのは明らかに古人大兄皇子を殺害した側であって、古人を鎮魂しなければならなかった人物は誰か。高松塚を造らねばならなかった人物は誰か。つまり、「乙巳の変」を起こした側が政権を握って、『日本書紀』を編纂したのであって、そんなに難しい話ではない。

その後に起きた高松塚―夢殿の関係が七三七年に藤原不比等の子、兄弟四人が死亡したことと無関係であるはずがない。高松塚の軸線が夢殿の建つ斑鳩宮跡地に至っていたのである。

この事実を解明すれば、必ずや高松塚の被葬者名や「いわゆる藤原京」以前の都市が存在したことを証明できると確信したのである。

## 斑鳩宮の軒丸瓦

斑鳩宮から出土した軒丸瓦（写真25）がある。部分的な破片しかないが、おそらく素弁六葉蓮華文であり、忍冬《にんどう》文（パルメット）で装飾している。これは創建中宮寺の忍冬文（写真26）や若草伽藍でも出土する文様に同じだが、花弁より忍冬文を強調しているところに特徴がある。また、斑鳩宮の瓦はかなり繊細に造られている。

創建中宮寺や若草伽藍は敏達大王が建てたと推定されるが、斑鳩宮からは若草伽藍と同じ軒丸瓦は出土しない。だが、創建中宮寺と同じ忍冬文の軒丸瓦が斑鳩宮から出土するなら、敏達の親族がこの軒丸瓦を使用しているのではないかと想像できる。

つまり、敏達や舒明の軒丸瓦ではなく、新たな紋章が使われているわけで、順序から古人大兄の紋章と想像する。この事実は耳成山南北軸の三基の古墳と三つの紋章が一致するわけで、三人の大王が存在した証明となっている。

　この斑鳩宮軒丸瓦の忍冬文の特徴は繊細なデザインとなっていて、斑鳩宮の小仏堂のような小さな建物に用いられたようにおもう。皇太子の聖徳太子が住んだ斑鳩宮は代々皇太子の住まいとして使われていたのではないか。

　前述するように、上宮遺跡も近く、一族の住まいが斑鳩に集中していた可能性があり、古人大兄が大王であったならば、その子（皇太子）が斑鳩宮に住んでいたと想像できる。そこから出土する軒丸瓦が古人大兄の紋章としても不思議はない。

　なぜならば、忍冬文（パルメット）は、一種の唐草文様であって、エジプト、ギリシャ、ローマ文明で盛んに用いられ、西域から中国を経て飛鳥時代の倭国でも使われた。この文様が軒丸瓦にあっても不思議はなく、むしろ大王の文様であったのではないか。

　同様に、飛鳥様式の法隆寺西院伽藍にはギリシャのパルテノン神殿の柱のデザイン、柱の中央部が下部より太い「エ

写真 25　斑鳩宮出土軒丸瓦

写真 26　中宮寺跡出土軒丸瓦

ンタシス」が伝わっている。つまり、当時の最先端の文様やデザインが大王のデザインとなっていたとかんがえられる。

実はこれと似た文様が藤ノ木古墳の副葬品（馬具）のなかにある。わたしは藤ノ木古墳の被葬者が斑鳩宮に関係しているとかんがえているのだが、この話は後述せざるをえない。

したがって、『日本書紀』が隠している何かを浮上させる力が、軸線や軒丸瓦のデザインにあるとかんがえる理由がここにある。

## ――《軸線の意味》――

### 高松塚の謎

現在の高松塚は夢殿との関係となっているが、原因は斑鳩宮であり「乙巳の変」に遡る。高松塚の謎とは、深い因縁の中で生じたものである。

それを解明する手掛かりが古墳のおかれた位置であり、壁画の存在や首のない遺体や漆《うるし》塗りの木棺《もっかん》と共に「朱《しゅ》」があったこと、また、刀身のない剣が添えられていたことである。

古墳の位置は特殊であって、その謎については前述している。次は壁画であるが、高松塚の石室（石槨）は切石を組み合わせて構成されており、石の内側に漆喰《しっくい》を塗って、そこに壁画が描かれていた。

壁画は四神（北に玄武《げんぶ》、東に青龍《せいりゅう》、南に朱雀《すざく》、西に白虎《びゃっこ》）と日月《にちげつ》、天井に天文図、また東西の壁に女官《にょかん》（写真27、一九二頁）や舎人《とねり》の男女群像が描かれていた。四神や天文図は、その後に発掘されたキトラ古墳と似た構図であったが、大きな違いは石室の形態や壁画の男女群像と剣の刀身、「朱」が出土したことであろう。

石室の形態はキトラでは天井部分を家形にしているが、高松塚は平らで閉塞感のあるものであった。その事実は閉じ込めたようにもみえる。

高松塚の最も大きな特徴は壁画の女官や舎人の男女群像であろう。おおかたの研究者の見解は「黄泉《よみ》の国への従者」というものであったが、それは違うことがわかった。なぜなら、「黄泉の国への従者」なら他の古墳にも描かれねばならない。少なくとも、同時代とみられるキトラ古墳にあってもよい。他にはないようであって、「黄泉の国への従者」説は否定されている。

わたしの見解は、葬った人物にとって被葬者は怨霊であり、怨霊は生きているわけで、その世話をする従者というものである。その後の夢殿の救世観音の有様をみれば、よくわかる。したがって、剣に刀身がないのもうなずける。怨霊には本物の刀は持たせられない。

哲学者の梅原猛が著した『黄泉《よみ》の王《おおきみ》―私見・高松塚』においても、被葬者は怨霊であるとされている。その指摘に大いに学んだが、梅原の主張する天武の子・弓削皇子《ゆげのみこ》説では、斑鳩宮や夢殿と関係する線は出てこない。軸線は文字のない古墳が示すメッセージなのである。

問題の出土した「朱」であるが、遺体は漆を塗った木棺に入れられて、副葬品と共に葬られていた。「人骨には少量の赤色塗料がごく一部分付着していた」（朝日シンポジウム『高松塚壁画古墳』）ことである。

遺骨に水銀朱が付着していたわけだが、その「朱」の塗料は、一般には、腐食防止のために木棺に塗られていたとされている。しかし、同じような木棺があったキトラ古墳には「朱」がなかった。腐食防止なら、キトラにもなければならない。その事実はあまり問題となっていないが、骨に「朱」が付着していたなら、骨に「朱」を塗ったのではないか。その人骨は再葬されているのではないかとおもう。つまり、高松塚は二度葬られている可能性が高い。

最後になったが、遺体になぜ頭蓋骨がないかという問題である。飛鳥には「入鹿の首塚」なるものが現在でも存在する。わたしは、高松塚の盗掘者が被葬者を蘇我入鹿と思ったとかんがえる。研究によって、盗掘も首塚の五輪塔様式も鎌倉時代とされていることも考慮に入れている。

考えてみてほしい。古墳には文字で書いた墓誌がなく被葬者を特定できない。蘇我入鹿の墓があったとして、どうしてそれを入鹿だと特定できるのであろうか。また、墓から首だけを抜き取る必要があったのだろうか。わたしは高松塚の盗掘者だからこそ、蘇我入鹿だと判断できたとおもう。

なぜなら、高松塚より北側の中尾山古墳は火葬骨しか入れられない小さな石槨があった。入鹿の父・蝦夷は甘樫丘の館で焼死している。したがって、中尾山古墳を蝦夷の墓と思った。そうであれば、その南の古墳は入鹿に違いないと確信したのである。

盗掘者なら『日本書紀』は必読書であって、蘇我氏の力が巨大で、古墳がその場所にあっても不思議はなかったが、その入鹿の扱いに怒って持ち出し、祖父が建てた飛鳥寺と父の館があった甘樫丘を結ぶ軸線の中間に首塚を造って供養したとかんがえる。見事に『日本書紀』に記載されるとおりになっている。

つまり、高松塚の盗掘者しか、その場所に首塚を造れないのだ。高松塚の壁画の一部（玄武）が破壊されている（写真28、次頁）のは盗掘者の怒りによるものである。おそらく、盗掘者は入鹿に同情したのであろう。

蘇我入鹿が首を刎《は》ねられたとは『日本書紀』に記載されていない。そのような絵があるが、首塚から連想したものであることは明らかであって、入鹿の首塚を鎌倉時代に造ることができる人物は、高松塚の盗掘者しかいないのである。

しかし、この盗掘者の論理が間違っていることは、高松塚と七三九年に建立された夢殿の関係をみればよい。夢殿と蘇我入鹿は関係がないが、高松塚の被葬者と夢殿や救世観音をつくった人物とは関係がある。なぜなら、夢殿の中心部と高松塚が軸線で結ばれているからである。

## 高松塚の被葬者

建造物が造られるには理由がある。わたしは、少なくとも夢殿は藤原四兄弟の死と関係しているとかんがえている。古代の病は穢れや罪が原因とされた。藤原四兄弟の死によって、残された藤原一族はなにかの呪いが影響していると思った。そこで夢殿を建立したのではと想像する。

高松塚の築造は、男女群像の衣服の研究によれば六九〇年頃とされる（『古代史を解く鍵』有坂隆道著）。その軸線が、焼失した斑鳩宮の跡地と結ばれていることを知っていた人間が夢殿の建

写真 27　高松塚女子群像

写真 28　高松塚玄武（故意に破壊されている）

立をした。伝承によれば、行信《ぎょうしん》という僧の進言によって、夢殿が造られたとされている。現代人が知る限りは、斑鳩宮で起きた事件は六四三年に山背大兄皇子一族が蘇我入鹿に殺害されたことしかない。他に斑鳩宮では事件はない。だが、斑鳩宮で起きた山背大兄の事件が藤原一族に関わるのであれば、山背大兄一族の呪いが藤原一族に祟ることになって矛盾する。六四五年の「乙巳の変」で藤原鎌足が殺害したのは蘇我入鹿である。藤原一族は山背大兄皇子一族から感謝されてもよく、祟られることはないはずである。

また、政府からも夢殿建立にあたって食封《じきふ》が寄進されている。その時点の天皇は天智や鎌足の血を引く聖武天皇であって、彼らもまた祟られることはないはずだが寄進をしている。この話は矛盾するので、これで終わりとするわけにはいかない理由が、わたしにはある。

つまり、「蘇我聖徳」という文字と「破壊された古墳」である。「我は聖徳として蘇る」と読めるなど、偶然にしてはでき過ぎている。また、耳成山南北軸上の最も重要な「鬼の遺跡」が破壊されていることも重なっている。

高松塚は、耳成山南北軸上では、鬼の遺跡―中尾山古墳―高松塚となって三番目である。梅山古墳は欽明陵としてよく、そのようであれば、十字形の軸線の交点の「鬼の遺跡」は敏達大王となり、中尾山古墳は、前述しているが〔図17〕（一六三頁）のごとく、段ノ塚の舒明陵と関係があり、舒明大王としてよい。したがって、通常なら高松塚は舒明の子の誰かとなる。

舒明大王の子の誰かであれば、『日本書紀』によると皇后の宝皇女《たからのひめみこ》の生んだ葛城皇子《かつらぎのみこ》（天智天皇）と大海皇子《おおあまのみこ》（天武天皇）、また夫人の法提郎媛《ほてのいらつめ》が生んだ古人大兄皇子《ふるひとのおおえみこ》や吉備国《きびのくに》の蚊屋采女《かやのうねめ》が生んだ蚊屋皇子《かやのみこ》が候補となる。この中で、藤原宮南北軸上の天智天皇は京都の山科山陵とされ、同じく天武天皇は天武・持統陵となって、残りは古人大兄皇子と蚊屋皇子となる。

後の蚊屋皇子の消息はなく、古人大兄皇子が山背大兄皇子と同じような運命に遭っていることに驚く。六四五年の「乙巳の変」の直後、古人大兄一族が殺害されているのだ。古人大兄は舒明大王の一番上の子で、太子《ひつぎのみこ》であった。古人大兄は大王位を譲られたが、出家をして辞退した。だが、古人大兄は謀反を起こした罪で兄弟の天智天皇によって殺害され、その妃妾《みめ》は自殺したとされる。この事件は『日本書紀』に記載されているわけで、本来なら、大王になるはずだった皇太子の古人皇子が殺害されたということである。それが六四五年の「乙巳の変」の直後のことであった。

この事実は見過ごすわけにはいかない。『日本書紀』が隠さねばならなかったことは「乙巳の変の真実」ではなかったか。そのように仮定してみよう。蘇我入鹿、蝦夷父子の殺害ではなく、大王位を継いだ古人大兄とその子（皇太子）の殺害であったとしたらどうなるか。

つまり、建造物を主体にかんがえれば、現実として残っている遺跡の処理をどうするか。なんとしても、別の理由を作って、斑鳩宮や板蓋宮を焼失させねばならない。

斑鳩宮の場合は山背大兄の事件がカムフラージュとすればわかりやすい。山背大兄一族を斑鳩宮で殺害する。その時点で斑鳩宮は焼失する。傀儡の人物が登場して、建造物が実際に焼失し、それを記載する。その代わり皇太子であった古人皇子はどこで殺害されたのか記載がない。

本来、長兄で皇太子であったなら、舒明が亡くなった六四一年の時点で、古人大兄は大王位を継いでいたのではないか。そして、六四五年に板蓋宮で殺害された。聖徳太子は皇太子として斑鳩宮に住んだと記載されているわけで、真実は古人大兄の子（皇太子）が斑鳩宮で殺害されたのではないか。

その結果として、高松塚と斑鳩宮が軸線で結ばれているのではないか。軸線の意味は斑鳩宮に古人大兄の「こころ」が残っていると知らせているようである。その意味は、古人大兄に対する鎮魂ということであろう。血縁のある人びとによって、そのように葬られたとかんがえざるを得ない。

板蓋宮の場合は舒明大王の皇后（皇極）を登場させて、カムフラージュとしているのではないか。そこで板蓋宮を蘇我蝦夷に造らせて、時間を調整した。

「鬼の遺跡」を築造した時期は土山に柱を建てた六二〇年頃として、舒明の即位はその時期となる。遣唐使を送る準備や板蓋宮を造営する準備に約一〇年を要し、巨勢寺を始めとする街道に沿った寺院の建造も行っているわけで、六二九年に即位してすぐに唐朝より使者が来たと『日本書紀』にあるより自然におもう。

そして、板蓋宮は「乙巳の変」で焼失した。古人大兄皇子や舒明の最後は蘇我蝦夷のように宮殿で自殺した可能性もあり、軸線の事実と合う。その証拠に蘇我氏の館《やかた》は発掘されない。甘樫丘にあるはずの壮大な館はいまだひとつも発掘されないのである。わたしの論理なら蘇我の館など、あるわけがないことになる。

しかし、研究者の中には甘樫丘東麓《あまかしのおかとうろく》遺跡を蘇我氏の館の一部とかんがえている人も存在する。「何棟かの掘立柱建造物跡や塀跡・大規模な石垣も発見されている」（『蘇我氏』）のであるが、それらは方位がバラバラに建てられ、小規模な建物であった。

一般的に館は方位が統一されて建てられる。甘樫丘東麓遺跡のような小さな規模でも同様であり、本体となる宮殿が発見されていない現状では一部とも言えないはずであって、いまだ蘇我氏の物理的痕跡は何もないのである。

## 高松塚の築造時期

誰が高松塚の築造命令を出したか。「聖なるゾーン」にある耳成山南北軸線上の大王の古墳（高松塚）を築造できる人物は、現代に同じく、親族に限られるであろう。

そのようであれば、大王が大王の古墳を造るわけで、「乙巳の変」に関係する天智とその子・

持統及び天武の三人に絞られる。

次に築造の動機や時期だが、その時期が歴史家の理由とする六九〇年前後であれば、六八六年に亡くなった天武と持統が残り、動機から、天智の子である持統ということになる。

問題は「聖なるゾーン」にある高松塚の壁画の様相である。歴史家たちの論理であれば、それは黄泉の国へ旅立つ被葬者の従者ということであって、その論理ならば他の古墳にも男女群像がなければならない。しかし、他にはない。

それは、梅原猛が『黄泉の王《よみおおきみ》』で述べるように、高松塚は怨霊を鎮めた様相ということで、その男女群像は女官や舎人であって、怨霊の日常の世話をする人びとに違いない。天神様となった菅原道真の例を引くまでもなく、男女群像に関して、他に納得できる説明を知らない。

やはり、キトラ古墳の築造時期がその被葬者・倭漢坂上直老《やまとあやのさかうえのあたいおゆ》（『法隆寺コード』）の死亡時期の六九九年前後（『続日本紀』）であれば、高松塚の築造時期は六九〇年前後でよいようにおもう。

持統の息子の草壁皇子《くさかべのみこ》の死（六八九年）が怨霊の仕業と思い込むのが古代の慣習であり、特別なことでもない。それが、医学的な知識を持った現代の人間との大きな違いであろう。そこで怨霊の鎮魂を試みたのである。

おそらく、同じ位置に葬られていた古墳を改葬して、壁画を描き、副葬品を整えて、丁重に再葬したとかんがえられる。持統にはやらねばならないことがあった。草壁の子・文武《もんむ》を怨霊から守り育て天皇位に就けることであった。

天武の死後（六八六年）すぐに、大津皇子《おおつのみこ》を殺害して、息子の草壁を天皇とした。それは持統のクーデターであったが、草壁はすぐに亡くなってしまった。

どうしてクーデターと言えるのか。後述するが、天武の墓は天武・持統陵ではなく、天武はみずから岩屋山《いわややま》古墳を予定していたのである。また、少なくとも朝政を執っていた大津皇子を殺害したなら、クーデターでなくてなんであろうか。

つまり、天武・持統陵は持統の演出であって、そのようにしなければ、クーデターが明るみに出てしまう。天皇位にないものが大津皇子を殺害したことになり、その証拠に、『日本書紀』に大津皇子が朝政を執っていたと記載されている。当時は朝政が天皇の仕事であった。それは、天武の後継に就いたということである。天武の死の直前なら、まさにそのとおりであろう。

持統は息子に天皇位を継がせたが、早世してしまった。そこで、孫の文武を天皇位に就けるまで、みずからが天皇位に就いたということになる。

『日本書紀』の記述には大津皇子が謀反を企てたとあるが、順序をずらせば違う結果となるのであって、持統は天武・持統陵を造営して、仲睦まじく装わねばならなかったのである。その証拠が天武の墓・岩屋山古墳となっている。後述しているが、岩屋山古墳が天武陵と証明できれば、以上のような結論となる。

また、大津皇子殺害事件の真相は『日本書紀』に記載されている。大津皇子が朝政を執っていたと記載されるなら、大津皇子は天皇位に就いていたわけで、クーデターを起こした側は持統ということになる。

このように、不思議なことに『日本書紀』は真相を語っている。その理由は藤原不比等によって編纂された歴史書であって、藤原一族に有利なように書かれているのであり、至極当然のことと言えよう。

## 6　高松塚―藤ノ木古墳二三度の軸線

### ――《軸線の事実》――

### 斑鳩の軸線

斑鳩の軸線の事実について、詳細を述べておこうとおもう。

〔図20〕（次頁）に示したように、軸線で結ばれた古墳や寺院がある。その軸線や軒丸瓦の形状によって、建造物の築造された時期やそれらの因縁がわかる。

藤ノ木古墳の位置は、斑鳩宮のどこか、現在は夢殿の中心部から発する若草伽藍の傾き二〇度

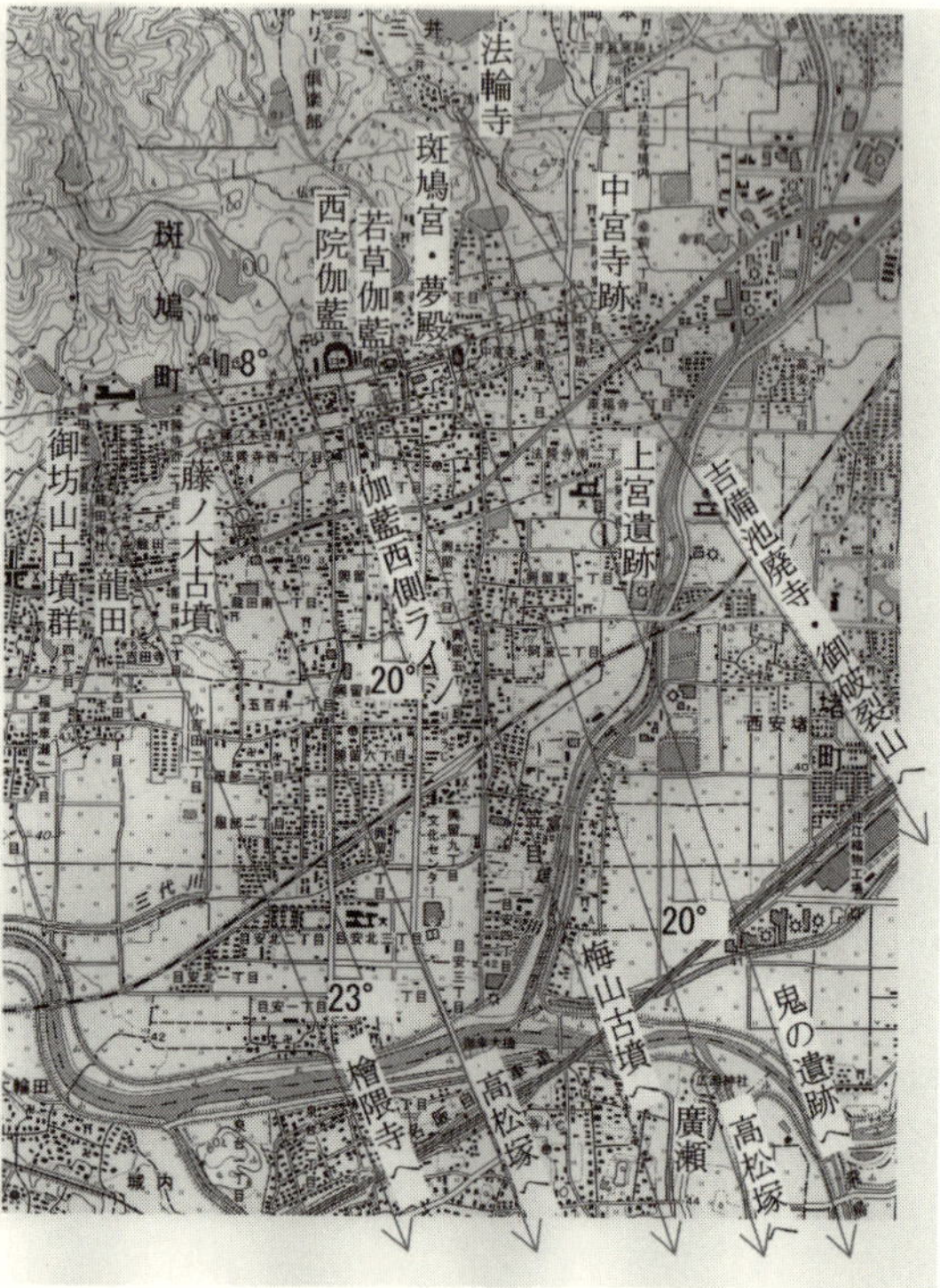


図20　斑鳩軸線詳細

に直交する軸線を、西側に延長した先に存在する。しかも藤ノ木古墳の位置は、高松塚から発する二三度の軸線の交点となっている。

その二三度は高松塚の近くにある檜隈寺《ひのくまでら》の伽藍配置の角度と同じであり、檜隈寺の中心軸を斑鳩まで延長すると、御坊《ごぼう》山《やま》古墳群に至る。その御坊山古墳群は斑鳩宮―藤ノ木古墳軸線の延長上にあり、軸線を東側に延長すると中宮寺跡に至る。

その中宮寺跡は法輪寺―吉備池廃寺（百済大寺）―御破裂山の軸線上にある。忘れてならないのは法輪寺―鬼の遺跡（破壊された古墳）を結ぶ二〇度の軸線である。それは「鬼の遺跡」の被葬者の鎮魂を目的としている。

それらは明らかに意図されているのである。そして、この事実は、それらの建造物の建設順序を示している。

建設順序は次のように推定される。
(1)　最初に造られたのは、おそらく斑鳩宮であろう。なぜなら斑鳩宮発掘遺跡の角度が水平に対して一五度程となっているからである。建造時期は欽明大王の頃かもしれない。斑鳩宮の角度は二〇度でもよかったのであり、そのようでないなら、斑鳩宮建造後に斑鳩全体に二〇度の都市計画を施したと推測できる。
(2)　その次は若草伽藍であろう。なぜなら梅山古墳と軸線でつながるからである。梅山古墳は欽明陵とされるわけで、梅山古墳の築造（五七〇年頃）以後に若草伽藍が建てられた。そして、斑鳩全体に二〇度の都市計画が施された。それを行ったのは、明らかに欽明の子・敏達大王であることを軸線は示している。
(3)　三番目は創建瓦から創建中宮寺や上宮遺跡となる。それらから出土する軒丸瓦は若草伽藍（五九〇年頃）と同じ素弁八葉蓮華文で花弁の先端に小珠がある瓦であり、瓦の文様は紋章となっていることから、人物が特定される。若草伽藍を建立した人物（敏達）が創建中宮寺や上宮遺跡を建造したのである。そして、この時期には法輪寺の位置も設定されていたと推測できる。

(4) 四番目は法輪寺となる。それは、法輪寺―中宮寺跡―吉備池廃寺（百済大寺、六三九年）―御破裂山という軸線から舒明大王が建立したことになる。破壊された古墳と結ばれる法輪寺の二〇度の軸線は「鬼の遺跡」の被葬者の鎮魂に他ならない。

したがって、『日本書紀』に記されるように、推古の鎮魂のためではなく、欽明の鎮魂をした人物（敏達）を継承した大王が舒明ということを表している。

前述したように、三輪山―吉備池廃寺（百済大寺）―巨勢寺の軸線を設定したことは、一人の人物の仕事であり、それを舒明大王とするのは『日本書紀』に百済川のほとりに大寺を建てたのは舒明大王と記載され、吉備池廃寺（百済大寺）が研究によって、その寺院であるとされているからである。

(5) 五番目は藤ノ木古墳や前高松塚（現在の高松塚ではない）や御坊山古墳群が築造された。時代的には吉備池廃寺（六三九年）以降のことになる。それらは同時期で、六四五年の「乙巳の変」に絡んだ古墳と推定される。

## 藤ノ木古墳の位置と築造年代

前述した順序で建造されたことは、ほぼ確実であるが、藤ノ木古墳の築造年代が歴史研究者の主張と異なる。研究者は六世紀の後半（五六〇～五八〇年、石野博信『藤ノ木古墳とその文化』）の築造という見解となっている。それは斑鳩宮と同じような時代ということで、それ以外の若草伽藍などの建造物がない時代ということになる。

しかし軸線の事実から、そのようなことはありえないことがわかる。なぜなら、藤ノ木古墳は中宮寺跡―斑鳩宮―若草伽藍の軸線と高松塚からの二三度の軸線の交点に築造されているからである。少なくとも、若草伽藍や高松塚が存在していなければ、現在地には造れない。物理的にそのような位置にある。

先行して藤ノ木古墳を造ったとすると、あらかじめ中宮寺跡や若草伽藍や高松塚の位置を予測しておかなくてはならない。数十年後の未来を予測することなどできるわけはなく、藤ノ木古墳は舒明大王以降（六四二年以降）ということになる。そのように、六〇年以上なぜ見解が喰い違うのか。当然ながら理由があるわけで、藤ノ木古墳の被葬者の謎を追った第五章にて言及している。

## 藤ノ木古墳と高松塚の関係

藤ノ木古墳（写真29、二〇六頁）と高松塚の結びつきは地図に線を引いても確認できるのだが、念のため測量計算をして、数値的に合致するか検証した。測量計算は国土地理院の「測量計算サイト」の「緯度経度から距離と方位角を求める」を利用した。

結果として、〔表11〕のごとく二三度となって、計算上も確認される。藤ノ木古墳と高松塚が檜隈寺伽藍の中心軸の二三度と同じ角度で結ばれている事実はどのような意味を表しているのだろうか。

それは、高松塚の被葬者と藤ノ木古墳の被葬者が血縁などの関連があるのではないか。被葬者の年齢比較は高松塚が熟年男性四十五～六十四歳の可能性が最も高く（『高松塚とキトラ』）、藤ノ木古墳の北側被葬者は十七～二十五歳（『斑鳩に眠る二人の貴公子』）で親子の関係に近い。

また、高松塚は斑鳩宮と二〇度で結ばれ、藤ノ木古墳と二三度で結ばれる。そこで、藤ノ木古墳の配置図（図21、二〇六頁）をみると、石室中心軸は真北に対して四三度となっている。二〇度＋二三度は四三度である。これは偶然なのであろうか。角度には「こだわり」があって、どうもそのようにはおもえない。

高松塚と斑鳩宮は関係があり、藤ノ木も斑鳩宮と関係する。そして、互いに檜隈寺の角度で結ばれ、檜隈寺の中心軸二三度を斑鳩ま

| 場所 | 緯度（北緯） | 経度（東経） | 方位角 | 軸線角度 |
|---|---|---|---|---|
| 高松塚（中心部） | 34.462222 | 135.806389 | 336.9727 | 23.0273（360度マイナス方位角） |
| 藤ノ木古墳（中心部） | 34.61182 | 135.729471 | | |

表11　高松塚と藤ノ木古墳を結ぶ軸線の角度計算表
（但し、藤ノ木古墳の緯度経度はGoogle地図情報、高松塚は奈良文化財研究所データ）

で延長すると御坊山古墳群に達する。その御坊山古墳群は斑鳩宮—藤ノ木古墳の軸線の延長上にある。つまり、それらは全て関連すると示している。

高松塚や藤ノ木古墳や御坊山古墳群は「乙巳の変」（六四五年）に関係している可能性が高いとおもわれる。それは政治的で大きなクーデターだったのではないか。『日本書紀』には、「乙巳の変」直後に殺害される舒明の子・古人大兄一族やそれに関係して殺害された倭漢文直《やまとあやのふみのあたい》麻呂《まろ》、蘇我田口臣川堀《そがのたぐちのおみかわほり》、物部朴井連椎子《もののべのえのいのむらじしいのみ》、朴市秦造《えちのはたのみやつこ》田《た》来津《くつ》らには、倭漢氏の一族の文直《ふみのあたい》麻呂が含まれている。

御坊山には倭漢氏の氏寺・檜隈寺から二三度の軸線が到達しているわけで、それらは関連がある。なぜなら、墓には陶棺《とうかん》があって、若い男性の遺骨があり、その中に船載《はくさい》（隋や初唐）のガラス製筆軸《ふでじく》や硯《すずり》（三彩円面硯《さんさいえんめんけん》）や琥珀《こはく》製枕《まくら》があった。「文直」は倭漢氏の中で通訳や外交を得意とする一族で、その墓の副葬品として硯やガラス製の筆軸は最もふさわしい。

また、檜隈寺の建立に関しても、中心軸を二三度とするには、無理をしてそのようにしているわけで、その角度に意味があったのである。そうであるならば、藤ノ木古墳の石室の角度四三度も、意味があると言わざるを得ない。

つまり、御坊山古墳群に眠る人びとが斑鳩宮や檜隈寺に関連し、かつ藤ノ木古墳に関連していることになる。そして、藤ノ木古墳の被葬者もその関係性の中に存在することになる。

ただ、御坊山古墳群の被葬者と推定した倭漢文直麻呂は、その後の『日本書紀』に登場するので、真実はわからない。真実をあいまいにする作戦なのであろう。

また、御坊山古墳群は三基の石槨しか確認できていないので詳細はわからない。一九六四年宅地造成で二基の石槨が出てきたが、工事関係者によって破壊されてしまった。翌年に、鬼の俎・

写真 29　藤ノ木古墳

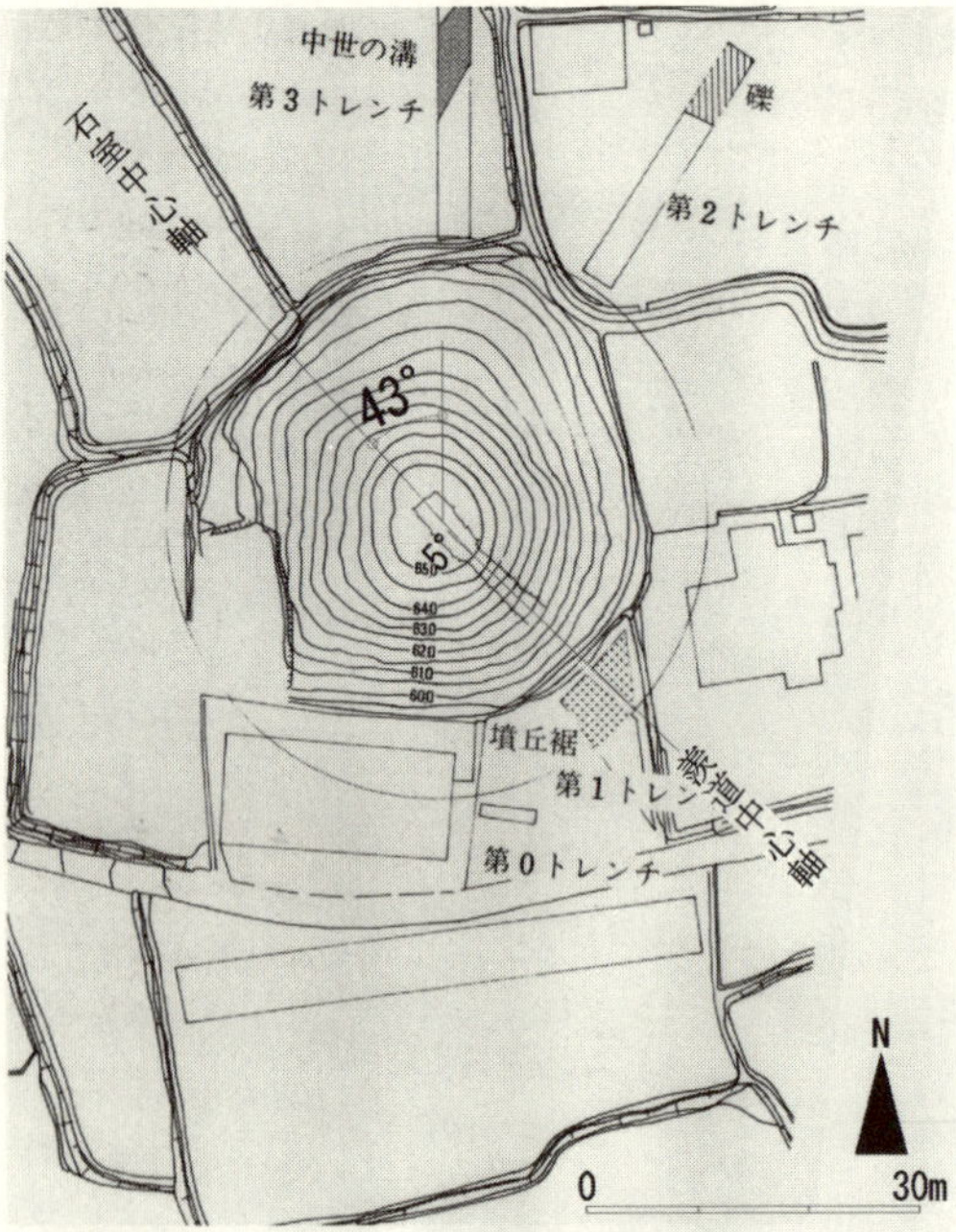


図 21　藤ノ木古墳配置図

鬼の雪隠遺跡と同じ刳り抜き式の石槨が出土し、その中に前述した陶棺があった。

## 天武天皇の廣瀬、龍田の神祀り

天武天皇は壬申の乱後の六七五年から毎年初夏に龍田《たつた》の立野《たつの》で風神《かぜのかみ》を祀り、廣瀬《ひろせ》で大忌神《おおいみのかみ》を祀らせた（『日本書紀』）。亡くなるまで一五回以上に及んだ。使者を立てた場合や、本人が立ち会ったようなふしもある。これらの位置と時期が問題である。

それらの場所は現在の廣瀬神社〔写真30〕や龍田神社に引き継がれたような位置であろう。〔図8〕（二一〇頁）、〔図20〕（二〇〇頁）のごとく、廣瀬神社は高松塚―斑鳩宮―御破裂山や藤ノ木古墳を結ぶ軸線上で、大和川と飛鳥川の分岐点にある。〔写真30〕のように、飛鳥と法隆寺の両方向が見渡せ、神を意識するような場所である。

廣瀬で祀った大忌神は穢れを浄める神とされ、河川の瀬に神社が現在もある。その川の合流点には、何か天武天皇が、この場所で祓いを行う意味を感じさせる雰囲気がある。

やはり、軸線上の、この位置に意味があったとおもわれ、高松塚や藤ノ木古墳の被葬者と斑鳩宮が関係していたとかんがえられる。この時期は、夢殿はまだ建立されておらず、斑鳩宮は焼失して荒れ果てた状態だったはずである。

それらは、直接的に斑鳩宮跡地や藤ノ木古墳で神事を行うことは憚《はばか》られたのではないか。そ

写真30　廣瀬神社を大和川と飛鳥川の分岐点より見る

のようにかんがえると、龍田の場所は藤ノ木古墳と御坊山古墳群に近い場所で祈ったのであろう。なぜなら、藤ノ木古墳に立ったとき、なだらかな山麓の見晴らしのよい高台で、風を感じる場所であったからである。そのような位置で風神を祀ったようにおもう（写真29参照）。

　今の龍田神社の由来は知らない。街道に面した場所で住宅地の中にあり、龍田がその位置なら檜隈寺―御坊山古墳群を結ぶ軸線上となるが、双方の被葬者たちの穢れを祓ったとかんがえている。

　天武天皇にとって、高松塚―斑鳩宮及び藤ノ木古墳や御坊山古墳群の軸線上で神祀りをする意味は何であったか。天智天皇は祭祀を行っていないところをみると、その被葬者が天武の肉親であった可能性がある。「乙巳の変」後に古人大兄皇子たちの殺害を命じたのは天智天皇であるから、古人大兄一族が天武の肉親であったのかもしれない。

　もうひとつの問題は、天武天皇が祀りを行った時期が初夏（四月～七月）であったことである。全一五回すべてが初夏であった。現在でも、法事は命日に近い時期に行われる。おそらく、古代においても人間の感情は現在と変わらないのではないか。そうであれば、蘇我入鹿の斑鳩襲撃は秋であり、「乙巳の変」は初夏である。それは、「乙巳の変」の事件によって、藤ノ木古墳と御坊山古墳群の被葬者が亡くなったことを示しているようにおもう。どちらにしても、結論は第五章で述べる。

## 持統天皇に引き継がれた神祀りと吉野行幸

天武天皇は六八六年七月の神祀りを最後に亡くなったが、廣瀬、龍田の神祀りは持統天皇に引き継がれた。

持統天皇が即位した六九〇年の一月から再開され、六九七年七月を最後に合計一〇回におよんだ祀りは、文武天皇に譲位した後、歴史書には記載されていない。こちらは必ず使者を立てて行っている。特徴的なのは、六九〇年という開始時期と必ず吉野行幸がセットで行われていることである。

六八九年の四月には持統天皇の一人息子・草壁皇子が亡くなった。吉野行幸は六八九年の一月に始められたようだ。天武後の皇位継承者である草壁皇子の容体が悪化したことが、吉野行幸の原因ではないか。『黄泉《よみ》の王《おおきみ》』（梅原猛著）には「持統帝は、吉野へ神になりに行ったのではないかと思う」とある。

その時代の病は穢れや怨霊が原因であったのであり、吉野で祈禱のようなことをしたのではないかとおもわれる。「吉野には斉明帝《さいめい》（在位六五五〜六六一年）の時以来、離宮《とつみや》があり、そこは当時の貴族にとって、一つの別世界であった。吉野こそは神仙境《しんせんきょう》」（『黄泉の王』）だったのであり、怨霊から草壁皇子の子・のちの文武（持統の孫）を守ろうと思っても不思議はない。草壁皇子が亡くなってから、廣瀬、龍田の神祀りを始めたわけで、高松塚や藤ノ木古墳の被葬者が、持統にとっては怨霊だったとわかる。

その時期に藤原宮の造営が開始された。また、法隆寺西院伽藍の建立開始や高松塚の改葬も、この時期だったのではないか。建造物を造るのは、何かのきっかけがなければ始まらない。それが「神のおつげ」であっても、何も不思議なことはない。

他に理由があったかもしれないが、建物を造るのに、鎮魂のためとか、「おみくじ」を引いたら大吉だった理由もありだろう。そのようなとき、人は神の加護を求めるものだ。

つまり、持統天皇は廣瀬や龍田の神祀り（一〇回）を行い、同時に、吉野へ三一回（『黄泉の王』）も行幸した。やはり、持統にとっても、高松塚―斑鳩宮（夢殿）や藤ノ木古墳―御破裂山の軸線上にある廣瀬や高松塚―藤ノ木古墳、檜隈寺―御坊山古墳群の軸線上にある龍田を意識せざるを得なかったのである。

それがどのような理由から行われたのか。それが問題であるが、第三章の「飛鳥の軸線」の事実を述べてから結論を出したい。

## ――《軸線の意味》――
## 藤ノ木古墳と御坊山古墳群の被葬者

創建中宮寺、斑鳩宮、藤ノ木古墳、御坊山古墳群はひとつの直線上に存在している（図20、二〇〇頁参照）。また、その直線の角度は水平に対して二〇度で、若草伽藍の二〇度と直交している。それらが何故に一直線に並んでいるのだろうか、その謎を追究する必要があるだろう。

さらに、藤ノ木古墳は高松塚と結ばれていることが判明した。二点を結んでも何の意味はないが、檜隈寺伽藍の中心軸の角度である二三度で結ばれているなら、それは意図されたものということが明らかである。

わたしは、高松塚の被葬者は「乙巳の変」で殺害された古人大兄皇子とかんがえている。それなら、藤ノ木古墳の被葬者や御坊山古墳群の被葬者たちもまた、「乙巳の変」で殺害された人びとの可能性がある。

それを示すように、檜隈寺の伽藍配置は真北に対して西側に二三度振られている。その伽藍の中心軸線の先は斑鳩の御坊山古墳群に到達している。

また、檜隈寺の位置は明日香村にある檜前《ひのくま》のなだらかな斜面地から水平に突き出た台地に建っている。復元図（図22）を見ると、東北の角で建物と斜面地の傾斜が合わず、地盤を嵩上《かさあ》げしなければならないような角度に建物を振って、かなり無理をして二三度を保っている。三〇度程にすれば、その嵩上げはなかったはずで、その二三度に建物を配置する必要があったのである。

そうであるならば、檜隈寺は倭漢氏の氏寺であるわけで、古墳と仏教寺院を軸線で結んだ鎮魂の構図であり、少なくとも、御坊山古墳群の被葬者に関しては倭漢氏の一族としてよい。

『日本書紀』には「乙巳の変」の後に、古人大兄皇子を謀反の罪で殺害したと記されている。その事件は「乙巳の変」そのものであり、蘇我入鹿の暗殺などではなく、大王を殺害するクーデターであった。その事件のひとつは斑鳩宮で起きた。

藤ノ木古墳の被葬者に関しては古人大兄皇子の子供の可能性が高いが、詳細は第五章に譲ることにして、ここでは概要のみを記した。

以上は軸線から浮かび上がる結論であるが、当然ながら、通説ではそのようになっていない。そもそも藤ノ木古墳は、学術的には、六世紀後期の古墳となっているのだ。

その意味は、前高松塚（六四五年）も斑鳩宮（六〇一年）も若草伽藍（五九〇年頃）も存在していない時期に造られたということである。軸線とのつながりのない時期に、最初に藤ノ木古墳が造られたと言うのだ。

つまり、藤ノ木古墳を基準として、若草伽藍の二〇度が決定され、その二〇度に直交する軸線の先に斑鳩宮を建造したと言っているに等しいことになる。そのようなことがあるのだろうか。

軸線の性質として、基本的な軸線というものがある。その基本軸線（ここでは耳成山の南北軸）から派生する二次的三次的な軸線上（斑鳩軸）に藤ノ木古墳があるとかんがえるわけで、藤ノ木古墳には基本軸となる要素はない。

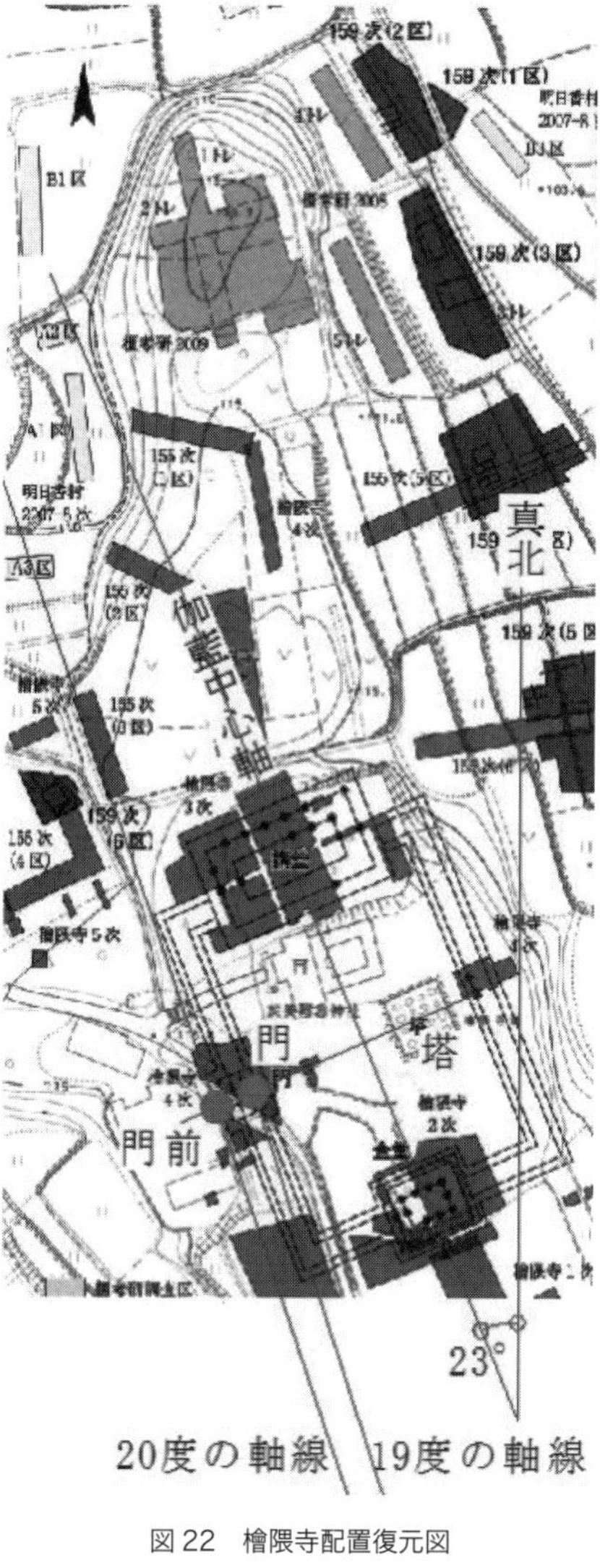


図 22　檜隈寺配置復元図

したがって、藤ノ木古墳は六世紀後期の古墳ではありえないことになる。これらのことも軸線から証明可能とおもっている。

以上のような謎が本書のテーマのひとつであるが、後段で明らかにしていきたい。

## キトラ古墳の被葬者の最期

その倭漢氏に関する話で、キトラ古墳の被葬者・倭漢坂上直老《やまとあやのさかうえのあたいおゆ》についてわかったことがある。坂上直老の死亡の記事が『続日本紀』の文武天皇六九九年に次のようにみえる。

「勲功について詮議するということは、前代から始まっており、功を立てた者に賞を与えるのは、代々重要なこととしている。これは立派な男の節操を明らかにし、不朽の名をあらわすためである。坂上忌寸老《さかうえのいみきおゆ》よ、お前は壬申の年の戦いに従軍し、一命を顧みず国家の危急に赴き、必死の地に出入りし、国家の難に当った。まだ褒賞の位も与えられないうちに、俄かに死去してしまった。逝ってしまった魂を弔い、冥路の旅を慰めたいと思う。直広壱（正四位下相当）の位を贈り、あわせてまた物を与えよう」（『続日本紀全現代語訳』）

『日本書紀』によると、倭漢一族は壬申の乱後に、天武天皇から叱責を受けている。天智側についた一族もいたことが理由であった。

したがって、その時点では恩賞ということではなかったようにおもうのだが、その後の西院伽藍や高松塚の造営に坂上直一族が関与している可能性を『法隆寺コード』で述べているごとく、無事に持統の孫の文武に譲位した結果としての褒賞のような気がする。

『続日本紀』にある褒賞の理由の壬申の乱は六七二年で二七年前であり、明確にできない理由は全て壬申の乱としたのではないか。この時点では持統太上天皇は存命であって、持統の意向が強いようにおもう。

つまり、キトラ古墳の築造は六九九年前後と推測され、高松塚の築造は持統の子・草壁皇子の死（六八九年）の前後とかんがえられる。

なぜなら、持統の崩御は七〇二年であって、六九九年から七〇二年の間に高松塚を造る動機も時間もないわけで、高松塚は六九〇年前後の改葬としてよい。やはり、前作で述べるごとく、高松塚の方がキトラより先に築造されていた。

壁画や副葬品に関して、キトラ古墳は怨霊とは関係がなく、被葬者は渡来系の人物であって、壁画も朝鮮半島や中国では珍しいものではない。天文図も中国長安や洛陽の星座であり、副葬品の剣に刀身が存在することも当然のこととなる。おそらく、その中には持統からの褒賞品が混じっていたのであろう。

壁画は日本列島においては珍しく、今のところ、キトラ・高松塚の二ヵ所しかない。しかし、キトラの場合は渡来人の氏寺の檜隈寺に関与していることが明白であって、仏教寺院と結ばれた古墳に壁画があっても、それは大陸式の様式や構図であって、違和感がない。

　高松塚の男女群像に相当する位置に十二神将が描かれていることも、大陸にそのような例が存在しているようで、渡来系の人物がみずから希望した墓の様相ということであろう。

　キトラ古墳の形状は「身分によって墓の大きさを制限した薄葬令（六四六年）」以降で、古墳の直径はかなり小さいが、その古墳を支える基礎は、天皇級を除けば最も大きいのではないか。そうおもえる程、円墳より下の基礎に用いた版築《はんちく》が素晴らしく、また大きい（写真31）。

写真31　キトラ古墳と版築

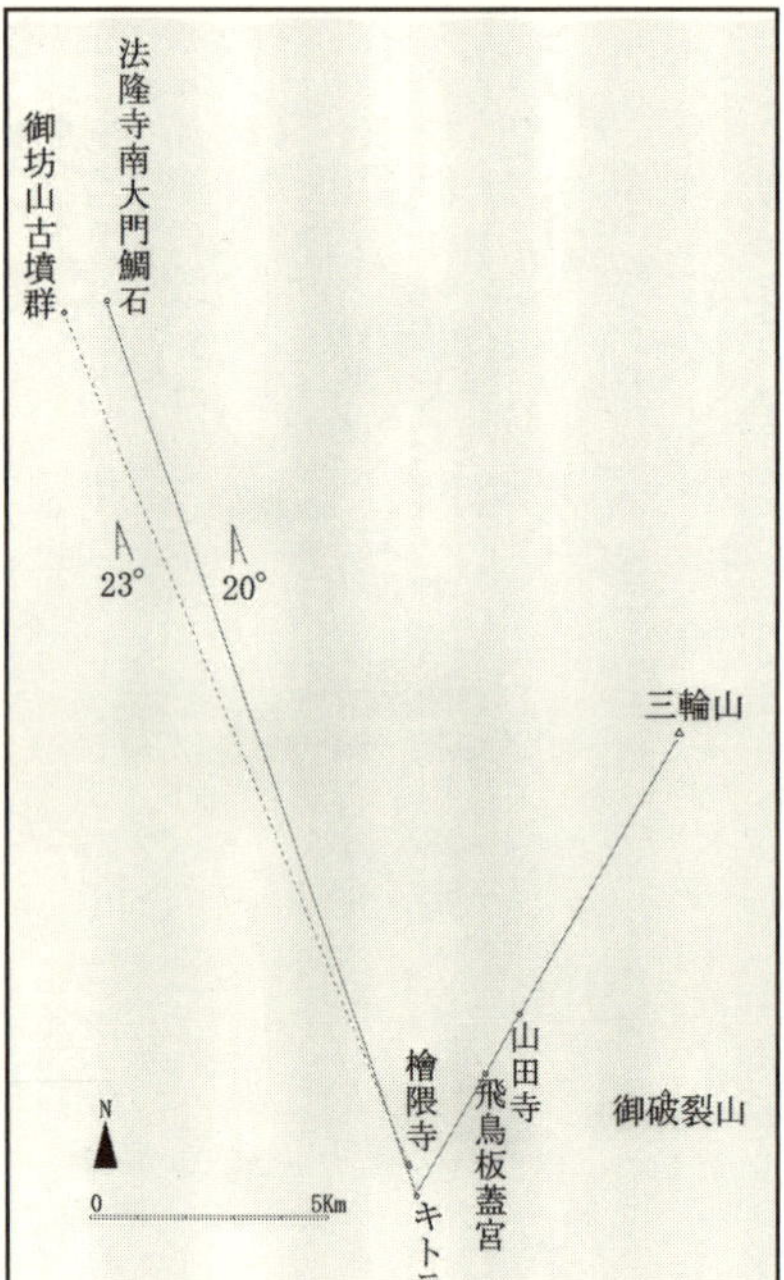


図23　キトラ古墳軸線図

そして、檜隈寺の伽藍配置の中心軸を二三度に設定した理由は、その二三度の軸線で高松塚と結ばれる藤ノ木古墳の被葬者を示し、檜隈寺と結ばれる御坊山古墳群の被葬者を表しているのである。

それを設定したのは明らかに、檜隈寺の背後に古墳を設定した倭漢坂上直老であって、藤ノ木古墳と高松塚の被葬者の鎮魂のためであり、御坊山古墳群の被葬者たちの鎮魂のために寺院を建立したのである。

わたしは、キトラ古墳の位置に倭漢坂上直老の意思が最も明確に表されているように思える。それは標高の高さとその位置に表れている。

「聖なるゾーン」より南側の奥に位置し、それらを見下ろすように海抜一四〇メートル以上に設定された高さは天武・持統陵より三〇メートル以上高い。つまり、周辺で一番高い場所にある。その意味は、坂上直一族のテリトリーの範囲で、建造物を造ってきた人間しか思いつかない位置のように、わたしにはおもえる。

また、〔図23〕に示したごとく、キトラ古墳は法隆寺南大門の鯛石―檜隈寺門前と結ぶ二〇度の軸線と、舒明の軸線（図16　一五二頁参照）で述べた三輪山―山田寺―飛鳥板蓋宮―キトラ古墳と結ぶ三一度の軸線の交点に存在することがわかった。

その意味は、様々に解釈できるが、わたしはキトラの被葬者の出自を示しているような気がする。敏達（法隆寺）と舒明（飛鳥板蓋宮）を結んで、三輪山と結ぶことが許される人物の出自は、天皇家のものではないか。そのようにかんがえる理由は、倭漢坂上直老の死後『続日本紀』に異例の長い弔辞が添えられ、天武の皇子と同じような位（正四位下）が追遣されたことから想像している。それらは藤ノ木古墳の被葬者に絡む話となってくるが、第五章に譲りたい。

## 7　法隆寺西院伽藍の軸線

### 法隆寺西院伽藍と夢殿の位置

――《軸線の事実》――

斑鳩の軸線詳細図（図20、二〇〇頁）によって、現在の法隆寺の位置がどのようにして決定されたかわかる。その部分を拡大すると（図24）（二二〇頁）のようになる。

若草伽藍は『日本書紀』に記載されるように、六七〇年に焼失したのかもしれないが、「乙巳の変（六四五年）」で焼失した可能性もある。図を見ても、斑鳩宮が全焼して若草伽藍が残るような距離でもなく、その時点で焼失した方が自然なのかもしれない。どちらにしても、発掘調査によって、焼けた遺構が出土することから、確実に若草伽藍は焼け落ちた。

その後に、現在の法隆寺（西院伽藍）が建てられたが、別の場所に同じ名前で、伽藍配置を変えて、わざわざ古い尺度（高麗尺）を用いて、あえて古いデザインで建てた。その理由が謎となっている。

また、最初に若草伽藍を誰が建立したのか。その後に、誰が西院伽藍を建てたのか。一〇〇年近くを隔て、建立した人物は二人いたはずであるが、『日本書紀』や『続日本紀』は一切語らないのである。それは、記載できなかったが、法隆寺の存在は省けなかったということである。

問題の西院伽藍の位置をどのように決定したかということだが、若草伽藍の北西の角と斑鳩宮のある場所（現在の夢殿後部）を結んだ線に垂直な線を中心軸（おそらく中門の中心軸）としている。また、夢殿もその角度を踏襲している。その西側に向かう角度から信貴山《しぎさん》方向もかんがえたが、山の頂上に向かわないので、それはないとおもわれる。

つまり、敏達大王に関わる二つの建物の部分を根拠として、建物を展開している。しかも、敏達が生きた時代に合わせた尺度で造り、デザインもその時代の様式としたのである。そして、斑鳩宮は聖徳太子が建てたと『日本書紀』に記載した。

それは何のためか。それこそ「蘇我聖徳」という呪文のごとく、敏達大王を聖徳として蘇らすために、そのようにしたとかんがえられる。

その理由は、なんらかの鎮魂もあるのであろう。西院伽藍の有様は敏達の墓という意味があった。だが、そればかりではなく、天孫降臨、万世一系など仏教を含めて国家戦略も含まれていた

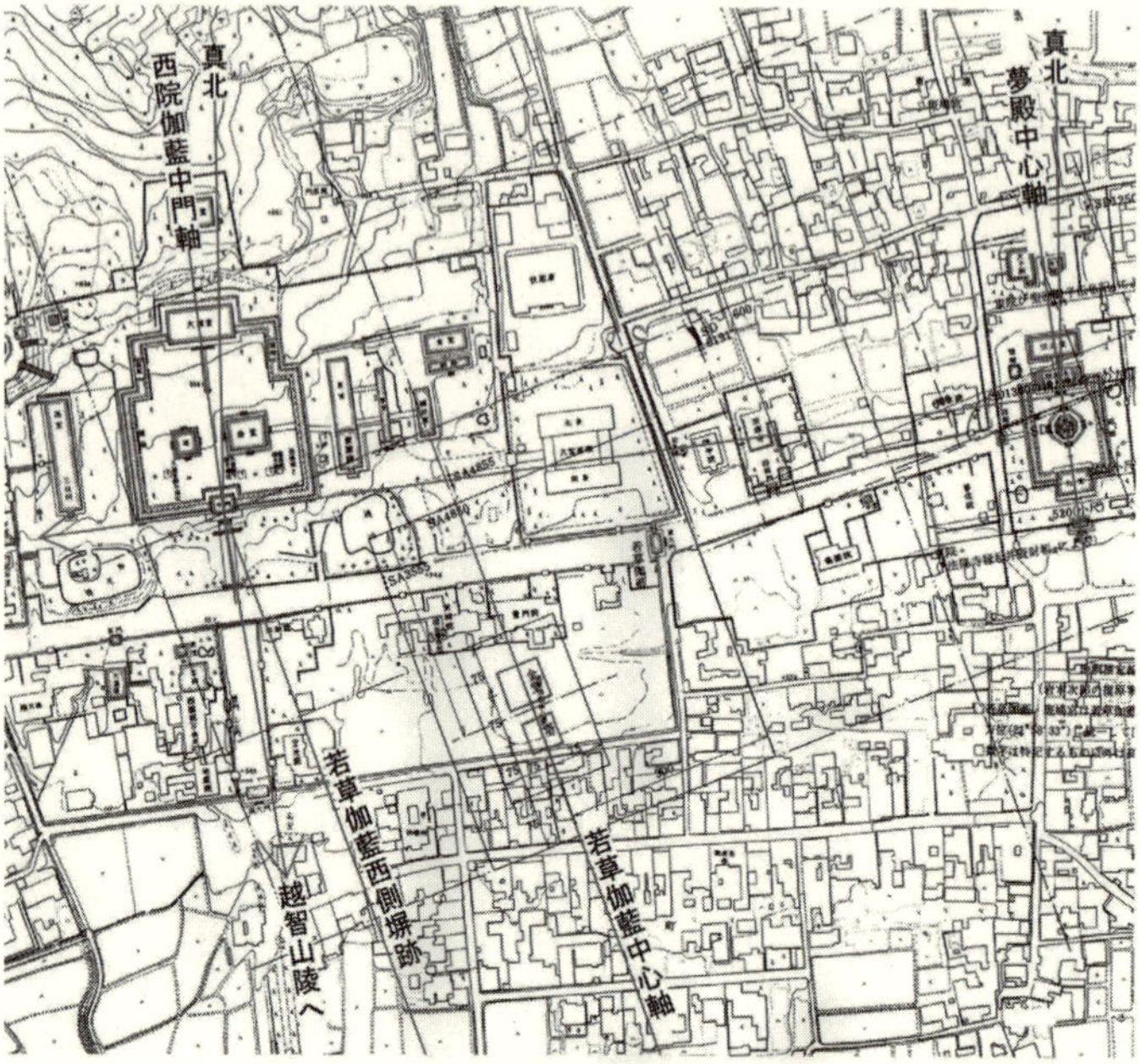


図24　西院伽藍の位置決定

とかんがえたほうがよいだろう。

また、『日本書紀』の編者、藤原不比等の思惑もあったのである。不比等は孫に聖徳と天武を合わせた名「聖武」を与えているわけで、西院伽藍の役目を織り込み済みなのであろう。

――《軸線の意味》――

## 西院伽藍を建立した人物

現存する西院伽藍を誰が何のために建立したのであろうか。若草伽藍は『日本書紀』によれば、六七〇年に焼失したとされる。しかし、その後も歴史書『続日本紀』の七一五年に登場する。それが現存する西院伽藍であるが、それでは誰が、少し離れた場所に、別の伽藍配置の寺院を法隆寺という同じ名で再建したのか。それが問題である。

その謎を解くには現存する法隆寺西院伽藍を研究するしかないと研究者は考えたのだろう。古墳や寺社や宮殿などの建造物の様式は確かに重要である。それを研究すれば、技術の高まりや変化などがわかり、その建立年代も測定可能となる。

だが、法隆寺西院伽藍はその当時の様式ではなく、わざわざ古い様式で造られている。そのような場合には、様式論だけでは限界があるということがわかった。

そうであれば、わたしのような建築家の出番で、その建造物が人間のどのような「こころ」から生まれるのか。建造物が人間の造り出すものであるなら、そこには人間の意思や感情が込められているはずであって、建造物から逆に人間の「こころ」を読み取れるとおもった。

西院伽藍を造る意図は何か。何かしらの鎮魂のために寺院が建てられているとすれば、若草伽藍を建てた人物の鎮魂ということではないか。法隆寺という名前を継承しているところから、そのように想像する。他に飛鳥京に薬師寺が建てられ、平城京にも薬師寺があるように、名を継承しなければならない理由があるとする方が自然なのである。

つまり、建立の目的は敏達大王の鎮魂であって、西院伽藍全体が敏達の墓であると共に、聖徳太子の伝承を生み出す装置であった。そのようにかんがえれば、西院伽藍の有様が納得できるようにおもう。

西院伽藍の建立は天武天皇や持統天皇の時代とかんがえられるが、西院伽藍の創建軒丸瓦（写真32）をみると、複弁八葉蓮華文で、川原寺の軒丸瓦（写真33）に酷似している。川原寺は『日本書紀』に誰が建立したか記載されないが、研究によって、天智天皇とされる。

前述するように、軒丸瓦の文様が継承されているのであれば、天智天皇の子・持統天皇がそのデザインを継承したとかんがえられ、法隆寺西院伽藍を建立したのは持統天皇ということになる。

西院伽藍の完成時期は天武の死後六八六年以降ではないか。天武の軒丸瓦（写真37、二六一頁

写真 32　法隆寺西院伽藍創建軒丸瓦

写真 33　川原寺軒丸瓦

参照）は別の文様であって、軒丸瓦の文様がそのように語っている。持統天皇には西院伽藍を建てねばならない理由が存在するのである。

## 西院伽藍の建築的意図

しかし、一般的にはそのような認識ではない。西院伽藍がなぜそこにあるか、位置にも角度にも言及する研究者はいない。斑鳩の地形に合わせたとする見解で通っているのである。

建築学博士の武澤秀一が著した『法隆寺の謎を解く』においても、なぜにその位置や角度となっているか言及していない。特に西院伽藍は若草伽藍より奥に、二つの建物の因縁をつなげて再建されているのであって、そこに意味があるのだが、問題点としていない。

若草伽藍の配置は斑鳩の高台に建てた、四天王寺から続く都市デザインであり、仏教寺院と古墳を結びつけて、鎮魂も目的として、多様な用途があった。その位置と形態自体が、仏教による国家建設のシンボルであったと想像できる。

しかし、同じ位置に再建されなかった。四天王寺のように同じ位置ではなかった。つまり、最初の目的と違う目的を持って再建されたのである。

その特徴的な事象として、中門の真ん中に、柱がある（写真34、二二六頁）。これは他に例がなく「法隆寺の七不思議」のひとつになっている。

この柱に関して、武澤は梅原猛の「怨霊封じの柱説」(『隠された十字架』)を否定しているのだが、その根拠として、「怨霊という観念は、早くても奈良時代末期である」とする歴史学者の直木孝次郎(一九一九年〜)の説をあげている。

さらに武澤は、中門の柱は「空間構成のポイントを押さえた」優れたデザインとしているのである。真ん中の柱は「外から見ても内から見てもカナメの役割を果たしている」(『法隆寺の謎を解く』)という解釈が一般的となっているのである。しかし、事実はそうではなかった。

仏教寺院が、ただそこに建っているのではなく、古墳や神聖な山と軸線で結び、鎮魂を目的としていることが、前述するごとく明白であって、死者の祟りや穢れを祓う目的があった。

天武や持統の廣瀬や龍田での神祀りが、斑鳩宮—高松塚や藤ノ木古墳—御破裂山の軸線上で行われ、持統は吉野宮に何回も通っていることこそ、死者の祟りなどへの恐れがあり、古墳と仏教寺院が軸線で結ばれているのである。

この事実は怨霊という概念が飛鳥時代からあったことを表し、直木説を否定しているが、元来そのような感情があるのが人間なのではないか。文字に振り回されるのではなく、「見えないもの」にこそ本質があるようにおもう。

当然ながら、建築物の位置や形態に意味があり、西院伽藍の配置は斑鳩宮と若草伽藍を結んで建てられているのであって、斑鳩宮や若草伽藍の建立者との関係性の中に存在している。

西院伽藍を建立する意味は、斑鳩宮と若草伽藍の建立者の鎮魂が目的であって、中門の柱は空間構成の優れたポイントという感覚的なものではなく、なんらかの鎮魂の意味を込めたデザインであった。

また、越智山陵《おちのみささぎ》（斉明天皇陵）―マルコ山古墳―火振山古墳―御破裂山の軸線（図26、二三〇頁）を九〇度振ると、西院伽藍中門の中央に至ることがわかっている。越智山陵は六九九年の築造とされるので、西院の建立がそれより前と想像される。

したがって、「怨霊封じの柱」かも知れないが、わたしには耳成山の南北軸を中心とした飛鳥京と藤原宮の南北軸を中心とした新益京との関係性と似ているようにおもうのだ。前述するように、耳成山の南北軸と藤原宮南北軸との水平距離が道路一本分の差となっている。

それと同様に、〔図25〕（次頁）に示したが、西院伽藍は伽藍全体の中心軸と中門の中心軸（真ん中の柱）がずれている。伽藍全体の中心は、中門の真ん中の柱とその右側の柱の中間となっている。それは当然ながら、意識して行っている。

つまり、飛鳥京の中心軸は中門の中心軸であり、藤原宮の中心軸は伽藍全体の中心軸となって、飛鳥京と西院伽藍は韻《いん》を踏むような関係となっている。敏達が造った飛鳥京を中門の軸とした伽藍に見立てて、その中に葬り、「カンヌキ」（『隠された十字架』）をかけたということであろう。（「カンヌキ」とは木の開き戸の鍵で、木製の棒を垂直に落として鍵をかける道具を指している。閉じ込めた意味を表している。）

中門の中心軸と伽藍全体の中心軸の「ずれ」に関して、偶然そのようになったということはないのだ。時期的にも新益京を造った時期と西院伽藍を造営した時期は重なっているわけで、西院伽藍も藤原宮も持統天皇が造ったのであり、それらは意図されているのである。

また、〔図29〕（二四一頁）に示すごとく、越智山稜（斉明天皇陵）―マルコ山古墳―火振山古墳―御破裂山の軸線を九〇度振ると中門の中心に至ることがわかっている。そこから西院伽藍の完成

写真34　西院伽藍中門

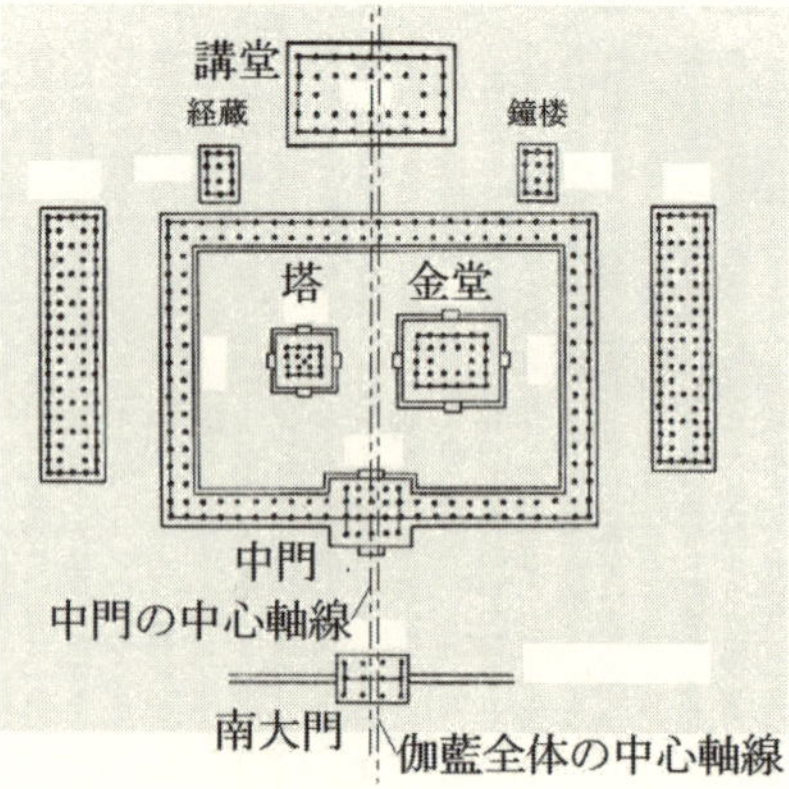


図25　西院伽藍復元図による二つの中心軸

時期は越智山稜の造成時期（六九九年）以前と推定されるが、建造物が意味もなく別々に造られるわけではないと知ることもできる。

したがって、法隆寺西院伽藍の建築的意味は「我は聖徳として蘇る」という意図を持った配置や形態となっているのであって、「蘇我聖徳」という「建築的蘇りの装置」が法隆寺西院伽藍なのである。敏達の鎮魂と蘇生が目的であって、聖徳太子となって生まれ変わる役目を負っているのである。

エジプトのピラミッドの役目として、「ファアラオ（王様）が蘇る装置」（吉村作治）とする説があるようだが、それと同様なことをしたのではないか。法隆寺西院伽藍の存在は、多くの寺院を造り、聖徳太子以上に仏教の普及に努力した大王が存在したことを表している。

# 第三章　飛鳥の軸線

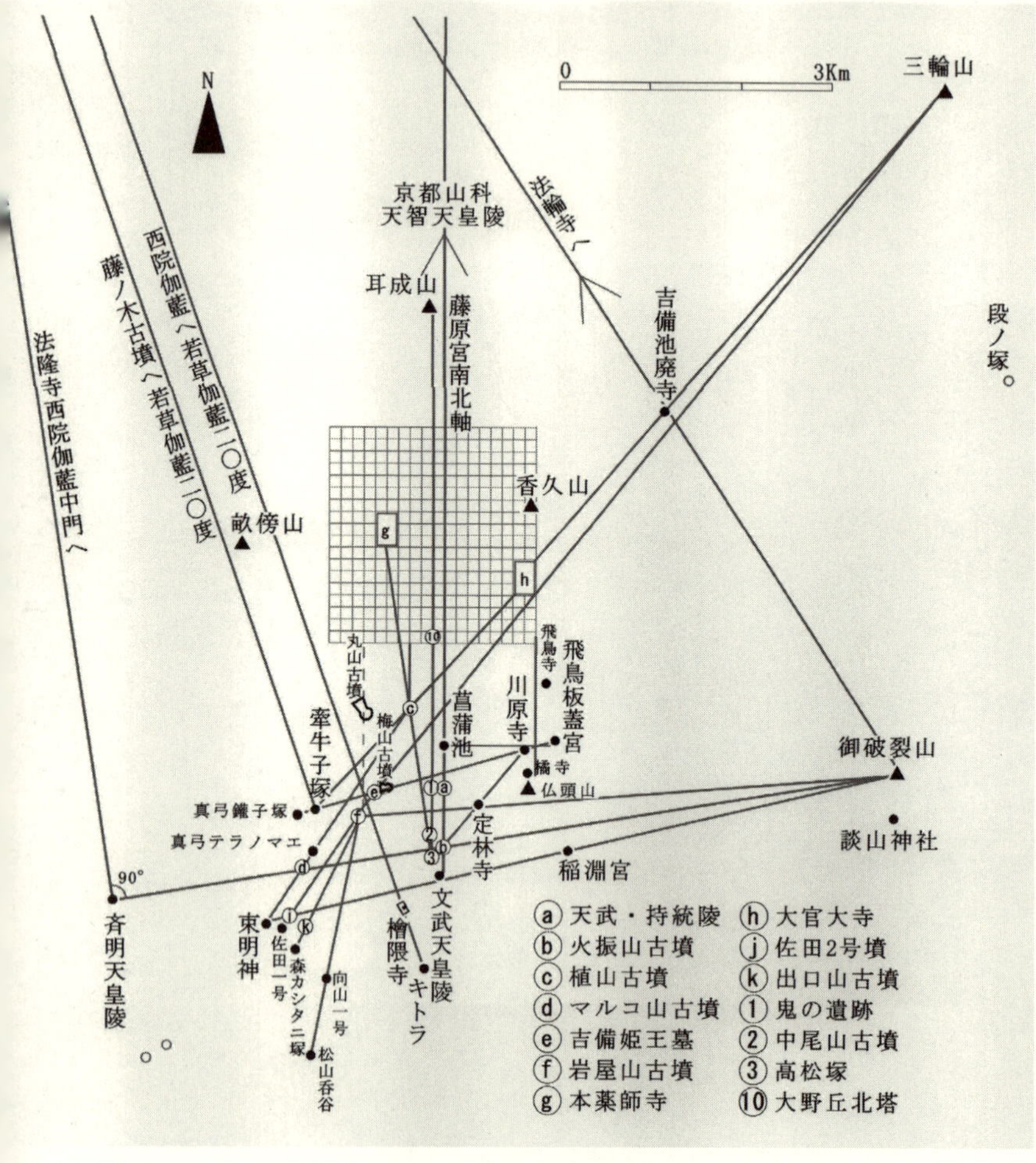
N
0
3Km
三輪山
京都山科
天智天皇陵
法輪寺へ
耳成山
藤原宮南北軸
吉備池廃寺
段ノ塚
西院伽藍へ若草伽藍二〇度
藤ノ木古墳へ若草伽藍二〇度
法隆寺西院伽藍中門へ
香久山
畝傍山
丸山古墳
飛鳥寺
飛鳥板蓋宮
川原寺
菖蒲池
梅山古墳
牽牛子塚
橘寺
仏頭山
御破裂山
真弓鑵子塚
真弓テラノマエ
定林寺
談山神社
稲淵宮
90°
斉明天皇陵
東明神
佐田一号
森カシタニ塚
向山一号
松山呑谷
檜隈寺
キトラ
文武天皇陵
ⓐ 天武・持統陵
ⓑ 火振山古墳
ⓒ 植山古墳
ⓓ マルコ山古墳
ⓔ 吉備姫王墓
ⓕ 岩屋山古墳
ⓖ 本薬師寺
ⓗ 大官大寺
ⓙ 佐田2号墳
ⓚ 出口山古墳
① 鬼の遺跡
② 中尾山古墳
③ 高松塚
⑩ 大野丘北塔

図 26　飛鳥の軸線略図

## 1　藤原宮南北軸と菖蒲池古墳

### ――《軸線の事実》――

### 藤原宮南北軸を設定した時期

飛鳥の軸線の全体略図を〔図26〕に示した。その中で当初、藤原宮南北軸を設定して都市計画を行ったのは天武天皇ではないかとおもっていたのだが、それは違うようだ。天武天皇はみずからの墓を用意していた。岩屋山古墳である。それは後段で証明している。

一般的には、新益京（いわゆる藤原京）を造営したのは天武で六七六年頃からという説となっている。天武は陰陽寮を設置し、占星台を設けて式《ちく》で占った。それなら方位は重要であって、北極星に向けて軸線を設定してもおかしくない。

したがって、藤原宮南北軸を中心とした都市が日本最初の都城・藤原京となっていて、教科書にも記載されている。『日本書紀』を信じていれば、そのようになるのであろう。

そのような通説に対して、最初の疑問は、「聖なるライン説」であった。前述するように実体は「聖なるライン」ではなく、「聖なるゾーン」で、そこは、耳成山南北軸の古墳群と藤原宮南北軸の古墳群に分割されることに気づいた。そして、縄文時代からの習俗となっている耳成山の南北軸に眠る古墳の方が古く、それを中心とした都市が存在していたこともわかった。

そこには既に鬼の遺跡—中尾山古墳—高松塚が設定され、碁盤目状の道路を持つ都市が存在していたのである。しかし、藤原宮南北軸を中心とした新益京（藤原京）によって、意図的に覆い隠されてしまった。そのようにせねばならない理由が存在したのである。その理由とは何か。仮設を前述しているが、これから述べる軸線の事実によって証明されるだろう。

耳成山南北軸を中心とした都市は敏達大王が造ったとかんがえているが、それも軸線によって証明されるであろう。それらが『日本書紀』に書かれない理由も前述しているが、当然ながら理由があったのである。

現状の藤原宮南北軸は京都山科天智天皇陵—菖蒲池古墳《しょうぶいけ》—天武・持統陵ⓐ—火振山古墳《ひぶりやま》ⓑ—文武天皇陵の軸線となっている（図26参照）。これは明らかに、天皇の継承順序を表している。

その中の天智天皇の墓だけは、京都山科《やましな》の地で遠く離れている。天智は六七一年に亡くなって、二八年後の六九九年に京都山科に葬られたとされる。その間、天智の墓はどこにあったのか。古代では殯《もがり》の習慣があって、墓に埋葬する前に殯宮《もがりのみや》を建て遺体を安置していた。その期間が二八年であったとされているようだが、そんなに長くはないだろう。

天智は死んでから、どこに葬られたのか歴史には登場しない。その解明は、同じ軸線上の菖蒲池古墳の被葬者と関連しているはずである。

六九九年には、山科山陵とは別に、もうひとつ斉明大王の墓とされる越智山陵《おちのみささぎ》を造っている。文武天皇の時代だが、持統太上天皇の存命中で彼女の指図で造ったのであろう。

つまり、藤原宮南北軸は藤原宮に遷宮した六九四年に正式に設定され、六九九年に完成したということであり、六八六年に亡くなった天武の知らなかったことである。

念のため、天智陵と天武・持統陵が軸線で結ばれていることを証明しておく必要があるだろう。〔表12〕にそれを示してあるが、限りなく〇度となって、五九キロメートルの距離をほぼ正確に配置している。一三〇〇年前にこのような技術があったことを証明するものであり、「見えない軸線」の存在をも表している。位置データは奈良文化財研究所から得た。

## 菖蒲池古墳と川原寺

菖蒲池古墳は藤原宮の中心を南北軸とした軸線上にある。その軸線上に北から、天智陵（京都山科）―菖蒲池古墳―天武・持統陵―火振山古

| 場所 | 緯度（北緯） | 経度（東経） | 方位角 | 軸線角度 |
|---|---|---|---|---|
| 天武・持統陵 | 34度28分7.5 | 135度48分28.16 | 359度55分18秒26 | 0度4分42秒（360度マイナス方位角） |
| 天智陵（京都山科） | 34度59分51.3 | 135度48分25 | | |

表12　天武・持統陵と天智陵の方位角計算表

墳―文武陵となっている。この軸線を考えたのは誰かということだが、通常なら、最も古いとおもわれる菖蒲池古墳の被葬者ということになる。(菖蒲池古墳に残されている家形石棺は六世紀ごろの製作というのが根拠となっている。)

この菖蒲池古墳の被葬者は藤原宮南北軸について、何も知らなかったか、強い要望があったかのどちらかとなるが、結果として、強い欲求の末に藤原宮南北軸が造られていることは確かであろう。菖蒲池古墳の被葬者の希望によって、飛鳥京の道路の南北軸線上にこの古墳が造られているとかんがえられる。あたかも、将来この道路軸線上に藤原宮が造られることを知っているようだ。しかし、将来予測などできるわけはなく、必然的になにか、そのようにさせる強い理由が存在しているはずである。

つまり、菖蒲池古墳が、この飛鳥京の南北道路を南に延長した先に存在することこそ、『日本書紀』が飛鳥京の存在を隠している証拠となっている。

なぜなら、「いわゆる藤原京」は六九四年に藤原宮へ遷居した時点からで、それ以前に碁盤目状の道路を延長した軸線上に古墳を築造できないはずだが、軸線上に造られている。偶然、その位置に造られたわけもなく、同じ道路間隔の都市(飛鳥京)が存在していたから、その位置に築造できたのである。

そのような道路の南北軸の先にある古墳は、後述しているが、植山古墳や岩屋山古墳などがあって、六九四年以前に造られた古墳である。したがって、飛鳥京が先行して造られ、その後に「いわゆる藤原京」が造られたと証明される。

問題は菖蒲池古墳の被葬者は誰かということである。

〔図27〕のごとく、菖蒲池古墳の東には川原寺や飛鳥板蓋宮があり、軸線の性格として、菖蒲池の垂直軸線上にある川原寺や飛鳥板蓋宮は菖蒲池古墳の被葬者と関連しているはずである。川原寺は創建年や建立した人物が歴史に記載されないが、伝承では天智天皇が造ったとされる。

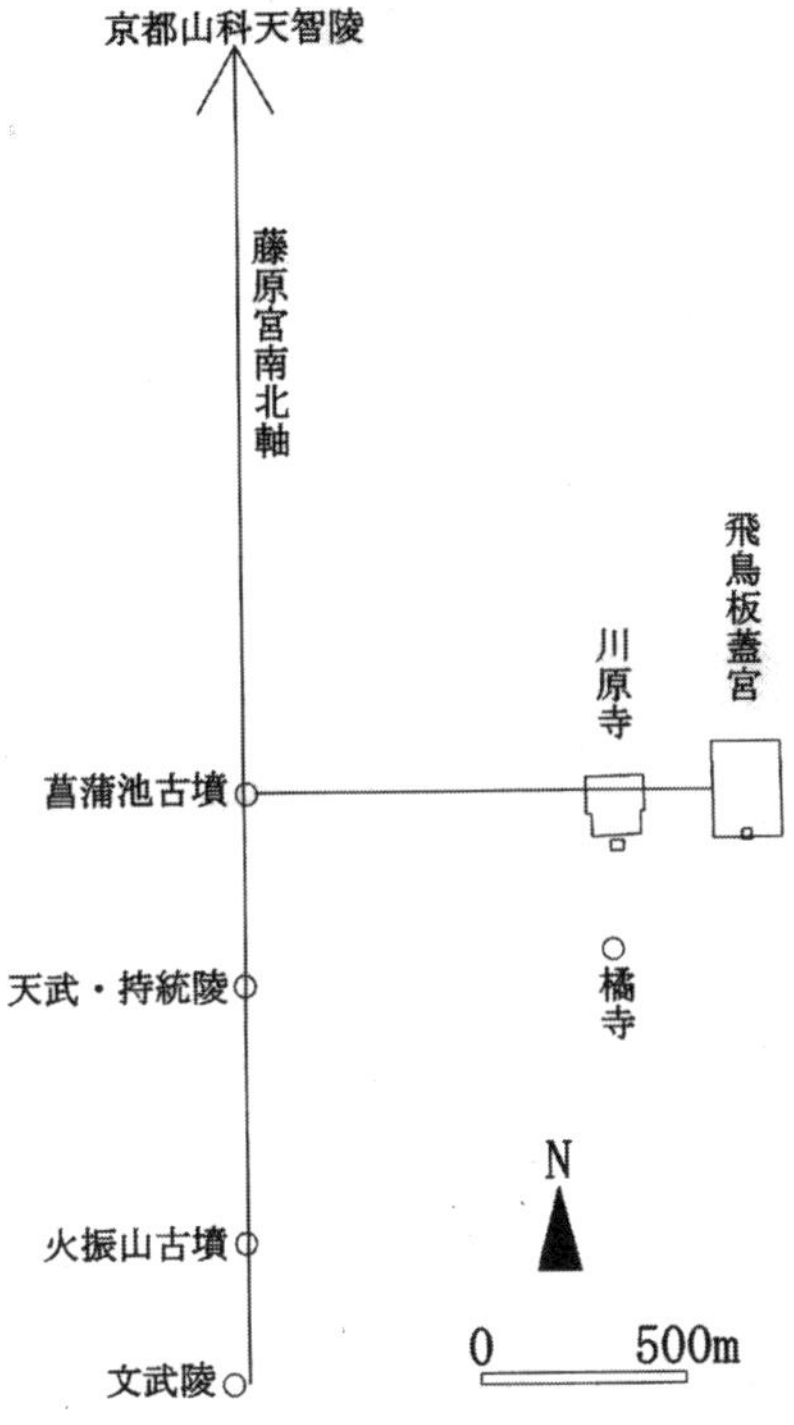


図27　藤原宮南北軸と菖蒲池古墳

前述するように（写真32・33二二二頁参照）、川原寺と西院伽藍の軒丸瓦が酷似していることから、間違いないところであろう。

また、飛鳥板蓋宮は皇極（斉明）大王が六四二年に蘇我蝦夷に造らせたと『日本書紀』にあるが、わたしは前述するように、飛鳥板蓋宮は六三〇年頃唐からの使者を迎えるために、舒明大王が造営したとかんがえている。

それでは、菖蒲池古墳―川原寺―飛鳥板蓋宮の東西軸線という設定を誰が行ったか。それが分かれば、被葬者も判明する。菖蒲池古墳―飛鳥板蓋宮の中間に川原寺を建てた人物は天智しかいないであろう。その時点で、飛鳥板蓋宮は焼失して存在しなかったはずである。

その意味は、飛鳥板蓋宮で起きた「乙巳の変」で亡くなった人物の鎮魂もあるのではないか。天智の母は飛鳥板蓋宮に住んでいたことも確かであって、その宮に住んでいた菖蒲池古墳の被葬者が亡くなったので、その中間で、橘寺の北側に、川原寺を建立したのであれば、天智が建てた理由が存在する。

川原寺が歴史に登場するのは六五三年（孝徳紀）だが、「川原寺であったかは正確に覚えていない」と『日本書紀』の編者は記す。伝承のごとく天智が建立したのであれば、六四五年（乙巳の変）以降のことで、六五三年の記事は『日本書紀』の編者の「ごまかし作戦」ということになる。六七三年には歴史に登場しているのだから、六四五〜六七三年の間に建立されたとわかるにすぎない。

しかしながら、川原寺がその位置に建立された理由は必ずあって、菖蒲池古墳の被葬者と飛鳥板蓋宮が関連しているのであれば、天智の母である斉明大王が関係していることになる。

研究によれば、菖蒲池古墳は石棺が二基あって、最初から二基を収めることを予定して造られたとされている。斉明は天智の子・孫の建王《たけるのみこ》が八歳で亡くなった時（六五八年）、嘆き悲しんで、みずからの墓に合葬するように言ったと『日本書紀』に記載される。その事実と、特異な家形石棺が二基ある菖蒲池古墳が関連する可能性は高い。

したがって、建王は「今来谷《いまきだに》のほとり」に葬られたと『日本書紀』に記載されているが、わたしは、後述するように建王の古墳は植山古墳東側石室であって、菖蒲池へ移葬されたとかんがえている。

その菖蒲池の二つの石棺は棟飾りのある屋根と側壁に柱や梁をレリーフした刳《く》り抜《ぬ》き式の特異なデザインである。また、古墳は築造されたが、一〇〇年も経たないうちに、上部を他の用途に転用されたという。石棺内部については、あまり言及されていないが、布を貼った上に黒漆が塗られていた。副葬品や遺骨などはなかったようだ。

謎を整理すると、菖蒲池古墳は、碁盤目状の道路を持つ飛鳥京が、六九四年新益京（いわゆる藤原京）以前から存在していた証拠となっている。

また、耳成山南北軸とは別の、道路一本隔てた軸線上にみずからの墓を設定できる権力を持った人物が築造したわけで、その人物は明らかに大王であり、藤原宮南北軸に眠る天智系の斉明陵とすれば、最も納得できる。斉明は結果として三ヵ所に葬られた。それには理由があったのであり、読み進むうちに判明するであろう。

つまり、菖蒲池古墳の被葬者は高松塚の南側に墓を造ることを嫌って、道路一本分をずらしたのである。そして、墓にはなにもなく一〇〇年も経たないうちに、移葬されたのではないか。わたしには、そのような人物は一人しかいないようにおもえる。これは、天智天皇の墓の謎と共に、藤原宮南北軸の謎である。

——《軸線の意味》——

## 菖蒲池古墳の被葬者

藤原宮の南北軸の中で、最も古いとおもわれる菖蒲池古墳の二人の被葬者は誰であろうか。つまり、持統によって造られた新益京より古い時代に、その中心軸上にみずからの墓を用意した人物は誰か。

わたしは、その人物が藤原宮の都市軸を意識していたともおもえないのだ。耳成山南北軸を中心軸とした都市（飛鳥京）が存在していたからこそ、道路一本分ずらしたその位置に墓が設定できたのである。

被葬者を特定する条件として、家形石棺が特殊で他に例をみないこと、また、二段に築かれた方墳であることが特徴である。それを造らせたのは、そこに入る本人以外にいないという推測がある。大王であって、二人分の石棺を生前に用意せねばならなかった人物という設定が成り立つ。

〔図28〕の石室見取図のごとく、二つの家形石棺は柱型と梁型を浮き彫りとした、寄棟風の屋根に棟飾りを付けた特殊なものである。この石棺は、細やかな心を持つ人物が生前に用意したものと推測できる。亡くなっていては特殊な注文をつけられない。

そのような人物はひとりしかいない。女帝の斉明大王である。前述するように、斉明は在位中の六五八年に天智の子・建王《たけるのみこ》（斉明の孫）が八歳で亡くなったとき、大いに嘆き悲しみ、自分の死後は合葬するようにと命じている。その墓が菖蒲池古墳である。二基の石棺を直列に並べた石室は予定されたものであり、みずからの墓を好みどおりに造ったのである。

そのような石棺は他に類がなく、女性らしい細やかな心遣いが石棺に表れている。また方墳を用いて、天皇の八角墳となっていないことが斉明崩御という年代を表している。したがって。移葬した建王と共に菖蒲池古墳にしばらくは葬られていたことになる。

おそらく、斉明の墓を菖蒲池とした理由は天智の意向ということではないか。天智なら耳成山南北軸の南側は使えない。また、そのようにする血縁も斉明にはなかったというこ

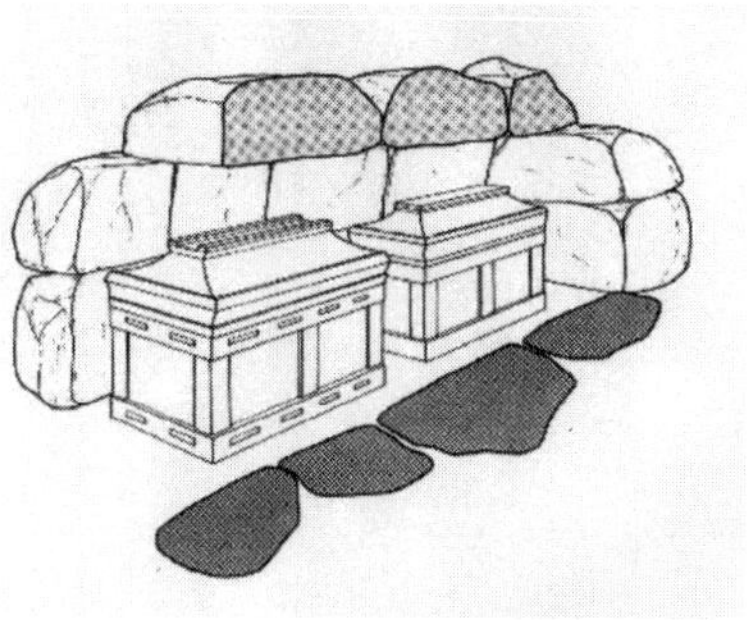

図28　菖蒲池古墳の石室内部見取図
（奈良文化財研究所）

とだ。そこで、道路一本分離れた軸線上に設定した。都市を新しくするという意図はなかったのではないか。単に飛鳥京に近い場所を選んだのであろう。

六六三年、天智の時代となって、焼失した飛鳥板蓋宮との間に川原寺を建立し、板蓋宮で殺害された人びとや母のために鎮魂をした。これが菖蒲池古墳を斉明陵とする最大の理由である。また、仏頭山や橘寺の北側に位置していることも、天智には理由がある。

しかし、菖蒲池古墳の場所は耳成山南北軸の東側で、天武天皇が嫌って、壬申の乱後に移転させたのではないかと推定される。斉明大王は天武の母であったと『日本書紀』は記載するが、どうもそのようにおもえない。そのような疑問は、読み進むうちに解けるであろう。

## 2　持統と文武の十字架

——《軸線の事実》——

### 持統の十字架

藤原宮の中心南北軸と十字に交わる軸線が二つある。〔図29〕に示したが、そのひとつが越智《おちの》山陵《みささぎ》（斉明天皇陵）―マルコ山古墳―火振山古墳―御破裂山を結ぶ軸線である。ここにも御破裂山が登場するが、この軸線を設定したのは持統天皇であろう。

このような十字形をした軸線は、前述するように、敏達の十字架がある。梅山古墳―鬼の遺跡―御破裂山の東西軸線と耳成山南北軸である。その交点の古墳が破壊された古墳（鬼の遺跡）であるが、権力者はどうも十字架を作りたいようだ。耳成山の十字架を設定した人物は敏達大王とかんがえているが、藤原宮の十字架を設定した人物は本当に持統であろうか。

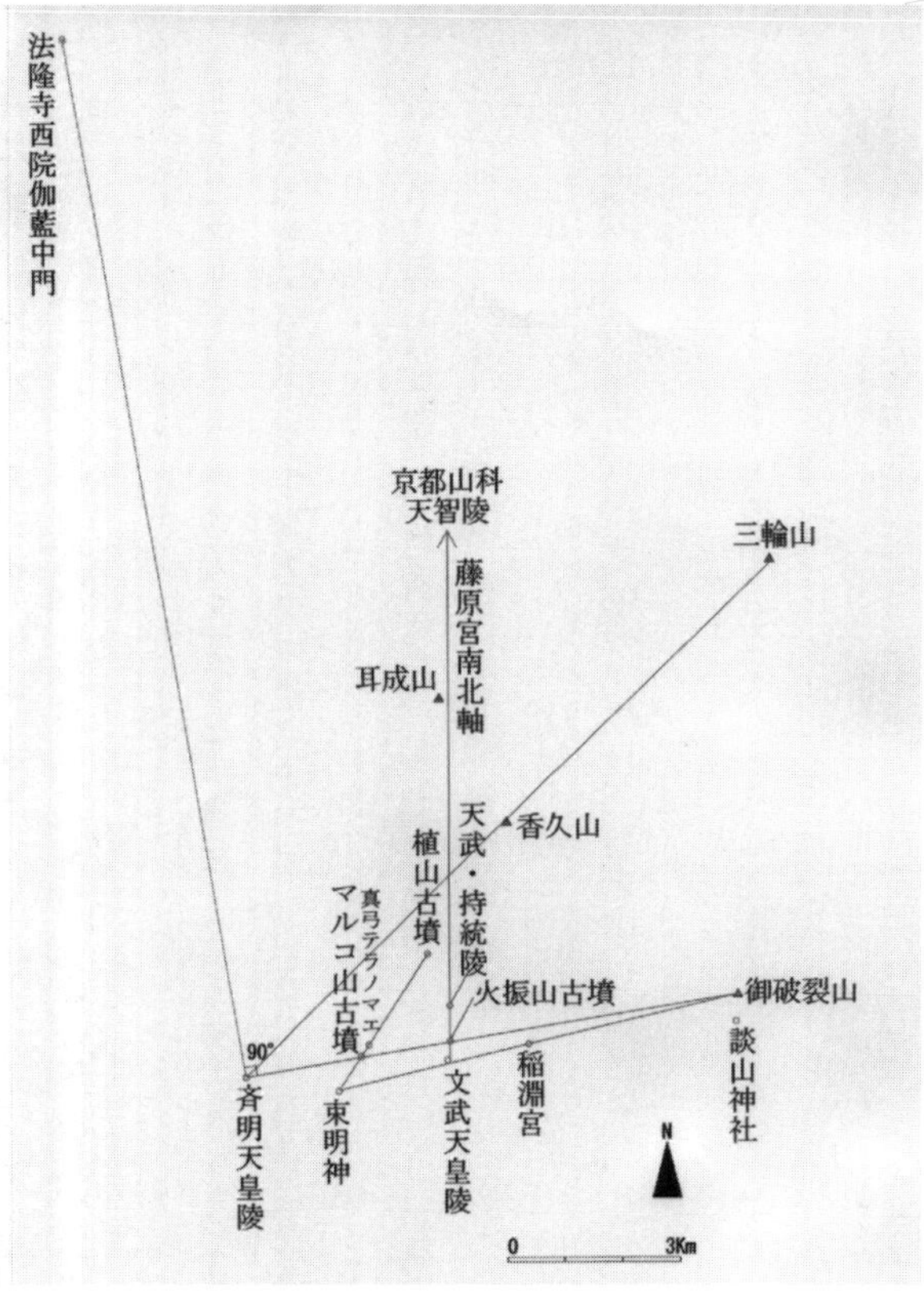

図 29　藤原宮南北軸の十字形

それには『続日本紀』の六九九年に、文武天皇の時代だが、山科山陵と越智山陵（写真35）を造ったと書かれていることが根拠となる。そこに被葬者の名前はないが、一般的に山科山陵が天智陵とされ、越智山陵が斉明陵とされている。

斉明陵に関しては、二つの場所が『日本書紀』（小市岡上陵《おちのおかのうえのみささぎ》）と『続日本紀』（被葬者記入無）に記載されているが、斉明陵は三ヵ所であって、最後に越智山陵に葬られたとかんがえる。だが、宮内庁は越智山陵とし、歴史家の見解は小市岡上陵（牽牛子《けんごし》塚古墳）となっているようだ。

その越智山陵（斉明陵）の位置は東西軸（御破裂山―斉明陵）と三輪山―香久山―越智山陵（斉明陵）の軸線との交点にある。それができるのは、呪術に関心のある持統しかいないだろう。持統は七〇二年に亡くなっているから、山科山陵と越智山陵の造営が最後の仕事となった。

以上の事実から、藤原宮南北軸の完成は天智を山科山陵に葬った時期となり、天武ではなく、持統の仕事であったとわかる。

十字架の交点に火振山古墳があるが、これは調査されていない。火振山古墳に誰が葬られているか。おそらく持統であって、十字架を構成したことが彼女にとっての総決算のようにおもえる。天武・持統陵にも遺骨があるとおもうが、火振山古墳にもあるとかんがえる。

何のためにこのような十字架としたか。耳成山の十字架と同様に、呪術的な意味があったとしか言えないが、自然な神山と結ぶわけで、新益京や子孫の安寧を願って、神秘的な力に頼ったということであろう。

十字架の意味をかんがえるとき、持統は北に父親の天智、西に祖母の斉明、東に御破裂山を配して、三輪山とも結び、中央にみずからを置いた。そこから、持統はみずからの死後を祈ったと想像できる。それは天武の血ではなく、みずからの血の系統を残すことではなかったか。

そうであれば、その軸線にあるマルコ山古墳（写真36）の被葬者は持統の子であって文武の父・早世した草壁皇子の可能性が高い。そのことによって、呪術的に全ての力が結集できそうである。

写真 35　越智山陵

写真 36　マルコ山古墳

マルコ山古墳について、研究（『マルコ山古墳発掘調査概要』網干善教他著、一九七八年）によれば、六角形墳で、そこに石槨があり、内部の天井を家形に刳り抜いたところは、キトラ古墳と同じとなっている。大きな切石を床、壁、天井に分けて組み立てているところも同様で、キトラ古墳や高松塚と技術的に同年代であると示している。

内部には木棺片があって、外側を黒漆、内部は朱漆を塗ったとされる。また遺骨があり、三十代男性と鑑定されている。草壁皇子の死亡は六八九年であって、その時点では文武が生まれていたことから、年齢的にマルコ山は草壁皇子と断定してよいだろう。軸線がそう示している。

前述するように、斉明陵は法隆寺西院伽藍中門の中心と関連している（図29参照）。車木《くるまき》にある斉明陵は急斜面に築造され、この場所でなければならなかったのだと認識させられる。

斉明陵から御破裂山まで、それらが一直線上に並んでいることを計算によって確かめる。緯度経度の情報はGoogle地図から得た。ただし、火振山古墳は地図上に示されないので、明日香村教育委員会の資料を参照し推定し

| 場所 | 緯度（北緯） | 経度（東経） | 方位角 |
|---|---|---|---|
| 御破裂山（頂上） | 34.47049 | 135.86005 | — |
| 火振山古墳 | 34.46309 | 135.807743 | 80.2919 |
| マルコ山古墳 | 34.460925 | 135.790675 | 80.529252 |
| 斉明天皇陵（越智山陵） | 34.457632 | 135.767915 | 80.40970 |

表13　持統の十字架の方位角計算表

た。計算方法は御破裂山頂上と各古墳を結ぶ直線の方位角を測量計算で求めて比較した。結果として〔表13〕のごとく、各古墳とも御破裂山に対して約八〇・四度前後であって、それらが一直線に並んでいることがわかる。

## 文武の十字架

もうひとつの十字架も天智の娘によってなされたのではないか。それも軸線の意味をかんがえたときに浮かんだ着想であった（図29、二四一頁参照）。

現在の文武天皇の古墳は、散乱していたものを再構築したようで、江戸時代末期に現在地に再造成されたという。伝承では、現在地より北東に寄った場所であったようだ。そのようであれば、藤原宮の南北軸に乗ってくる。

その文武陵と結ぶ東西軸は束明神《つかみょうじん》古墳―文武天皇陵―飛鳥稲淵《いなぶち》宮―御破裂山となって、藤原宮南北軸と十字形を構成している。

それらが一直線に並んでいることを測量計算によって確かめる。ただし、文武陵は現在地ではなく、藤原宮南北軸と束明神古墳―御破裂山の東西軸の交点とした。計算方法は御破裂山と各古墳や宮殿跡を結ぶ直線の方位角を求めて比較した（緯度経度の数値はGoogle地図から得た）（表14参照）。

結果として、約七七・三度で、それらの古墳や宮殿が一直線に並んでいることがわかる。持統の十字架を知っている人物がこのようなことを施したのであって、文武が亡くなった後に設定されていることが確実である。

なぜなら、東明神古墳が造られるには、二つの軸線の交点に存在するのであって、マルコ山古墳と文武陵の位置が決まっていなければならない。一般的には、文武が亡くなって、古墳の位置を決定する時に東明神古墳も位置が決まる。したがって、東明神古墳の被葬者は七〇七年文武天皇が亡くなった後に崩御し、文武に関係する人物ということになる。

文武の十字架を構成したのは誰であろうか。それができる人物は一人しかいない。そのことはマルコ山古墳の被葬者と文武天皇に関係があり、天智の娘であって、草壁皇子の妻であり、文武の母となった元明《げんめい》天皇（阿閇皇女《あえのひめみこ》）ということになる。元明には平城京にもう一つの墓があるが、その詳細については後段に譲りたい。

| 場所 | 緯度<br>(北緯) | 経度<br>(東経) | 方位角 |
|---|---|---|---|
| 御破裂山<br>(頂上) | 34.47049 | 135.86005 | — |
| 飛鳥稲淵宮 | 34.463431 | 135.821825 | 77.41959 |
| 文武天皇陵 | 34.460669 | 135.807706 | 77.22125 |
| 東明神古墳 | 34.455690 | 135.786377 | 77.34592 |

表14　文武の十字架の方位角計算表

――《軸線の意味》――

## 東明神古墳と飛鳥稲淵宮

マルコ山古墳の被葬者が草壁皇子であり、東明神古墳が元明天皇であることの完璧な証明はこの軸線なのだが、周辺の状況証拠も集めねばならないだろう。

ここに登場する飛鳥稲淵宮とはどのような宮殿なのか。飛鳥川の上流・稲淵川に沿った平坦な水田地の中に遺跡があるところから稲淵宮殿跡遺跡と呼ばれている。

稲淵宮の発掘調査が奈良文化財研究所の手によって一九七六年に行われた。その結果、南北約一七〇メートル、東西約六〇メートルの規模の建築遺構と判明した。中央に石を敷き詰めた中庭を持つ、コの字形の建物群で構成された宮殿であったようだ。

また、近くに約六〇メートル幅の正方形をした伽藍配置の坂田寺があった。特筆すべきは、稲淵宮と坂田寺が稲淵川の左右に、対角線状に同じ方位で建てられていたという事実である。川から見て、同じ幅の建築が少し離れているが、左右にある風景を想像すると、その周辺はなにか別格の雰囲気があったようにおもう。

坂田寺の創建軒丸瓦には飛鳥寺と同じ文様があり、敏達大王の頃から平安時代頃まで存続したようだ。伝承によれば、坂田寺は日本最初の尼僧となった善信尼《ぜんしんに》という渡来系氏族の娘・嶋《しま》のための尼寺となっている。

文武や束明神古墳の被葬者にとって稲淵宮はどのように関連しているのであろうか。宮殿の建てられている場所が飛鳥川の上流ということで、六五三年に中大兄皇子（天智）が一時期難波宮から移り住んだ「飛鳥川辺行宮《あすかかわべのかりみや》」ではないかとされている。その説は確定していないようだが、文武の父・草壁皇子（マルコ山古墳）や束明神古墳の被葬者に関係していることは確かであり、彼らのルーツは天智であることも、川辺行宮説が信憑性を持つ。

そのようにかんがえもするが、七世紀中期に造営され、末期に焼失した遺構ということから、平城京遷都後は忘れ去られた宮殿である。やはり、草壁皇子の親子が長く生活した宮殿ではなかろうか。母（元明）によって文武天皇の鎮魂がなされていることを、軸線が示している。

## 3　植山古墳の被葬者

植山古墳に関係する軸線は〈図30〉のごとくだが、一般的に、いまだよくわからない古墳となっている。結果として、植山古墳に絡む軸線の謎を解くことが飛鳥の古墳群の被葬者を特定するキーポイントであった。

この軸線図（図30）の中で、本薬師寺は平城京遷都後、薬師寺へ移転したが、その薬師寺の位置は藤ノ木古墳や夢殿（斑鳩宮）や高松塚に関係して決定されている。

その根本は法輪寺伽藍の中心軸が畝傍山へ向けて建立されていたことだが、そもそも、なぜ本薬師寺─植山古墳─高松塚という軸線が存在するのか。その謎を追ってみたい。それには次の六つの軸線について順次検討する。

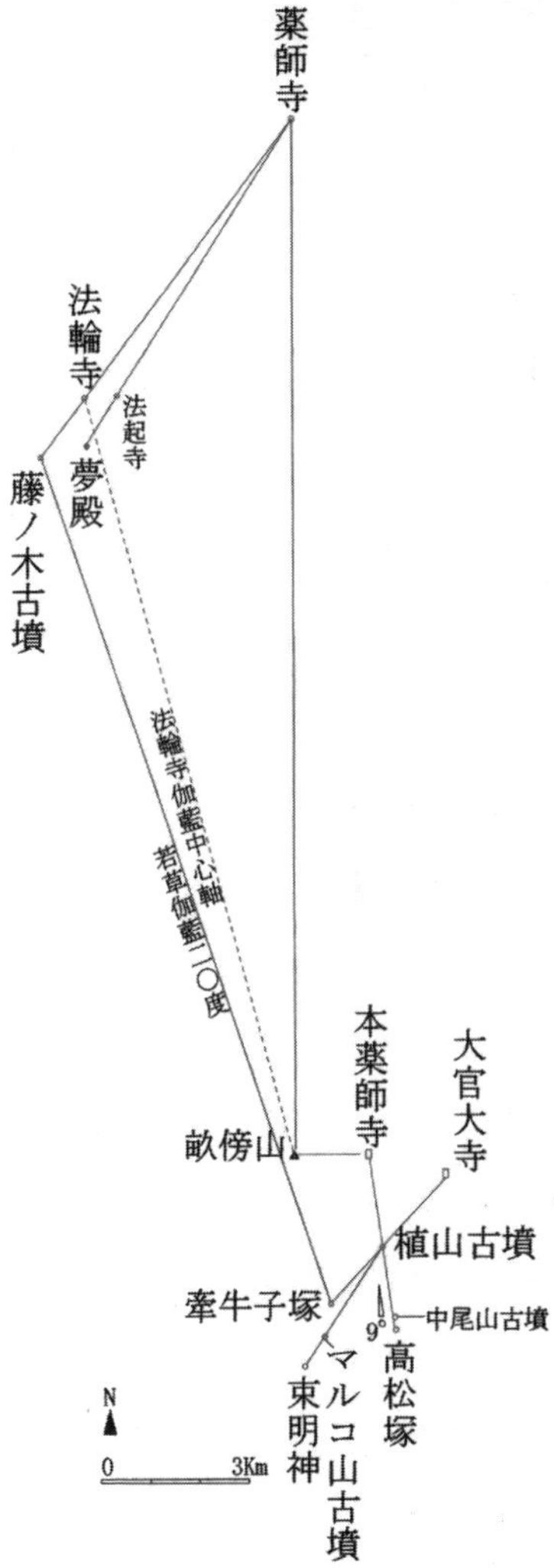


図30　植山古墳に関係する軸線

○植山古墳―マルコ山古墳―束明神古墳
○本薬師寺―植山古墳―高松塚
○大官大寺―植山古墳―牽牛子塚古墳
○藤ノ木古墳―若草伽藍二〇度軸線―牽牛子塚古墳
○薬師寺―法輪寺―藤ノ木古墳
○薬師寺―法起寺―夢殿（斑鳩宮）

――《軸線の事実》――

## 植山古墳―マルコ山古墳―束明神古墳の軸線

「文武の十字架」で述べているが、マルコ山古墳の被葬者が草壁皇子であり、束明神古墳の被葬者が草壁の妻で文武の母・元明天皇であるとかんがえる。そのようであれば、植山古墳には彼らの関係者が眠っているはずである。

ただし、植山古墳は「双室墳《そうしつふん》」と呼ばれる長方形の古墳（図31 二五五頁参照）で、東側の方墳が先に築造され、それに追加されて西側の石室ができたと発掘調査報告書（橿原市教育委員会）にある。一般的に被葬者は推古大王とその子・竹田皇子《たけだのみこ》とされているが、植山古墳については二人の被葬者をかんがえねばならず、結論を後段に送りたい。

ここでは、東明神古墳の被葬者とした元明天皇について再検討せねばならない。なぜなら、『続日本紀』に元明天皇を大和国添上郡椎山《そえかみぐんならやま》の陵に葬ったとあり、墓の場所は聖武天皇陵の北側で奈良市奈良阪町にある奈保山東陵《なほやまひがしのみささぎ》（図35 二九九頁参照）ということになっているからである。

元明は七一〇年に平城京へ遷都した天皇であるが、藤原不比等の陰に隠れているようにみえる。しかし、元明天皇には重要な仕事があった。持統と同じく、みずからの孫を天皇にしなければならなかったのだ。

わが子の文武天皇が早世した後に即位し、七一五年に文武の姉・元正天皇に譲位して、七二一年に亡くなった。正式には平城京に葬ったということであるが、わたしには、もうひとつ別の墓（東明神古墳）があるようにおもうのだ。

その根拠は元明天皇の歌が『万葉集』にあって、その内容があまりにも悲しみに満ちているからである。

七一〇年平城京に遷都されるのだが、元明天皇が藤原宮から平城宮へ移るときに、中間地点の長屋《ながや》の原という場所で詠んだ歌が次にある。

和銅《わどう》三年（七一〇）庚戌《かうしゆつ》の春二月、藤原宮《ふじわらのみや》より寧楽宮《ならのみや》に遷《うつ》る時に、御輿《みこし》を長屋《ながや》の原に停《とど》めて、古郷《ふるさと》（旧都）を廻望《かへり》みて作らす歌

飛ぶ鳥の　明日香《あすか》の里を　置きて去《い》なば　君があたりは　見えずかもあらむ
（飛ぶ鳥の明日香の古京を　捨てて行ったらあなたのあたりは　見えなくなりはしまいか）
（『萬葉集　巻第一』）

君（あなた）は夫と息子、草壁皇子と文武を指すのだろう。共に亡くなった人の古墳のある山並みが見える位置（長屋の原）に立って、長く住んだ地を捨てる寂しさにあふれている。わたしは、彼女にこのような心があるのなら、飛鳥にも墓を造ったようにおもうのだ。今なら分骨ということであろう。

元明天皇にはひとつの使命があった。それは文武の子・首親王《おびと》（聖武天皇）を成人させ天皇に就けることであった。天智の血を受け継ぐことである。その意味では平城京にも墓を造らねばならないが、心は飛鳥にも残っていたのではないか。血の執念と熱い愛情を持つ人が多いと天智一族への印象であるが、天智の子である元明もそのようであった。

つまり、このように植山古墳に軸線が集中するなら、その二人の被葬者もおのずと判明してくるであろう。

束明神古墳は特徴ある石槨《せっかく》墳となっている。研究によれば、版築によって直径三六メートルの八角形墳が造られ、その中に切石積み石槨があった（高取町教育委員会）。高松塚などでは大きな切石によって組み立てられた石槨であるが、束明神では五〇センチ角で高さ三〇センチの小さな切石で積み上げられている。労力をあまりかけずに造られた古墳ということである。内部には漆膜や棺飾金具が残されていたから、何らかの木棺と遺骨があった可能性はある。

おそらく、古墳は生前に造らせたのであろう。八角形墳として天皇の威厳を保ちながらも、節約して造られている。わたしには火振山古墳もまた、このようではないかと想像される。

植山古墳、マルコ山古墳、束明神古墳が一直線に並んでいるか、測量計算によって確かめる。緯度経度の情報はGoogle 地図から得た。計算方法は各古墳が植山古墳と結ぶ直線の方位角を求めて、その角度が一致すればよいとした。結果として、〇・一度ほどの開きがあるが、植山古墳が双室墳であることもあり、それらが一直線に並んでいるとしてよい（表15参照）。

| 場所 | 緯度（北緯） | 経度（東経） | 方位角 |
|---|---|---|---|
| 植山古墳 | 34.47622 | 135.80346 | — |
| 真弓テラノマエ古墳 | 34.46238 | 135.79193 | 34.6013 |
| マルコ山古墳 | 34.460925 | 135.790675 | 34.6929 |
| 束明神古墳 | 34.455690 | 135.786377 | 34.57987 |

表15　植山古墳―マルコ山古墳―束明神古墳軸線の方位角計算表

実は軸線上で、マルコ山古墳の植山古墳側に、真弓テラノマエ古墳がある〈図29、二四一頁参照〉。この古墳は天智の子・大友《おおとも》皇子の古墳ではないか、壬申の乱の敗戦で首を切られたとされている。位置情報は地図には掲載されていないので、明日香村の資料から推定した〈緯度経度はGoogle地図から得た〉。結果として直線的に並んでいる。

## 本薬師寺―植山古墳―高松塚の軸線

### ・植山古墳西側石室の被葬者

本薬師寺―植山古墳―高松塚の軸線は何を表しているのであろうか。やはり、なぜ高松塚と植山古墳が関係しているのか。その点に絞られるであろう。〈前述するように本薬師寺は飛鳥京の寺であり、薬師寺は平城京へ移転した寺である。〉

植山古墳の被葬者をかんがえるとき、後から造られた西側石室を先にかんがえたい。その理由は、〈図31〉のごとく石室の方向にあって、羨道《せんどう》部分〈入口〉が高松塚方向に向いているからである。

『日本書紀』によれば、天武天皇は六八〇年に皇后〈持統〉が病気になったために、誓願を立て、薬師寺〈本薬師寺〉を建立することにしたとある。本薬師寺という仏教寺院と古墳が結ばれるなら、なんらかの鎮魂という意味があり、個人が特定される。しかも、高松塚という特殊な古墳と結ばれているのである。

　前述するように、高松塚の壁画の男女群像は研究者が述べるような、「黄泉の国への従者」ではなく、怨霊の身の回りの世話をする女官や舎人であった。「黄泉の国への従者」なら、他の古墳にもなければならないが、他にはなかった。現代人には、その時代に生きた人の「こころ」を理解するのは難しい。当時盛んに建立された仏教寺院には、役目があったのである。

　高松塚は怨霊を封じ込めた古墳であって、法隆寺夢殿と結ばれて、夢殿には異様な救世観音像がある。当時の人びとには、病気はそのような怨霊や穢れが引き起こすものであったわけで、その怨霊を避けるために仏教寺院を建立したとかんがえる。

　しかし、途中に植山古墳を挟ん

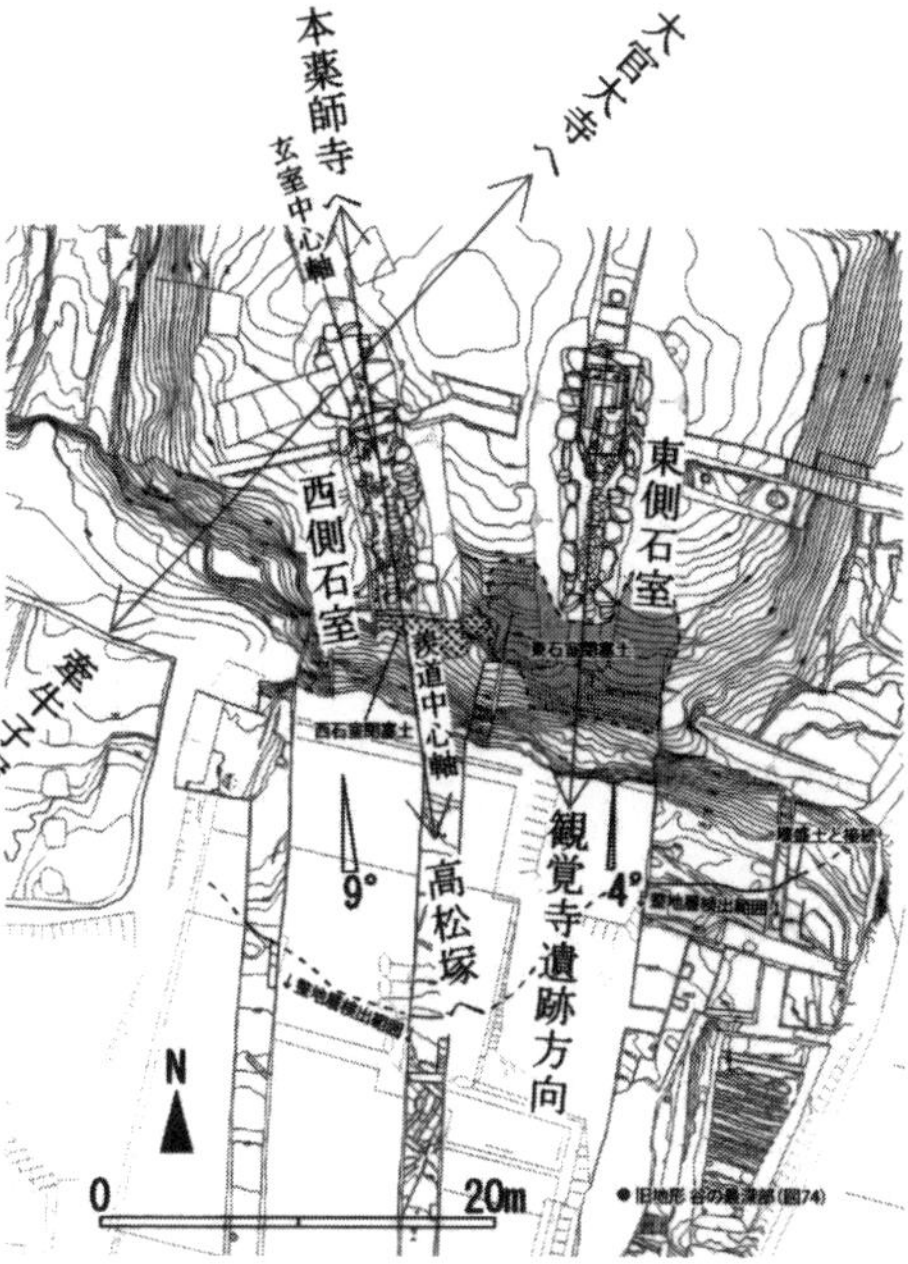

図 31　植山古墳配置図

だ理由は、直接の関係者を前面に立て、みずからを保護するために行ったのではないか。怨霊に対する楯《たて》のようなものである。

わたしは、高松塚は乙巳の変で天智に殺害された古人大兄皇子の墓であり、怨霊の塚であって、持統の病気の原因が高松塚と考えたのだとおもう。そこで、直接の加害者の植山古墳の天智陵(西側石室)を挟んで本薬師寺を建立したとかんがえる。

天智の墓はなぜか歴史には登場しない。六七一年に亡くなってから『日本書紀』にも『続日本紀』にも記載されない。前述するように、最終的に葬られる山科山陵は伝承などで推定されているだけである。それを記載することは、『日本書紀』を編纂する側の当事者にとって都合が悪いのではないかとおもう。

たとえばわたしが述べるように、天智の墓が植山古墳であると記載する。それでは、なぜ植山古墳のような場所なのか疑問を生じる。やはり天智の犯した罪は大きかったので、植山古墳のような位置にしか葬れなかった。天武が許さなかったのではないか。

したがって、植山古墳から山科山陵へ移葬した真実を記載できなかった。つまり、藤原宮南北軸上に葬ってまでも、記載できなかったということである。

結果として、六九九年に山科山陵に移葬されるが、その間をどうしていたか疑問となるので、『続日本紀』六九九年の記事には「造営」と「修造」と二つの文字が出てくる。それも意識的に行っているのであろう。

「造営」なら新しく造ることだが、「修造」なら、元々造られたものを修復する意味となる。つまり、言葉を選んで、元々あったものとして修造したと見せたかった。真実を書けなかったということに尽きる。

そして、越智山陵と山科山陵の造営は天武と持統みずからの治世では実行できなかったことを示している。

## ・植山古墳東側石室の被葬者

わたしは植山古墳の被葬者を天智父子とかんがえている。東側石室が建王《たけるのみこ》であり、西側石室が天智ということになる。その根拠は、建王が六五八年に八歳で亡くなり、「今来谷《いまきのたに》のほとりに、殯宮《もがりのみや》をたてて収められた」（『全現代語訳日本書紀』）と書かれていることによる。「収めた」とは古墳を造って埋葬したという意味であろう。東側石室の方位も観覚寺《かんがくじ》遺跡といって渡来人の集落跡に向いている。それも今来谷に古墳があることの意味であろう。

植山古墳は橿原市五条野町にあり、周辺は檜前《ひのくま》に近く、渡来系の今来伎人《いまきのてひと》と呼ばれる先端技術を持った人びとが住んだ地域としてもよい場所である。また、古墳の石室の前の谷を埋めて、広いスペースをつくりだしていることも被葬者を特定する要素となっている。

それは祖母である斉明大王の意思で、度々の墓参りのために広いスペースが必要であったとかんがえる。そして、その後に西石室を追加した。さらに、周囲に塀を巡らしていた遺構も発掘されて、重要な古墳であったことも、そのように想像する根拠となっている。

天智陵は結果として山科山陵となるわけで、『日本書紀』に植山古墳と記載する必要がなかったが、最初から山科山陵とも書けなかったのである。

植山古墳の特徴は東石室に石棺が残っているだけで、遺骨や副葬品などが何もなかったことであろう。どこかに、そっくり移動したとみられ、わたしの説を裏付ける内容となっている。建王は斉明の遺言どおり越智の斉明陵に納められていると想像している。

そのようであるなら、斉明陵や牽牛子塚《けんごしづか》と菖蒲池古墳との関係はどうなるのであろうか。謎は深まるばかりだが、結論は後述したい。

都市的な視点でみると、植山古墳の位置は飛鳥京の存在を示す重要な証拠となっている。それは、飛鳥京の南北道路線を延長した軸線上に植山古墳があることであり、菖蒲池古墳と共に飛鳥京に碁盤目状の道路が、六五八年には存在したことを証明する古墳ともなっている。

つまり、わたしが述べるように、条坊道路を持つ都市は五八五年に完成していたのではないか。大野丘北塔を建てた時期に道路が整備された。そのようにかんがえている。

本薬師寺、植山古墳、高松塚が一直線で並んでいることを測量計算で確かめる。計算方法は本薬師寺と各古墳を結ぶ直線の方位角を求めた。そこから、軸線角度九度を得て、それらが一直線上にあることを確認した。本薬師寺跡の緯度経度は Google 地図を参照した（表16参照）。

地図上における軸線角度九度は計算によって確かめられた。特に、この軸線角度九度は植山古墳の西側石室の角度と一致する（図31、二五五頁参照）。それは偶然ではなく、意味があることは明白だが、高松塚が持統と植山古墳の被葬者に関係し、本薬師寺を建立せねばならない理由があるということだ。

これらの事実は、高松塚が怨霊を封じ込めた古墳という仮説を証明する軸線が、夢殿（斑鳩宮）―高松塚の軸線の他に、ここにもあるということになる。

## 大官大寺―植山古墳―牽牛子塚古墳の軸線

### ・大官大寺―植山古墳

大官大寺は天武天皇か文武天皇か、どちらが造ったのかはっきりしていないようだ。軸線は大官大寺―植山古墳―牽牛子塚

| 場所 | 緯度（北緯） | 経度（東経） | 方位角 | 軸線角度 |
|---|---|---|---|---|
| 本薬師寺跡 | 34.49282 | 135.80028 | — | （360度マイナス方位角） |
| 植山古墳 | 34.47622 | 135.80346 | 250.98733 | 9.012 |
| 高松塚（中心部） | 34.46222 | 135.80638 | 250.62768 | 9.372 |

表16　本薬師寺―植山古墳―高松塚の軸線角度計算表

古墳となっていて、明らかに大官大寺の位置に寺院を建てた人物は、植山古墳や牽牛子塚古墳の被葬者の鎮魂のために寺院を建立している。

植山古墳が天智であれば、壬申の乱の結果から天智への鎮魂という意味がある。また、牽牛子塚古墳が斉明陵とされているようで、天智の母の墓に軸線がつながっていても不思議はない。

天武天皇は六七三年高市大寺《たけちのおおでら》を建立するとした。また、六八二年に草壁の娘・日高皇女《ひだかのひめみこ》(元正天皇)の病気平癒のため大官大寺で得度させたとされる。日高皇女の病が植山古墳や牽牛子塚の被葬者の影響があると天武が思ったので、大官大寺で病気平癒の祈願をしたのであろう。この『日本書紀』の記事が、高市大寺が場所的に大官大寺とかんがえてよい理由である。

それは、法隆寺若草伽藍を斑鳩寺《いかるがでら》というように、地名を寺名とする慣習があるからである。もう一つの理由は三輪山―吉備池廃寺―大官大寺という軸線がある(図26 二三〇頁参照)。この吉備池廃寺と大官大寺を結ぶ軸線が二つの寺の関連性を示している。

舒明大王が吉備池廃寺(百済大寺)を建立しようとしていたが、中断していたようで、どうも、それらの資材を使って大官大寺を建てた状況を研究者が『大安寺伽藍縁起』などの史料から指摘している(『飛鳥・藤原京の謎を掘る』)。舒明の血を継ぐ天武なら、寺の資材を転用する権利が存在したということであろう。軸線が示すように百済大寺を移転したかもしれない。

大官大寺を天武が造った、とする証拠が軒丸瓦にある(写真37・38)。前述するように、本薬師寺は天武が建立した。その本薬師寺の軒丸瓦と大官大寺のそれが、ほぼ同一の文様としてよい、とわかった。

〔写真37〕を見ると、大官大寺の軒丸瓦の外側に、小珠がリング状に回されている。さらにその外側に、本薬師寺と同じ鋸歯《のこぎりば》模様の痕跡が見える。それらは同じデザインである。軒丸瓦は単なる文様ではなく、紋章であって、個人が特定される。

写真のように、一枚の花弁の中に二つの模様が入っていることで複弁と呼ばれ、複弁八葉蓮華文とされている。ただ少し異なる部分があって、花冠《かかん》（花全体）中央の花柱（雌しべ）や葯《やく》（雄しべ）の数が違っていて、それも何かの意味だが、家族の紋章の中に個人を表す表現となっているようにおもう。

写真 37　大官大寺軒丸瓦

写真 38　本薬師寺軒丸瓦

このデザインは若草伽藍や吉備池廃寺の素弁八葉蓮華文とは明らかに異なるデザインで、平城宮へつながる系統のデザインとなっている。つまり、大官大寺は大官大寺であって、高市大寺は天武が造り、位置は現在地の大官大寺跡ということになる。

　大官大寺の位置は六七三年に建立を始めたのに条坊道路の枠内にある。それは最初から、そのような道路があったから、可能だったのであり、道路がなければ、そもそも大きな建造物は造れないのだ。したがって、藤原京が六七六年から造られたとする説はくずれる。

## ・植山古墳―牽牛子塚古墳

　それでは、植山古墳はなぜ牽牛子塚古墳と結ばれているのであろうか。それは親子の関係だからである。

　牽牛子塚古墳は斉明大王の墓である。文献的には斉明大王の墓は一ヵ所で、『日本書紀』に記載される正式な墓である。越智山陵は『続日本紀』に記載されるが、被葬者は書かれていない。

　文献的には、斉明は六六一年に亡くなり、六六七年に小市岡上陵《おちのおかのうえのみささぎ》に妹の孝徳皇后と共に葬られたとある。また、天智の子・孫の大田皇女《おおたのひめみこ》（大海人皇子妃）を陵の前の墓に葬ったとされている。これは発掘によって証明されたようだ。

　二〇一〇年に牽牛子塚古墳の前で小さな越塚御門《こしづかごもん》古墳を発掘したことによって、『日本書紀』の記述どおり、斉明陵（牽牛子塚）の前の小さな墓（越塚御門古墳）に大田皇女を葬ったことが証明された。

　ただ、これらの古墳には遺骨や副葬品がほとんど残っていなかった。先の植山古墳と同様に、どこかに移葬されたとかんがえられる。

結果的に斉明は越智山陵に葬られたことは前述している。越智山陵のある現住所は高取町大字車《くるま》木《き》であって、伝承では斉明大王を載せた車が来た場所ということで、車木《くるまき》となったとされている。

わたしは、軸線が植山古墳（西側石室）と牽牛子塚古墳の築造時期を示しているとかんがえる。なぜなら、直線で結ばれる植山古墳（西側石室）と牽牛子塚古墳が完成していなければ、大官大寺をその位置に造ることができないからである。

逆に言えば、三輪山―吉備池廃寺―大官大寺と結ぶ直線の存在から、大官大寺の位置が決まっていなければ、植山古墳も牽牛子塚古墳もその位置に造れないことになる。

したがって植山古墳の東側石室に天智の子・建王《たけるのみこ》が葬られ、その後、西側石室に天智が葬られたとすれば、それらの軸線の説明になっている。

『日本書紀』の記述に従うなら、斉明大王は六六一年に亡くなって六六七年まで、どこに葬られていたのであろうか。殯《もがり》の習慣があって、六年は不思議ではないかもしれないが、前述するように、六六二年頃、わたしは菖蒲池古墳に葬られたようにおもう。

天智の子・建王が六五八年に亡くなって、今来谷のほとり（植山古墳東石室）に葬られ、その後に、建王も菖蒲池古墳に移葬されたのではないか。菖蒲池古墳には家形石棺が二基あり、植山古墳の東石室にはピンクの石でつくられた石棺が残っている。

斉明大王が葬られたのは、時期的に別の見方もできる。天武の政権（六七二年以降）となって、菖蒲池古墳から六七三年頃に小市岡上陵（牽牛子塚）に移葬された可能性もある。その場合でも、六七三年に大官大寺と共に造営すれば、軸線として説明がつくのである。直線に並べて鎮魂したのであれば、後者ということであろう。

ここで、大官大寺―植山古墳―牽牛子塚古墳の軸線が一直線であるか確かめておく。計算方法は各古墳が大官大寺と結ばれる直線の方位角が一致すればよいとした。結果として、〇・八度の差があるが、大官大寺の伽藍は大きく、誤差の範囲としてよい。緯度経度情報はGoogle地図とした（表17参照）。

そのようであれば、次の疑問が湧いてくる。天武天皇はなぜ斉明大王の墓を移転させたのであろうか。斉明大王と天武天皇は本当に母子なのであろうか。藤原宮南北軸上にあった墓（菖蒲池古墳）を移転するなど、普通ではかんがえられないことが行われている。その謎を後段で取り上げたい。

| 場所 | 緯度<br>(北緯) | 経度<br>(東経) | 方位角 |
|---|---|---|---|
| 大官大寺跡 | 34.48916 | 135.81713 | ― |
| 植山古墳 | 34.47622 | 135.80346 | 41.17514 |
| 牽牛子塚古墳 | 34.46630 | 135.79230 | 41.96392 |

表17　大官大寺―植山古墳―牽牛子塚古墳の軸線の方位角計算表

## 藤ノ木古墳と牽牛子塚古墳を結ぶ若草伽藍二〇度の軸線

牽牛子塚（小市岡上陵）が天武天皇によって造られた、とする決定的な証拠がこの軸線である。なぜならば、藤ノ木古墳と牽牛子塚を若草伽藍の二〇度の軸線で結び、植山古墳を高松塚と結びつけている。この結びつきは血縁によるものなのか。そうではなかろう。

高松塚と藤ノ木古墳の影響を直接の加害者である植山古墳と牽牛子塚の被葬者に負わせたのではないか。そのうえで、大官大寺や本薬師寺を建てて、間接的に鎮魂した。死者から受ける病や穢れを祓ったとした方が、これらの古墳と軸線の結びつきを説明できる。

したがって、斉明や建王を六七三年頃に菖蒲池古墳から牽牛子塚へ移葬した。同時に、「乙巳の変」直後に、帝位についた孝徳大王の皇后・天智の妹の間人皇女《はしひとのひめみこ》を埋葬し、その後、牽牛子塚の脇の越塚御門古墳に天智の娘・大田皇女を埋葬したことになる。以上のことが天武によってなされたのである。

つまり、最終的に斉明たちは、持統天皇によって牽牛子塚から越智山陵へ、再度移葬されたのである。その理由は、持統が植山古墳と牽牛子塚の位置を嫌ったからに違いない。

『続日本紀』に、山科山陵と越智山陵に誰を葬ったか、記載されない理由は、以上述べたとおりであって、植山古墳から天智を、牽牛子塚から斉明らを移葬したとは、とても記載できなかった。

また、その事実は『日本書紀』の記述に反するわけで、真実は六六七年に牽牛子塚が天智によって築造されたのではなく、六七三年頃に、天武によって造られたことが確定する。さらにそこから、天武は斉明の子ではないとした方が納得できるようにおもう。実の母の墓を移動し、藤ノ木古墳と結ぶようなことをするとおもえない。

以上のように断定する根拠は〔図30〕（二四九頁）に示す軸線にある。大官大寺をその位置に建立するには、植山古墳や牽牛子塚が先にできていなくてはならず、特に牽牛子塚は藤ノ木古墳と若草伽藍由来の二〇度の軸線で結ばれている。

つまり、植山古墳と高松塚と結び、牽牛子塚を藤ノ木古墳と結んで、それぞれに大官大寺や本薬師寺を配している。それができる人物は一人しかいない。天武天皇しかいないのではないか。建造物から考察すれば、そんな難しい問題ではないようにおもう。

他に、様々な解釈が成り立つが、菖蒲池古墳が造られて一〇〇年も経たずに放置された事実や、山科山陵と越智山陵に誰が葬られたか、『続

| 場所 | 緯度<br>(北緯) | 経度<br>(東経) | 方位角 | 軸線角度 |
|---|---|---|---|---|
| 藤ノ木<br>古墳 | 34.61182 | 135.72941 | — | 360度<br>マイナス方位角 |
| 牽牛子塚<br>古墳 | 34.46630 | 135.79230 | 240.339 | 19.661 |

表18　藤ノ木古墳—牽牛子塚の軸線角度計算表

日本紀』に記載されない理由を説明できるのであろうか。

　ここで、藤ノ木古墳と牽牛子塚が若草伽藍の二〇度の軸線で結ばれているか、測量計算で確かめる。数値情報は前述している。結果として、二〇度の軸線で結ばれているとしてよいだろう。

（表18参照）

## ――《軸線の意味》――

## 天智天皇の葬られた場所と時期の謎

　わたしにとっては大きな謎だが、大化改新のヒーロー中大兄皇子、のちの天智天皇について、一般的にはそう大きな疑問は提示されていない。

　しかし、蘇我入鹿を打ち取った英雄の末路は明確ではない。六七一年に崩御したが、『日本書紀』にはどこに葬ったか、記載されない。葬ることも場所も記載されないことには理由があるはずであるが、それに言及する研究者は少ないようにおもう。

　天智天皇崩御の後に近江朝側で、天智の山陵を造る人夫たちに武器を持たせていたことを天武天皇が怪しんだことから壬申の乱（六七二年）が始まったように『日本書紀』は書いているが、それではどこに葬ったか一切記載されない。

　また、『続日本紀』六九九年に山科山陵を造ったとあるが、誰を葬ったのか記載してない。したがって、現在推定されている天智陵（山科山陵）は、伝承や推測に基づいているのである。それは、おそらく正しいのであろう。

わたしが正しいとする理由は、山科山陵が藤原宮の南北軸線上に造られていることで、天武・持統陵や文武天皇陵が葬られている軸線上に存在しているからである。つまり、北から順に天智、天武、持統、文武となって、『日本書紀』に記載される天皇の順序となっていることで、軸線が証明している。

このことは、軸線が真実を語っており、耳成山の南北軸もそのようであるとかんがえる根拠となっている。人びとに「見えない軸線」だからこそ、文字ではなく、位置や形態で真実を表しているのである。

しかしながら、天智崩御から二八年後に山科山陵が造られ、なぜ飛鳥から五九キロメートル離れた山科なのか。天智が近江に宮廷を移動したからであれば、距離が離れていることも理解できるが、近江朝廷が崩壊したはるか後（六九九年）に造られる意味は何かということである。

それまで、遺体はどこにあったのであろうか。前述したように、本薬師寺―植山古墳―高松塚の軸線から、わたしは飛鳥の植山古墳の西側石室に天智の遺体があったとかんがえている。そして、東側石室には天智の子・建王《たけるのみこ》が葬られていたと推定している。

植山古墳は「双室墳《そうしつふん》」と呼ばれる長方形の古墳で、東側の方墳が先に築造され、それに追加されて西側の石室ができたと発掘調査報告書（橿原市教育委員会）にある。

わたしには、天武が天智一族を避けていたようにおもえる。天武が毎年の初夏にかかさずに行った廣瀬と龍田での祀りは古人大兄皇子や藤ノ木古墳の被葬者の鎮魂であったわけで、六四五年の「乙巳の変」は天智による彼らの殺害であった。つまり、彼らこそが天武の親族であった。そのようにかんがえるしか、これらの謎が解けない。

そのようであれば、天武の死の直後、最も優秀であった大津皇子を殺害したのは持統と記載されることも不思議ではない。おそらく、実行したのは藤原不比等であろう。最も利益があったのが不比等だからである。

## 4　薬師寺の軸線

――《軸線の事実》――

### 薬師寺の位置

薬師寺の位置決定には、〔図30〕（二四九頁）のごとく、薬師寺―法輪寺―藤ノ木古墳の軸線と薬師寺―法起寺《ほうきじ》―夢殿（斑鳩宮）の軸線及び畝傍山南北軸によって、決定されているようにみえるが、実は、もっと深い因縁が絡んでいる。

それは、後述することにして、薬師寺がそれらの軸線によって位置決定されているか。確かめる必要があるだろう。

薬師寺は現状の金堂位置（緯度経度はGoogle地図）とし、法輪寺や藤ノ木古墳は前述のデータを使用した。結果は〔表19〕に示したが、〇・三度程の差で、一直線に並んでいるとしてよい。そして、畝傍山の南北軸線と薬師寺―法輪寺―藤ノ木古墳の軸線との交点に薬師寺が造られたと推測できる。

薬師寺建立後、直ぐに法起寺が造られたか、あるいは夢殿が建立された時期（七三九年）であったか。それは確定できないが、薬師寺や法起寺の建立が藤ノ木古墳や夢殿（斑鳩宮）に影響されていることだけは確かであろう。それは、どのような感情からであろうか。

どちらにしても、それらが直線となっているか測量計算によって確かめる。法起寺の位置に関しては、遺跡調査による伽藍復元図を参考にして、中門の位置（緯度経度はGoogle地図）を推定した。結果は〔表20〕に示したが、一直線になっているとしてよいだろう。

| 場所 | 緯度（北緯） | 経度（東経） | 方位角 |
|---|---|---|---|
| 薬師寺（金堂） | 34.66836 | 135.78429 | — |
| 法輪寺（中心部） | 34.62222 | 135.73898 | 39.048 |
| 藤ノ木古墳 | 34.61182 | 135.72947 | 38.691 |

表19　薬師寺―法輪寺―藤ノ木古墳の軸線の方位角計算表

法起寺はかつて岡本寺や池後寺《いけじりでら》とも呼ばれていたようで、法起寺建立以前から仏教寺院があった。その遺跡から出土する軒丸瓦は舒明の瓦に似ている。

創建軒丸瓦は他にもあるかもしれないので、確定的なことは言えないが、法輪寺を建立したのは舒明大王であって、近くの岡本寺や池後寺が舒明の建立であっても不思議なことはない。

法起寺の現存する三重塔は創建当時のものとされている。創建は研究によれば七〇六年説が有力だが、創建時期に関して、わたしは、その三重塔がヒントになるようにおもう。

法起寺の南側正面から見て、中門の右側に三重塔を配置して、法輪寺が中門の左側に三重塔を配するのとは逆になっている。二つの寺を線対称のように扱って、薬師寺が塔を左右に建てていることに倣ったのではないか。夢殿（斑鳩宮）—法起寺—薬師寺の軸線が存在するわけで、そのように造るだろうとおもう。

つまり、薬師寺完成後、あるいは同時期に法起寺が建てられた。また、斑鳩宮は焼失して放置されていた可能性が高く、夢殿

| 場所 | 緯度（北緯） | 経度（東経） | 方位角 |
|---|---|---|---|
| 薬師寺（金堂） | 34.66836 | 135.78429 | — |
| 法起寺（中門推定） | 34.62271 | 135.74617 | 34.599 |
| 夢殿（斑鳩宮） | 34.61435 | 135.73893 | 34.752 |

表 20　薬師寺—法起寺—夢殿（斑鳩宮）の軸線の方位角計算表

建立以前では、三点を結ぶ意義が薄い。

建造物を造るには何か目的が必要である。薬師寺完成は研究によれば七三〇年頃とされているが、やはり、藤原四兄弟の死に絡んだ時期で、七三九年前後に薬師寺や夢殿や法起寺が建立されたとかんがえられる。


――《軸線の意味》――

### 本薬師寺と薬師寺の関係

薬師寺の位置決定には薬師寺―法輪寺―藤ノ木古墳の軸線と薬師寺―法起寺―夢殿（斑鳩宮）の軸線及び畝傍山南北軸によって、決定されているようにみえるが、実は、もっと深い因縁によっている。

それは、法輪寺が畝傍山に向けて造られたことに起因している。それゆえに本薬師寺が畝傍山の真東に建造され、薬師寺が畝傍山の南北軸上に造られている。それらの建設順序は次のようであろう。

法輪寺が建立された時点で、〔図30〕（二四九頁）に記載されている建造物の中で存在していたのは、夢殿が造営される前の斑鳩宮だけであった。法輪寺が建立された後に、藤ノ木古墳や中尾山古墳や高松塚の前身の建造物が造られたのであろう。

その後、牽牛子塚や植山古墳が築造され、大官大寺（六七三年頃）や本薬師寺が造られた後に、マルコ山古墳（六八九年頃）、現在の高松塚（六九〇年頃）が造られた。平城京遷都後に束明神古墳（七二一年頃）、夢殿（七三九年頃）、薬師寺、法起寺の順で造られたのであろう。

このようなことで、薬師寺の位置は高松塚や藤ノ木古墳に絡んでいることが確定したのではないか。

原因は植山古墳の被葬者とする天智天皇であり、彼が絡むなら、「乙巳の変」しかないだろう。その原因が天智や藤原に殺害された蘇我一族の祟りとすると、耳成山南北軸上の古墳や被葬者の数や檜隈寺に関係して矛盾する。

つまり、平城京遷都後まで祟る因縁は、その時代まで生き残っている一族に関わっているのであって、蘇我一族以外の別の原因であるとわかる。「蘇我聖徳」や「稲目馬子蝦夷入鹿」が暗号であることとの明白な証拠ではないか。物理的な軸線から、そのような結論に至る。

薬師寺の建立が高松塚や藤ノ木古墳の被葬者の鎮魂が目的なら、第五章で問題とする藤ノ木古墳の被葬者に関して、薬師寺に奉納されている絵画・吉祥天像（写真52　三七一頁）が関係してくる。

詳細は第五章となるが、わたしが問題とするのは、描かれた吉祥天像の髪形や装身具類が、藤ノ木古墳の南側被葬者に極めて近いことである。何のために薬師寺に吉祥天像があるのか。その絵画の因縁は不明であって、藤ノ木古墳の被葬者に関係するのではないか。その理由が解明できるようにおもうのだ。

## 5　斉明の軸線

### ――《軸線の事実》――

飛鳥板蓋宮―川原寺―吉備姫王墓―牽牛子塚古墳―真弓鑵子塚古墳の軸線

牽牛子塚古墳と斉明天皇陵という同一人物の墓が複数存在する。わたしは菖蒲池古墳もまた、斉明天皇陵とかんがえているわけで、斉明大王には墓が三基あるということになる。

それには理由があったのである。飛鳥板蓋宮―川原寺―吉備姫王墓《きびのひめおうぼ》―牽牛子塚古墳―真弓鑵子《まゆみかんす》塚《づか》古墳（図32参照）という、天智一族に絡む軸線の意味をかんがえれば、その謎もまた解明される。

軸線には血縁と「こころ」と時間が組み込まれている。それをひとつひとつ、ベールをはがしていけばよいだけである。

川原寺は天智が建て、飛鳥板蓋宮は斉明の住んだ宮殿であった。斉明の母（吉備姫王）の鎮魂のために飛鳥板蓋宮―川原寺―吉備姫王墓の軸線を設定した。その後に、天武や持統がその軸線

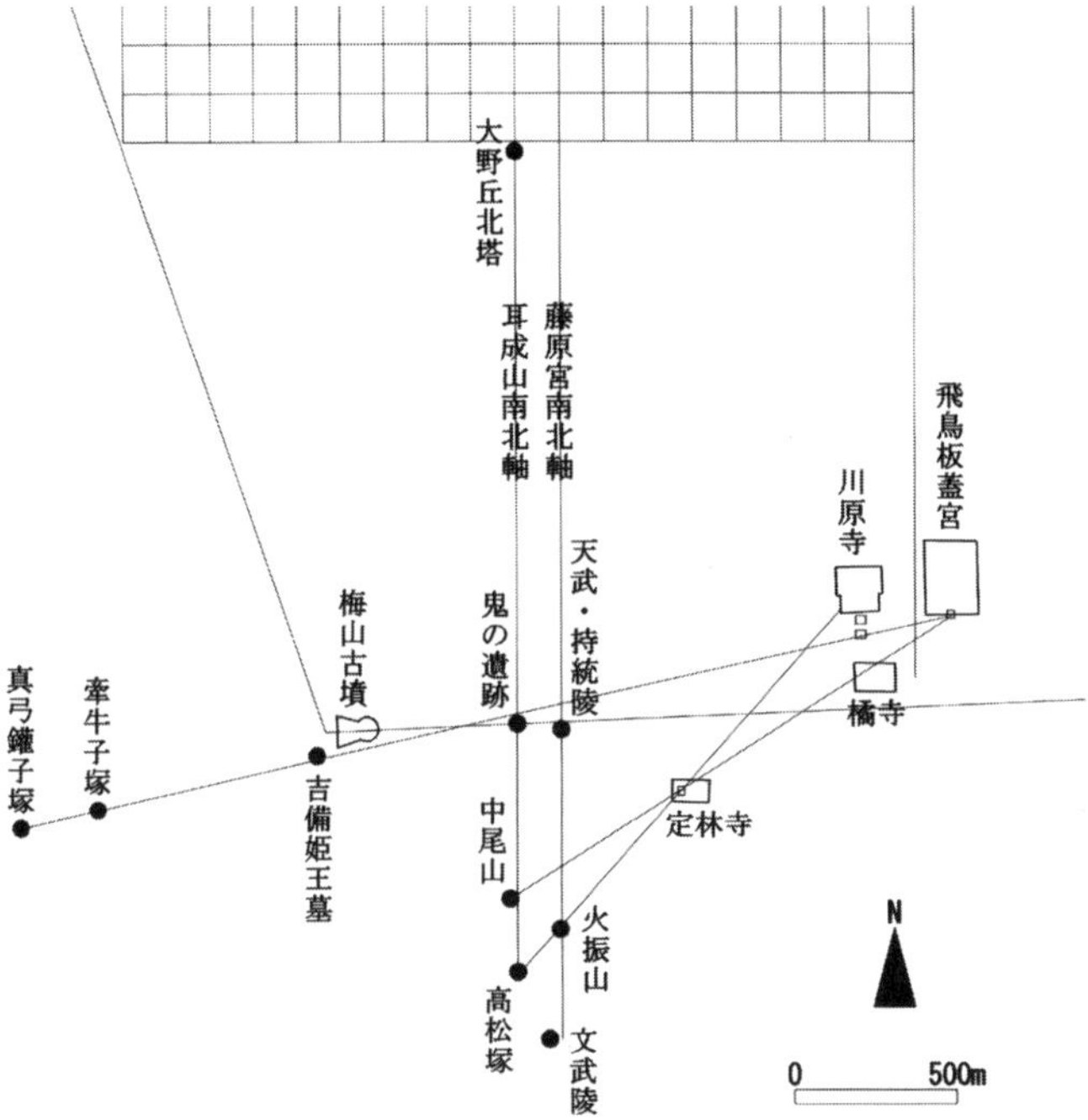


図32　斉明大王の軸線

を延長して牽牛子古墳―真弓鑵子塚を造営したのではないか。軸線が時間経過を示しているのであって、真弓鑵子塚に吉備姫王を移葬したのではないか。

天智は「乙巳の変」で権力を握って、その母の斉明大王を立てて、その陰で力を行使していた。天武の母と天智の母は同じと『日本書紀』は記載するが、前述するように、どうも、そのようにおもえないのだ。

『日本書紀』によれば、天武と天智の父・舒明には三人の妻がいた。皇后の宝皇女《たからのひめみこ》（のちの斉明）と夫人の法提郎媛《ほてのいらつめ》、吉備国の蚊屋采女《かやのうねめ》がいた。天武と天智の母が宝皇女で、古人大兄皇子の母が法提郎媛となっている。実は宝皇女の母は吉備姫王《きびつひめのおおきみ》（吉備嶋皇祖母命《きびのしまのすめみおやのみこと》）といった。吉備嶋皇祖母命は六四三年に亡くなって檀弓岡《まゆみのおか》に葬られたとされる。また、天智の祖母は嶋皇祖母命《しまのすめみおやのみこと》といって六六四年に亡くなったとされる。

つまり、天智の祖母と天智の母とされる宝皇女の母は嶋という名が共通で、同一人物であるはずだが、『日本書紀』によれば、二回死んでいることになっている。

これは単なる『日本書紀』の記載違いではなく、編纂者は真実を書いたようにおもう。宝皇女の母と吉備嶋皇祖母命が別人だったとすれば、問題はない。わたしは天武の母は宝皇女だが、天智の母は宝皇女ではないとかんがえる。

つまり、吉備姫王が天智の祖母であって、一時的に梅山古墳の土山に葬られたのち、持統によって真弓鑵子塚に移葬したのではないか。

その証拠に、飛鳥板蓋宮―川原寺―吉備姫王墓―牽牛子塚古墳―真弓鑵子塚古墳の軸線は天智の系統だけで、天武と宝皇女の入り込む余地はない。軸線の血の系統から、そのようなことがわかる。

そして、天智の母として、宝皇女よりはるかに吉備国の蚊屋采女《かやのうねめ》の方が関連するのではないか。祖母も母も吉備国とする方が自然なのではないか。母の出自より天智には天皇になる目がなかった。そこで「乙巳の変」を起こして、父の舒明と皇太子の古人大兄、あるいは、大王となった古人とその子を殺害したとすれば、その後の出来事が軸線と合致するのである。

ここで、それらの宮殿や寺院や古墳が一直線に並んでいるか、測量計算によって確かめる。計算方法として、各古墳と川原寺を結ぶ直線の方位角が一致すればよいとした。緯度経度の情報は Google 地図から得た。

〔表21〕のごとく、結果として、〇・四度の範囲に全てが含まれて、一直線に並んでいるとしてよい。飛鳥板蓋宮は川原寺より大きく、川原寺を通れば飛鳥板蓋宮に至ることは明確なので計算からはずした。

| 場所 | 緯度(北緯) | 経度(東経) | 方位角 |
|---|---|---|---|
| 川原寺 | 34.47224 | 135.81730 | — |
| 吉備姫王墓 | 34.46794 | 135.79969 | 73.56780 |
| 牽牛子塚古墳 | 34.46630 | 135.79230 | 73.98553 |
| 真弓鑵子塚古墳 | 34.46567 | 135.78973 | 73.93996 |

表21　川原寺―吉備姫王墓―牽牛子塚古墳―真弓鑵子塚古墳の軸線の方位角計算表

## 川原寺―定林寺―火振山古墳―高松塚の軸線

高松塚と火振山古墳を結んで線を引けば、軸線は定林《じょうりん》寺と川原寺を通る。この軸線の意味は何であろうか。火振山古墳が調査されない中で、あまり確実なことは言えないが、高松塚が多くの軸線で結ばれていることだけはわかる。定林寺や川原寺が絡んで、そのように多くの寺院で鎮魂されねばならなかったのであろう。

定林寺については、ほとんど何もわからない。小面積の数度の発掘で、塔跡や廻廊などの建築遺構が出土したが、全容はわかっていない。

写真 39　定林寺軒丸瓦拓本
（明日香村教育委員会）

創建軒丸瓦（写真39）が出土して、飛鳥寺の文様に同じとなっていることから、飛鳥時代初期の建立と考えられている。わたしの説では、定林寺もまた敏達大王が建立したことになる。定林寺の位置がその説を裏付けているようにおもう。

耳成山南北軸から水平距離五三〇メートルで、道路四本目の距離に中心がある定林寺は小高い山を基壇として、その上に建立されている。それには意図があった。現在では、寺跡の北側にある学校のグラウンドが嵩上《かさあ》げ造成されて、視界を遮っているが、飛鳥京の南北直線道

路のかなり奥から、定林寺の塔を見通せたのではないか。そのように計画された寺の位置となっている。

定林寺、橘寺、飛鳥寺の軒丸瓦の文様が一致しているという事実は、この地域が七世紀の初頭には「聖なるゾーン」を構成していたことである。

それは明らかに、軒丸瓦の文様が単なるデザインではなく、紋章であり、個人を特定できることを示し、それらを建立したのは、時期的に敏達大王ということになる。

伝承以上に、聖徳太子よりはるかに具体的で、その業績は素晴らしい。仏教興隆に尽力した大王ということである。

### ――《軸線の意味》――牽牛子塚古墳と吉備姫王墓の関係

前述するように、天武の母は宝皇女だが、天智の母は宝皇女ではないようにおもう。そのことと、天武が斉明大王の墓を移転させていることを合わせると、「斉明は天武の母ではなく、宝皇女の母もまた吉備嶋皇祖母命ではない」という結論に至る。

そうであれば、どのような推論が成り立つのであろうか。既に述べたとおりであるが、ひとつは、天智天皇の母は吉備国の蚊屋采女であり、祖母は吉備嶋皇祖母ではないか。共に吉備でつながり、天智は蚊屋采女が生んだ蚊屋皇子ではないか。中大兄皇子という名称は、古人大兄皇子、蚊屋皇子、大海人皇子という年齢順で、中大兄となったとかんがえられる。

古人大兄皇子が長兄であったことは『日本書紀』に記載されているわけで、天智には天皇になる目がなかったとかんがえれば、なにもかも説明が付くのである。

そうであれば、宝皇女が古人大兄皇子と大海人皇子を生んだ可能性は高く、蚊屋采女が斉明大王だったようにおもう。「乙巳の変」が考徳や斉明や天智と藤原鎌足による大王殺害のクーデターとすれば、説明が付き、皇極の時代などは作り話ということになる。

その証拠が川原寺の軸線と建立する時期となる。川原寺は、わたしが斉明陵とする菖蒲池古墳と飛鳥板蓋宮を結んだ軸線上に建てられている。また時期は、母の斉明が亡くなった六六一年頃に天智が建立したとすれば、何も矛盾はない。

その軸線の意味をかんがえると、飛鳥板蓋宮は天智の母（斉明）が住んだ宮殿であり、祖母もまた何かしらの関係があったかもしれない。

天武は斉明大王の墓（菖蒲池古墳）を藤原宮南北軸からはずして、壬申の乱後の六七三年頃、牽牛子塚古墳に移葬したのである。

その間の事情は次のようではないか、吉備姫王つまり吉備嶋皇祖母命は『日本書紀』に記載されるごとく、六四三年頃に亡くなって、吉備姫王墓に葬られたが、六四五年以降に真弓鑵子塚古墳に移葬されたということであろう。つまり、天智のクーデターによって、母の蚊屋采女の地位が上がったとすれば、説明が付く。

吉備姫王墓―牽牛子塚古墳―真弓鑵子塚古墳の軸線が一直線に並んでいることこそ、そこに理由があるのである。

また、天武がなぜ菖蒲池古墳から牽牛子塚へ移葬させたか。その理由は、耳成山南北軸の東側を嫌ったのではないか。

たとえば、エジプトのナイル河の西側に王家の谷があって、そこに歴代のファラオの墓がある。その理由は彼らの宇宙観にあって、ナイル河の西側は死者の領域で、東側が生者の領域というものであった。倭国へはギリシャのエンタシス（パルテノン神殿の柱形式）やパルメットの唐草文様が輸入され、飛鳥時代に利用している国である。何があっても、おかしくない。

後述するが、天武の墓は耳成山南北軸の西側の岩屋山古墳に設定していたとおもわれ、エジプト的な宇宙観を持っていても不思議ではない。したがって、菖蒲池古墳を移葬させる根拠はある。

## 天智や天武の母は誰か

斉明大王は『日本書紀』の記載するように天武の母ではなかったのではないか。そのような疑問が浮かび上がる。それは、天武によって、斉明の墓・菖蒲池古墳を牽牛子塚古墳（小市岡上陵）へ移葬している事実があり、実の母の墓を藤ノ木古墳と結ぶ必要はないようにおもうのだ。

天武や天智の父は舒明大王であった。それは間違いのないところであろう。天武は『日本書紀』に大海人皇子《おおあまのみこ》と記載されて、一貫して、その名で通っているが、天智は最初の一度だけ葛城皇子《かつらぎのみこ》とされ、その後は中大兄《なかのおおえ》と記載される。

つまり、『日本書紀』から古人大兄皇子が最も年長であり、天智は二番目以降だったことがわかる。天智と天武が『日本書紀』にあるように兄弟だったなら、斉明大王陵は藤原宮南北軸の菖蒲池古墳に残っているだろうとおもうが、事実は異なる。

また、天智の墓もよくわからない。天智陵は『続日本紀』の六九九年に山科山陵と越智山陵を造営する記事があり、研究によって、山科山陵とされている。しかし、天智天皇は六七一年に亡くなってから、どこに葬られたのか一度も正式に記載されない。その理由も重大な謎である。

やはり、わたしの推測どおり「乙巳の変」は大王殺害のクーデターであった。天智は大王になる目がなかったのであり、藤原鎌足は権力を握る第一歩であった。そうであれば、宝皇女は天智の母ではなく、吉備国の蚊屋采女が母であり、蚊屋皇子が中大兄ということになる。斉明大王の母は吉備嶋皇祖母命とされていて、はるかに関連性がある。それを示す軸線の事実もある。

そうであれば、藤原宮の南北軸に斉明大王の墓がなくても何も問題がない。斉明大王は六六五年に小市岡上陵に葬られたとされるが、おそらく六七三年頃に、天武天皇がそこに移動させたのであろう。そして、最終的に持統によって、岩屋山《いわややま》六九九年越智山陵に移葬された。

これらの詳細は『日本書紀』には記載できなかった。時間をずらして、ひとつの場所のみを記載したとおもわれる。

## 6　岩屋山古墳の被葬者

岩屋山《いわややま》古墳は御破裂山や三輪山という敏達（祖父）や舒明（父）が結んだ神山と結ばれ、梅山古墳ともつながっている。

また、岩屋山古墳から延びる軸線は佐田二号墳―佐田一号墳、出口山《でぐちやま》古墳―森カシタニ塚、向山一号墳―松山呑谷《のみだに》古墳の三本ある（図33 次頁参照）。それらの古墳は直線的に配置されて、岩屋山古墳の被葬者と関連性を持っている。それら事実は、岩屋山古墳の位置こそが重要な点と教えている。したがって、岩屋山古墳の被葬者を探究することから始める方がよいだろう。

## ——《軸線の事実》——

### 岩屋山古墳の位置

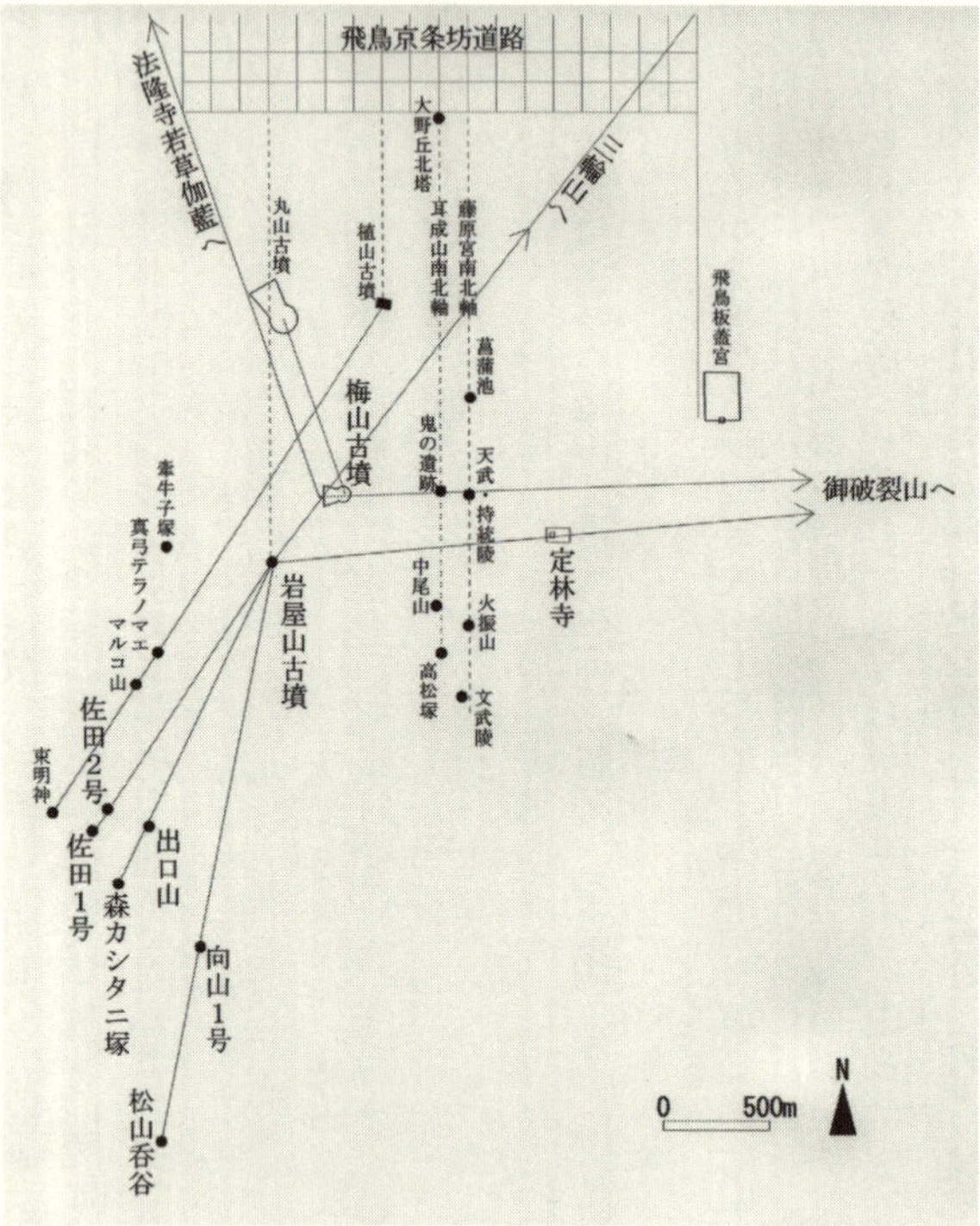


図 33　岩屋山古墳の軸線

岩屋山古墳は紀路の入口という要衝にあるが、現在では近鉄吉野線飛鳥駅の北西の住宅地の中にあって、原形を留めないほど、周辺は改変されてしまっている。残るのは他に比類のない、隙間なく石積みされた石室と、それを覆う土山だけである。

また、岩屋山古墳の被葬者について、研究者は多くを語らないが、岩屋山古墳の位置や墳丘形状、石室の形状をかんがえると、この古墳が尋常ではないと知る。

耳成山南北軸から西側へ六本目の南北道路軸線の先にあって、丸山古墳の南側に位置する古墳の被葬者は、丸山古墳の被葬者を引き継いでいるように見える。

明らかに丸山古墳が先に築造されていたわけで、その巨大な古墳の位置を無視できないだろうとおもう。むしろ、あえて丸山古墳の南側を選択したと言えるだろう。

前述するように、前方後円墳の丸山古墳と梅山古墳の円形部の中心を結ぶ直線の軸線角度は二〇度であって、若草伽藍―梅山古墳の軸線角度に同じである（図6　七〇頁参照）。丸山古墳と梅山古墳は関係性があり、岩屋山古墳の位置がそれらの古墳を引き継いでいる。

それを証明するように、梅山古墳の鳥居部分と三輪山頂上を結ぶ軸線及び御破裂山―定林寺―岩屋山古墳の軸線と南北道路延長線の交点に岩屋山古墳が築かれている。御破裂山や三輪山という神山と結ぶ行為は天皇のものであって、岩屋山古墳の被葬者が天皇を引き継いだ人物であることを示している。

そこで、三輪山の頂上と結ばれる梅山古墳と岩屋山古墳の軸線の方位角を測量計算して確かめる。三輪山頂上と二つの古墳を結ぶ直線の方位角を求め、それらが一致すればよいとした。結果として、梅山古墳と岩屋山古墳が関係していることがわかる。ただし、岩屋山古墳の緯度経度はGoogle地図から得た（表22参照）。

つまり、岩屋山古墳の被葬者は丸山古墳と梅山古墳の被葬者と血縁関係になければ、軸線で結ぶようなことはできないだろう。そのようであれば、欽明—敏達—舒明—天武と続く血統のなかで、天武の墓ではないかと推測できる。

確かに、天武には天武・持統陵があるが、牽牛子塚と越智・斉明陵や植山古墳と山科山陵の関係のように、二つの古墳がある場合もある。そのようにおもう理由が岩屋山古墳の石室（写真40）にある。

石室内部を見るならば、巨石を組み合わせた古墳は数多い。ただ、岩屋山古墳のように、精緻に石を隙間なく積んだ石室は皆無である。

| 場所 | 緯度（北緯） | 経度（東経） | 方位角 |
|---|---|---|---|
| 三輪山（頂上） | 34.5350 | 135.86694 | — |
| 梅山古墳（鳥居） | 34.4686 | 135.7998 | 39.9139 |
| 岩屋山古墳 | 34.46574 | 135.79761 | 39.6299 |

表22　三輪山—梅山古墳（鳥居）—岩屋山古墳の軸線の方位角計算表

写真40　岩屋山古墳石室（玄室）内部

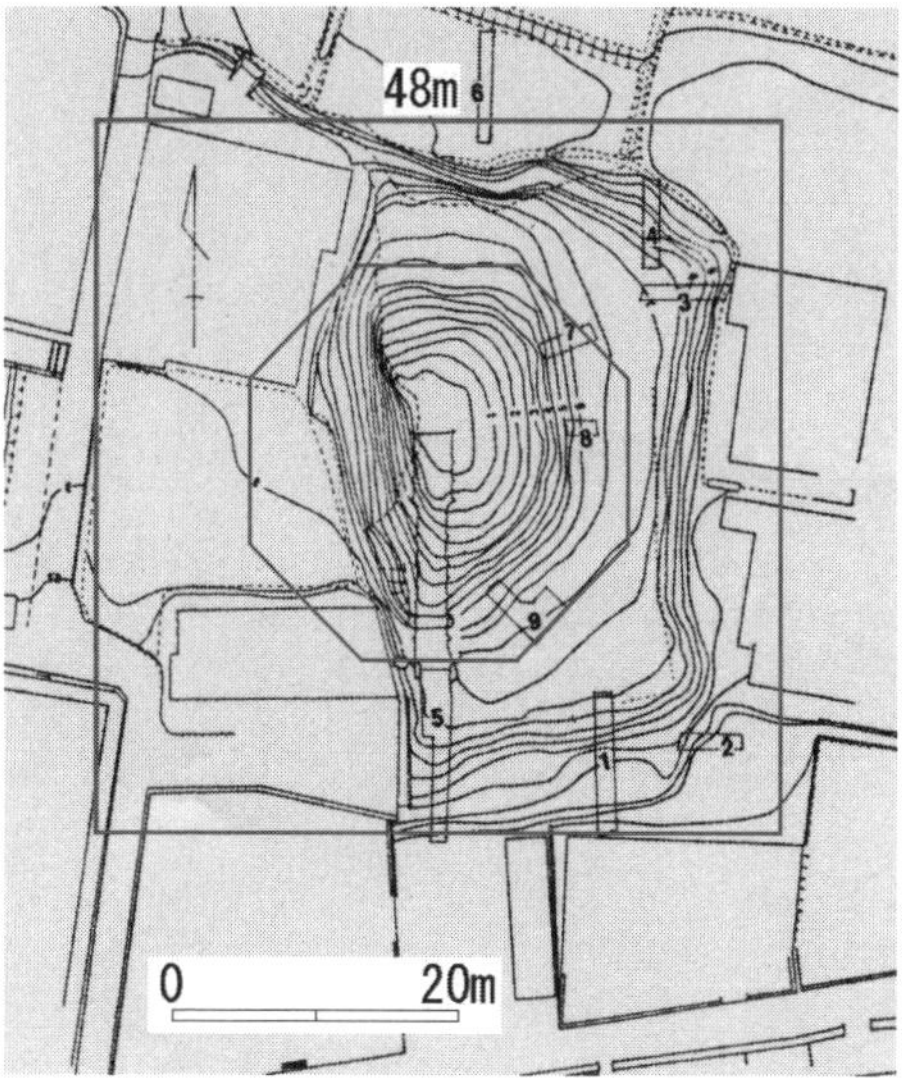


図34　岩屋山古墳復元予想図（著者推定）

その玄室は長さ四・九メートル、幅二・七メートル、高さ三メートルであり、羨道は長さ一二メートル、幅一・九メートルとなっている。その規模で石を隙間なく積み、現在まで存続している技術はかなり高度で、高松塚やキトラ古墳などの石槨を造る技術がなければ出来ないようにおもう。その時代は、天武が亡くなる時期（六八六年）と想像するのだが。

また、古墳の形状が四八メートル（著者推定）の方墳と上部を八角墳とした二段構成であり、天皇の墓とする根拠となっている。さらに、古墳内部には当時のものが何もなく、石棺や副葬品の一部も残っていなかった。どこかに持ち去ったか、最初から何も置かれなかったか、どちらかであろう。〔図34〕のごとく、下段の方墳は等高線の形状から四八メートル角と推測できる。それは天智陵とされる山科山陵と同じであり、玄室も正方位に造られ、他の古墳と異なる点も天武天皇陵と推定する根拠である。その事実は、岩屋山古墳を見習って、それと同規模の山科山陵を造営したということである。

## ――《軸線の意味》――

## 岩屋山古墳は天武陵である

七世紀後半の八角形古墳の被葬者をかんがえると、斉明、天智、天武、持統ということになり、誰も該当者はいなくなるが、軸線から、岩屋山古墳を天武陵とするしかないだろうとおもう。それでは、なぜ天武・持統陵があるのか。なぜ、天武の墓は変更されたかということが問題となる。

前述するように、冷静にかんがえてみると、藤原宮に遷宮（六九四年）するのは持統であって、新益京が造られた時期も持統天皇であった。「持統の十字架」を設定するのも持統であり、天武はそれに関与していない。なぜなら、この時期には亡くなって、関与できない。

つまり、天武の意思は藤原宮の造営や天武・持統陵や藤原宮南北軸の設定ではなかった可能性がある。それらは持統の独断であったのではないか。

時間的に、そのようにおもうのが自然であるが、『日本書紀』にはそのように書かれていない。天武の殯宮《もがりのみや》は正宮（飛鳥浄御原宮《あすかきよみはらのみや》）の南庭につくられ、約一年後に大内陵《おおちのみささぎ》（天武・持統陵）の工事に着手したと『日本書紀』は記載する。天武の合意のもとに合葬墓を造ったという意味を表明している。仲睦まじく装ったということである。

なぜなら、岩屋山古墳は天武が生前から築造に着手していたのではないか。占星術で戦いを占ったような人物が、みずからの墓の位置を他人任せにしないとおもうのだ。

天武の死後、持統がすぐに行ったことは、みずからの子・草壁皇子のライバルであった、持統の姉の大田皇女が生んだ大津皇子の殺害であった。謀反を企てた罪だが、誰もそのように思わないだろう。

つまり、クーデターによって実権を握ったのは持統である。その証明が岩屋山古墳であって、岩屋山古墳は一度も使われなく、放置されたという推測が成り立つ。軸線の事実がそのように語っている。

飛鳥京の南北道路の延長線上で、三輪山―梅山古墳（鳥居）―岩屋山古墳の軸線及び御破裂山―定林寺―岩屋山古墳の軸線の交点に岩屋山古墳が存在する。（図26　二三〇頁参照）岩屋山古墳の位置に墓を造れる人物は天武天皇しかいないのである。

軸線の全体図を見ても、耳成山の南北軸を尊重しつつ、重要ポイントを押さえている。藤原宮南北軸がない状態を想像して、岩屋山古墳の位置をかんがえると、丸山古墳、梅山古墳、岩屋山古墳とトライアングルを形成して、いかにも、継承者を表す配置の中に存在する。

それをぶち壊しているのが藤原宮南北軸となっているのであって、飛鳥京を拡大させたのは天武だったのかもしれないが、藤原宮を造営して藤原宮南北軸を設定したのは、菖蒲池古墳から続く天智一族の願いであり、持統の仕事であった。

おそらく、大内陵（天武・持統陵）の工事中に「鬼の遺跡（敏達の墓）」を破壊し、その一部を天武・持統陵として利用した。また、その期間中に草壁が亡くなり、中尾山古墳や高松塚を現在のように改造したのではないか。御破裂山などの名前も、その時期に生まれたのかもしれない。

## 7　岩屋山古墳と結ばれる古墳群

岩屋山古墳から発せられる三本の軸線は佐田二号墳―佐田一号墳、出口山古墳―森カシタニ塚、向山一号墳―松山呑谷古墳となっている。それらが、岩屋山古墳と直線で結ばれていることが測量計算によって確かめられる。

――《軸線の事実》――

## 岩屋山古墳―向山一号墳―松山呑谷古墳の軸線

この向山一号古墳―松山呑谷古墳の軸線のなかで、向山一号墳は観覚寺古墳群の中にあり、建築技術者の墓のようだ。なぜなら、鉄鏃《やじり》やヤリカンナという木の表面を削り取る道具と鏡や管玉《くだだま》などの副葬品が出土して、そのように想像できる。また、観覚寺古墳群は渡来人の集落に近いこともあり、彼らの墳墓であり、年代的にも岩屋山古墳との関係は薄い。

ただ、松山呑谷古墳に関しては、向山一号墳を介して岩屋山古墳との関係を設定しているようにおもわれる。ここでも、古墳群となっていて、そのうちの一基から副葬品に唐代の銅鏡が出土している。

その渡来人系の被葬者は、壬申の乱で天武側について活躍している倭漢氏とかんがえられ、そのような軸線を設定した可能性もある。

あるいは、松山呑谷古墳の被葬者について、佐伯氏の出身の

| 場所 | 緯度(北緯) | 経度(東経) | 方位角 |
|---|---|---|---|
| 岩屋山古墳 | 34.46574 | 135.79761 | — |
| 向山一号墳 | 34.45043 | 135.79397 | 11.1399 |
| 松山呑谷古墳 | 34.4425 | 135.7918 | 11.6983 |

表23　岩屋山古墳―向山一号墳―松山呑谷古墳の軸線の方位角計算表

川嶋皇子（『日本書紀』によると六九四年死亡）の可能性もある。天武の皇子として、正式に記載されない人物だが、軸線を設定する理由にはなる。（川嶋皇子は吉野の会盟に出席しているので、天武の子とかんがえた。）

それらが直線的に並んでいるのか。方位角を計算にて求める。〔表23〕（前頁）に示したが、差が〇・五度の範囲におさまり、ほぼ直線的に並んでいることがわかる。向山一号墳や松山呑谷古墳の位置情報に関して、地図に記載されないので、明日香村の資料から推測した。

その他の四基の古墳について、その被葬者たちが、天武天皇の皇子の可能性が高いようにおもわれる。なぜなら、平城京遷都以前の、飛鳥周辺に葬られたとかんがえられる皇子を数えてみると、四名になるからである。

天武には、『日本書紀』六七三年によると、草壁、大津、長《なが》、弓削《ゆげ》、舎人《とねり》、新田部《にいたべ》、穂積《ほづみ》、高市《たけち》、忍壁《おさかべ》、磯城《しき》という一〇人の皇子がいた（前述した川嶋皇子はここには記載されていない）。

彼らのうち、『続日本紀』で生存確認できる穂積皇子（七〇八年生存）と長皇子、舎人皇子、新田部皇子、志貴《しき》皇子（七一四年生存）を除外すると、草壁皇子（六八九年死亡）、大津皇子（六八六年）、弓削皇子（六九九年）、高市皇子（六九六年）、忍壁皇子（七〇五年）の五名は亡くなっており、草壁がマルコ山古墳に葬られているとすれば、残りは四名となる。つまり、軸線で結ばれた古墳の四基と一致する。

古墳の数は未発見のものもあるかもしれない。したがって、数は頼りにならないが、古墳は岩屋山古墳の軸線上にあるだろうという予測は立つ。

## 岩屋山古墳―出口山古墳―森カシタニ塚の軸線

出口山古墳は直径一〇メートル程度の円墳だが、調査されていないので何もわからない。歴史研究会の『両槻会《ふたつきかい》』の資料によれば、蔵骨器を納める石槨があるとされ、終末期古墳の火葬墓と考えられるようだ。

火葬墓であるなら、六九九年に亡くなった弓削皇子や忍壁皇子がこの軸線に葬られた可能性がある。岩屋山古墳に近い方が古いという傾向から、出口山古墳が弓削皇子、森カシタニ塚が忍壁皇子ということになる。森カシタニ塚は版築で築かれ、直径一四メートルの終末期古墳と推定されているが、墳丘は失われている。

これらの古墳の位置に関しても、地図に表記されないので、明日香村の資料から推測した。結果として、ほぼ一直線に並ん

| 場所 | 緯度<br>(北緯) | 経度<br>(東経) | 方位角 |
|---|---|---|---|
| 岩屋山古墳 | 34.46574 | 135.79761 | ― |
| 出口山古墳 | 34.45501 | 135.79121 | 26.2895 |
| 森カシタニ塚 | 34.45288 | 135.78975 | 26.8489 |

表 24　岩屋山古墳―出口山古墳―森カシタニ塚の軸線の方位角計算表

でいるとしてよい（表24参照）。

## 岩屋山古墳—佐田二号墳—佐田一号墳の軸線

残りは佐田二号墳、佐田一号墳ということになるが、共に墳丘は削られて平坦になっている。基底部しか残存していないので、そこからの推定しかできないようだ。

前述した『両槻会』の資料によれば、佐田二号墳は一辺七メートルの隅丸方形墳ということだが、八角墳という見解もあるようで、大津皇子（六八六年没）が葬られている可能性がある。そのようであれば、佐田一号墳は高市皇子（六九六年没）ということになる。だが、古墳は直径一二メートルの円墳と推定されるだけで、確かなことは何もわからないようである。

これらの古墳の位置に関しても、地図に表記されないので、明日香村の資料から推測した。結果として、ほぼ一直線に並んでいるとしてよい（表25参照）。

| 場所 | 緯度（北緯） | 経度（東経） | 方位角 |
|---|---|---|---|
| 岩屋山古墳 | 34.46574 | 135.79761 | — |
| 佐田二号墳 | 34.45594 | 135.78878 | 36.7317 |
| 佐田一号墳 | 34.45503 | 135.78781 | 37.1563 |

表25　岩屋山古墳—佐田二号墳—佐田一号墳の軸線の方位角計算表

## ――《軸線の意味》――

### 大津皇子の古墳から連想すること

政権争いの末、叔母（持統）によって殺害された天武の子・大津皇子の古墳が八角墳と推定される佐田二号墳である可能性から、次のようなことが想像される。

『日本書紀』には大津皇子が政務（朝政）を執ったという記事があって、政務を執ったなら天皇になったということであろう。少なくとも皇太子になって政務を行ったということを表している。この事実はあまり認識されないが、当然のことであろう。

持統の子・草壁皇子が皇太子と『日本書紀』に記載されるが、それは大津皇子を殺害した後のことなら、事実なのであって、『日本書紀』の編者は、結果としての事実を記載して、天智一族の非道をも示す必要があったのである。

したがって、大津が謀反を企んで殺害された理由や草壁が最初から皇太子だったなどは後付けされたもので、論理的には、クーデターを起こしたのは持統ということになる。

六八六年に天武が亡くなったが、直後に大津皇子が殺害された。天武には多くの妃と彼女たちが生んだ皇子がいた。どこの国でも、そのようなことで争いが起きているわけで、倭国でもそのようであった。

『日本書紀』の六七八年に、天武が草壁、大津、高市、河嶋、忍壁、芝基《しき》の皇子たちや皇后を吉野宮に集めて、「自分は今日お前たちと盟約し、千年の後まで、継承の争いを起こすことがないようにしたい」（『全現代語訳　日本書紀』）と述べ、皇子たちや皇后も賛同したとある。

結局、持統も誓ったと記載しているが、この誓いは、前述するように持統によって破られた。七二〇年完成とされる『日本書紀』を、持統は時期的に読むことはなかったが、持統の子孫もこの記事を書き直せと命令できないほど、不比等に権力があったということを示している。次項の「藤原の軸線」を見れば明らかだろう。

つまり、持統は天武から天皇位を引き継いだわけではなく、天武は大津皇子を後継指名していたからこそ、大津が政務を執っていたのであり、大津が天皇位についていたからこそ、殺害されたのである。「乙巳の変」に続いて、天智と持統という親子の執念が起こした事件であった。

岩屋山古墳の軸線に至って確実になったことは、天武はみずからの古墳を用意していたわけで、天武の後、持統が後継者でなかったという事実である。

その証拠のような歌が『万葉集』にある。大津皇子の姉・大来皇女《おおくのひめみこ》の歌である。「うつそみの人にあるわれや明日《あす》よりは二上山《ふたかみやま》を弟世《おとせ》とわが見む」（生きている人である私は、明日からは二上山をわが弟の世と見ようか『萬葉集全訳注』中西進著）とあって、明らかに大津が殺害された後に詠んだ歌である。

『万葉集』研究者の中西進（『萬葉集全訳注』）によれば、原文の「弟世」は他に用いられておらず、例がないようで、この「弟世」の意味が重大であるとわかる。

大津皇子の世（政権）を象徴的な山である二上山になぞらえて暮らそうと歌う意味は、奈良盆地の東側にある三輪山と並び称される二上山のような天皇ということで、大津が譲位されていたが、殺害されたと示しているようにおもう。

持統が後継者とならざるを得なかったのは、草壁皇子が六八九年に亡くなってしまったことが原因であった。その間に、高松塚や法隆寺西院伽藍が造営された。建造物が造られるには、それなりの意図があるのであって、祟りに対する何らかの鎮魂という「こころ」によって建造されているとわかる。

そのような天智と持統の行状が『日本書紀』に書かれるが、ほとんど顔を出さないのが藤原不比等であって、不比等の冷静さが『日本書紀』の暗号に含まれている。おそらく誰もが認識していたが、口には出せなかった。それが「稲目馬子蝦夷入鹿」ということであろう。

結果として、『日本書紀』の編者は天智一族の非道を、しっかりと記載している。「乙巳の変」後に、天智による古人大兄皇子の殺害や天武崩御直後の持統の大津皇子の殺害などだが、これらは、正確に記載する必要がなかったようにおもうが、事実はそうではなく、意図があったとおもわざるを得ない。

要するに、『日本書紀』の編者の目的は別にあった。天智一族を牽制する必要があり、臣下に対しても警告を発していたのである。

結果として、草壁皇子を除いて、飛鳥に造られた天武天皇の皇子たちの古墳は何も残っていない。充分な保存策がとられなかったのであろう。その事実も哀れでならない。

## 8　藤原の軸線

### 石のカラト古墳の位置が示す被葬者
### ——《軸線の事実》——

写真41　石のカラト古墳

藤原の軸線図（図35）を見ると、聖武天皇陵を含むこれらの古墳が藤原一族に関連することは明らかであり、石のカラト古墳（写真41）、赤坂天王山古墳《あかさかてんのうざん》と花山西塚古墳《はなやまにしづか》の被葬者の判明がキーポイントだとわかる。特に、石のカラト古墳は石のカラト古墳―平城宮（朝堂院）―三輪山や石のカラト古墳―聖武天皇陵―東大寺―御蓋山《みかさやま》―高円山《たかまどやま》と結んでいて、藤原不比等の墓としてよいようにおもう。

なぜなら、七二〇年の不比等の死後、その軸線上に東大寺大仏殿と孫の聖武天皇陵が営まれている。また、御蓋山の前に藤原の氏神を祀る春日大社《かすがたいしゃ》が存在する。それをみると、この軸線の所

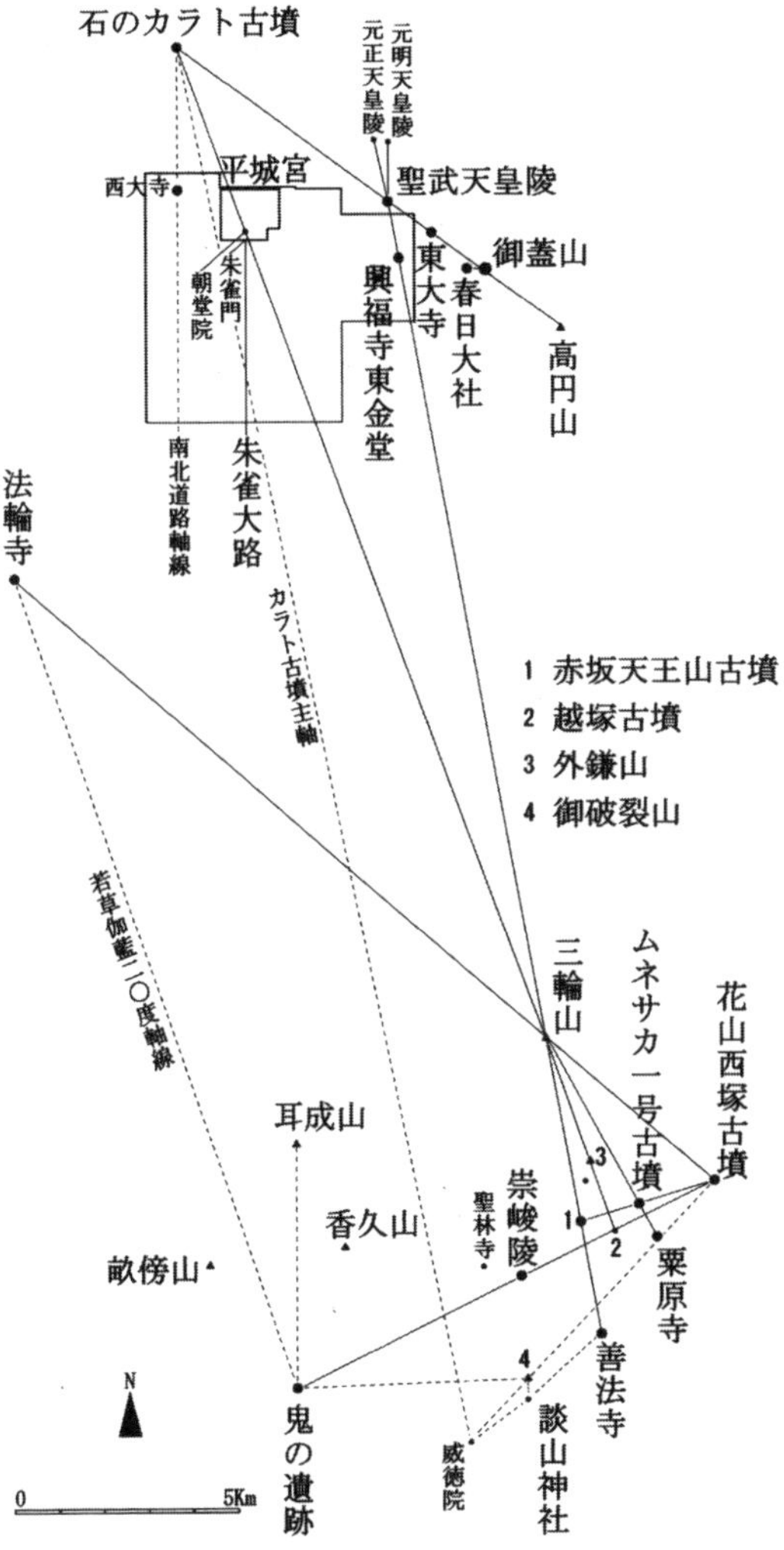


図35　藤原の軸線

有者にふさわしい人物は不比等しかいないとおもえる。

また、聖武天皇陵は興福寺—三輪山—赤坂天王山古墳の軸線との交点となっていて、興福寺が絡んで、藤原氏の影響が見て取れる。この軸線を設定したのはカラト古墳の被葬者であろう。赤坂天王山古墳の被葬者の鎮魂を興福寺が担っている。これらの軸線の意味を辿れば、その被葬者が判明するとわかる。

石のカラト古墳は、一三・六メートルの方墳の上に直径九・二メートルの円墳が載る形態で、名前に石が付くように葺石《ふきいし》で覆われている。大きい古墳ではないが、この時代に石で覆った形式は珍しい。石室ではなく高松塚などと同じ、石を組み合わせた石槨となっている。

内部には、おそらく木棺があったとおもわれるが、盗掘にあって、形あるものは、ほとんど何も残っていなかった。石槨の天井石の一つがはずされて開口していたようで、石を落とすとカラコロと音がしたので、「カラト」と名付けられた伝承もあるという。

古墳の配置図（図36参照）を見ると、古墳主軸は御蓋山や三輪山ではなく、御破裂山の南側にある談山神社（妙楽寺）の裏鬼門の位置にある威徳院《いとくいん》の方向に向いているようにおもう。さらに、威徳院は花山西塚古墳—御破裂山—威徳院と結ばれ、彼ら古墳の被葬者が御破裂山に対して、何らかの感情を抱いているとわかる。

威徳院は、伝承によれば、聖徳太子が師事した高麗《こうらい》の僧・慧慈《えじ》が建立したとされる。威徳院に詳しい伝承が残っていないようだが、建造物がなぜそこにあるか、必ず理由があって、一四〇〇年前からその位置に意味があったことがわかる。

また、ここでも聖徳太子が登場して「蘇我聖徳」というコンセプトのもとで建造物が造られているが、不比等の『日本書紀』の編纂者としての役目を感じざるをえない。ここに至って、赤坂天王山古墳や花山西塚古墳の被葬者の姿が少し見えてきたような気がする。

石のカラト古墳を不比等の墓として、改めて古墳の外見から受ける印象は、石で覆われた円墳は低くて、大きく見えないが、逆に凄みを感じるようになった。「稲目馬子蝦夷入鹿」の意味を知る人びとは、ふたたび震え上がったのではないか。

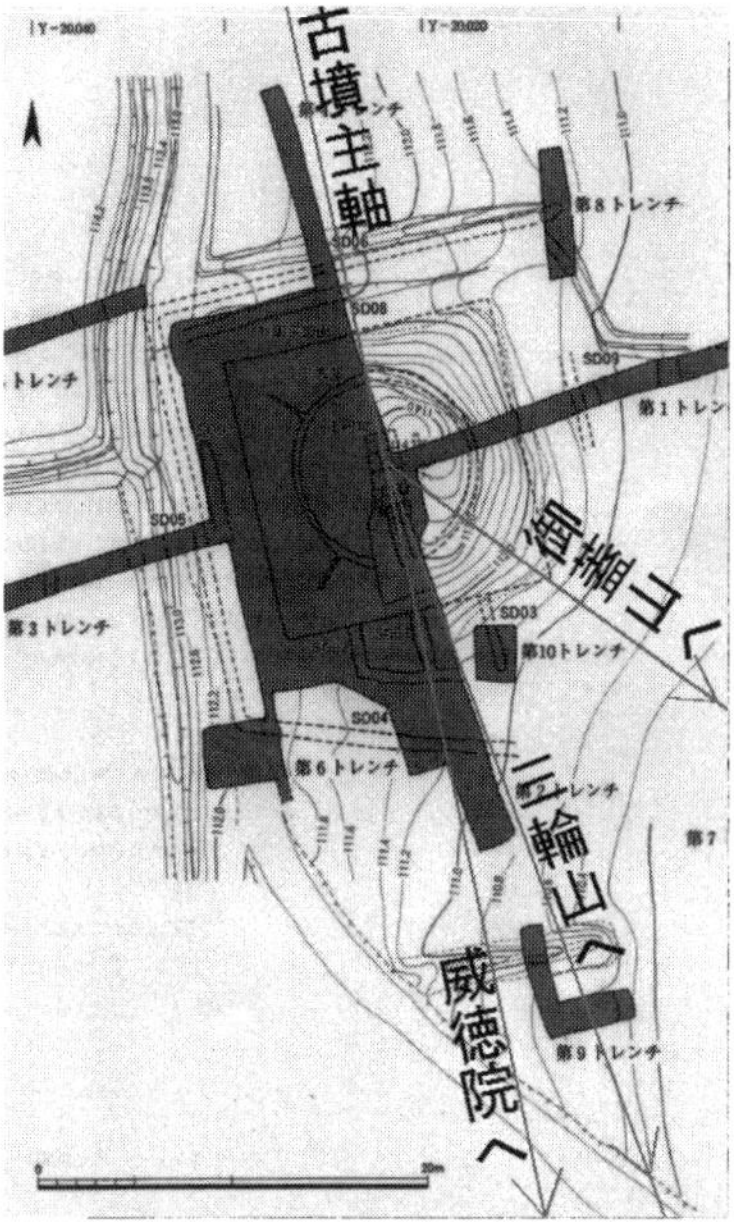


図36　石のカラト古墳配置図

この古墳の標高も、平城山《ならやま》の海抜一一〇メートル程の高さにあり、平地とは六〇メートル程の落差で平城京遷都を成し遂げた人物らしい場所のようにおもう。

都市の北側に平城山があって、南斜面の地に遷都したのには、遣唐使からの情報もあったのであろう。様々な理由があったとおもわれるが、軸線に覆われた飛鳥京より自由な土地で、我が孫を天皇にする夢を抱いても不思議はない。その意思が軸線にあらわれているようにおもう。

見通しのよい日なら、このカラト古墳から奈良盆地の南端の飛鳥まで見渡せられる。そのような位置に造られたのであって、不比等の指図によって造営されたとわかる。

ここで、石のカラト古墳の測量計算をして、それらが直線を構成しているか確かめる。ただ、石のカラト古墳―平城宮（朝堂院付近）―三輪山の軸線に関しては、石のカラト古墳と三輪山を結べば、平城宮を通過することは明白なので省略する。緯度経度は全てGoogle地図から得た。結果として方位角一二五度程で、それらが直線的に並んでいるとしてよい。（表26参照。御蓋山はなだらかで、広く、頂上の特定は意味がないので、数値上は問題ないとした。）

| 場所 | 緯度(北緯) | 経度(東経) | 方位角 |
|---|---|---|---|
| 石のカラト古墳 | 34.72382 | 135.77853 | ― |
| 聖武天皇陵 | 34.69391 | 135.82956 | 125.351 |
| 東大寺(南大門) | 34.68787 | 135.83983 | 125.362 |
| 御蓋山(頂上付近) | 34.68153 | 135.85263 | 124.625 |

表26　石のカラト古墳―聖武天皇陵 ―東大寺―御蓋山の軸線の方位角計算表

## 赤坂天王山古墳の軸線

天王山古墳は歴史学者や考古学者の間で崇峻《すしゅん》天皇陵とされているようだが、この古墳は明らかに藤原一族のものであろう。なぜなら、天王山古墳が聖武天皇陵や興福寺と軸線で結ばれているからである。

興福寺は藤原不比等によって現在地に移された飛鳥京の厩坂寺《うまやさかでら》であり、善法寺《ぜんほうじ》（音羽山観音寺《おとわやまかんのんじ》）は藤原鎌足の長子・定慧《じょうえ》によって、妙楽寺（談山神社）の鬼門（北東方向）に建てられたとの伝承がある。さらに、聖武天皇は不比等の孫であって、これほど周囲が藤原で固められていては、崇峻という線はない。

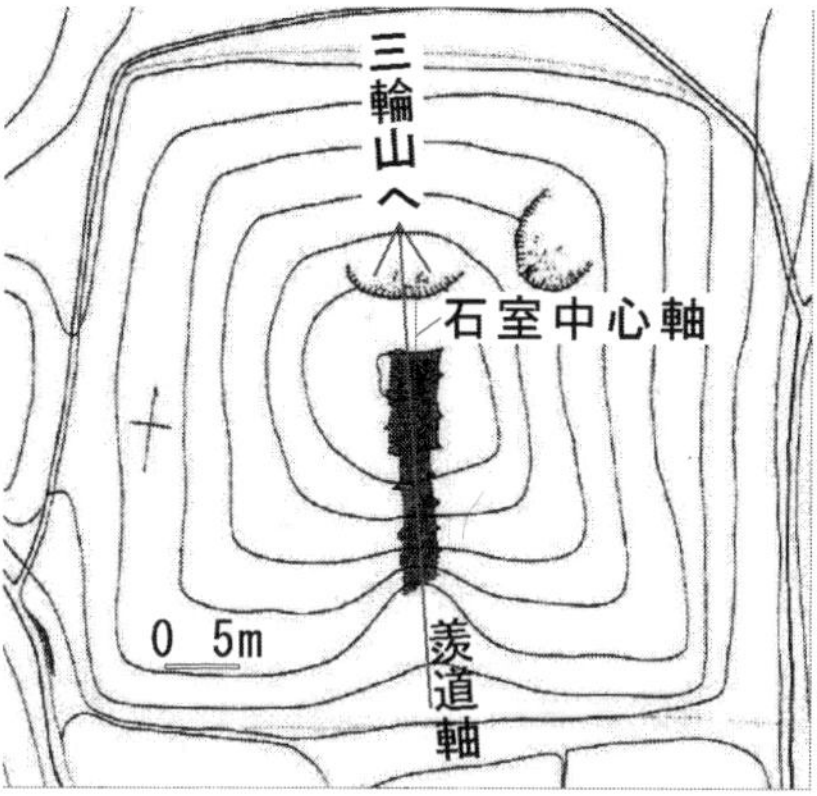

図37　赤坂天王山古墳配置図

天王山古墳は四五メートルほどの方墳の三段築成であって、〔図37〕のように、羨道の中心軸は聖武天皇陵―興福寺東金堂―三輪山―赤坂天王山古墳―善法寺の軸線の角度に同じとなっている。古墳の角度も、ただ偶然そのようになっているなどと言うことはない。

この古墳は三輪山に向けて築造されてから、興福寺東金堂、聖武天皇陵の順で造営されたわけで、興福寺を建立した不比等が軸線を延長したことに間違いはなく、赤坂天王山古墳は藤原鎌足の墓ということになる。

しかし、藤原鎌足が亡くなったのは六六九年であって、研究者の中では崇峻という名が出るように、六世紀末の古墳と推定しているようで、時間的な開きは大きい。

だが、善法寺が定慧によって建立された前後に古墳が造られた可能性が高く、定慧が唐より帰国したのが六六五年（『日本書紀』）とされるわけで、時期的な整合性はこちらの方が高い。軸線より七世紀後半に古墳が築造されたとしてよいのではないか。

逆に、天王山古墳が六世紀末に造られたとすると、一〇〇年以上経って、なぜ聖武天皇陵とむすばれているのか説明がつかない。わたしは石棺の年代推定に問題があるとかんがえている。その点については藤ノ木古墳も同様であり、第五章で追究しているので、ここでは割愛する。

| 場所 | 緯度（北緯） | 経度（東経） | 方位角 |
|---|---|---|---|
| 聖武天皇陵 | 34.69392 | 135.82955 | — |
| 興福寺東金堂 | 34.68292 | 135.83221 | 168.703 |
| 三輪山 | 34.5350 | 135.86694 | 168.981 |
| 赤坂天王山古墳 | 34.50041 | 135.87458 | 169.095 |
| 善法寺 | 34.47942 | 135.87925 | 169.138 |

表27　聖武天皇陵―興福寺東金堂―三輪山―赤坂天王山古墳―善法寺の軸線の方位角計算表

ここで、それらの建造物が一直線に並んでいることを確かめる。緯度経度情報はGoogle地図から得た。結果として、正確に軸線が聖武天皇陵に至ることが証明され、赤坂天王山古墳と石のカラト古墳の被葬者に血縁関係があることが決定的で、共に聖武天皇陵に至るなら、藤原鎌足と不比等の父子しか、その被葬者はいない（表27参照）。

## 花山西塚古墳の軸線

花山西塚古墳が絡む軸線は多い。花山西塚古墳―崇峻陵―鬼の遺跡、花山西塚古墳―三輪山―法輪寺、花山西塚古墳―粟原寺《おおばら》―御破裂山という三つの軸線をみると、この花山西塚古墳の被葬者は死後においてもなお、「鬼の遺跡」の被葬者（敏達）を鎮魂する役目を負っているようにみえる。

藤原一族の中で、死後も影響力を保つことができる人物は誰であろうか。それが可能な人物は一人しかいないのではないか。仏法を修めた定慧である。敏達は仏教興隆に尽力した大王であるが、不幸な結末になったことを知っている人物によって、この軸線が設定された。その時期はいつなのだろうか。

定慧は『日本書紀』によれば、六五三年に唐に渡り、六六五年に帰国している。『書紀』にはそれ以上の情報はないが、帰国後すぐに亡くなったと伝承されている。ただ、妙楽寺、善法寺、聖林寺を創建したと伝承されるならば、創建は帰国後と推測され、その時間は存命していたわけで、鎌足の死後以降に亡くなった可能性は高い。

なぜなら、天王山古墳が先に造られなければ、善法寺をそこに造ることはできないからで、善法寺を定慧が建立したのであれば、鎌足の死（六六九年）の後で亡くなったと証明できる。

花山西塚古墳─崇峻陵─鬼の遺跡の軸線にある崇峻陵に関して、崇峻は「鬼の遺跡」の被葬者（敏達）の時間を埋めるための傀儡とかんがえているわけで、この崇峻陵には、平安時代から古墳らしきものはないという（『延喜式』）。

ただ、全くの想像だが、御破裂山の北側の位置には、一時期、古人大兄皇子の遺体があった可能性もある。倉梯の地は藤原一族のテリトリーの範囲であり、崇峻と藤ノ木古墳がつながるように（『法隆寺建立の謎』）、大王殺害の伝承が残っていることを利用したようにおもう。なにしろ、『日本書紀』の成立は「乙巳の変」から七五年後のことである。

『日本書紀』の編者が、蘇我馬子の古墳（桃原墓）のように、崇峻の墓（倉梯岡陵《くらはしのおかのみささぎ》）のアリバイ工作をしたようにおもう。それを花山西塚古墳─鬼の遺跡の軸線上に置いたのも、この因縁を知っている人物によってなされたのであろう。つまり、不比等以外にそれのできる人はいないのだ。

花山西塚古墳は、石室の構造が朝鮮半島の磚槨墳《せんかくふん》によく似ているそうで、この地方特産の榛原石《はいばらいし》をレンガ（磚《せん》）状に積み上げて造られている。そこから、百済からの渡来系貴族の墓とされているようだが、留学僧の経験のある定慧なら、そのような墓でも不思議はない。

| 場所 | 緯度<br>(北緯) | 経度<br>(東経) | 方位角 |
|---|---|---|---|
| 花山西塚古墳 | 34.50820 | 135.90611 | — |
| 崇峻陵 | 34.49028 | 135.86041 | 64.643 |
| 鬼の遺跡 | 34.46895 | 135.80645 | 64.533 |

表 28　花山西塚古墳―崇峻陵―鬼の遺跡の軸線の方位角計算表

| 場所 | 緯度<br>(北緯) | 経度<br>(東経) | 方位角 |
|---|---|---|---|
| 花山西塚古墳 | 34.50820 | 135.90611 | — |
| 粟原寺<br>(高台) | 34.49717 | 135.89253 | 45.542 |
| 御破裂山<br>(山頂) | 34.47049 | 135.86005 | 45.310 |

表 29　花山西塚古墳―粟原寺（高台）―御破裂山の軸線の方位角計算表

| 場所 | 緯度<br>(北緯) | 経度<br>(東経) | 方位角 |
|---|---|---|---|
| 花山西塚古墳 | 34.50820 | 135.90611 | — |
| 三輪山<br>(頂上) | 34.5350 | 135.86694 | 129.567 |
| 法輪寺<br>(中心部) | 34.62222 | 135.73898 | 129.464 |

表 30　花山西塚古墳―三輪山―法輪寺の軸線の方位角計算表

ここで、花山西塚古墳が「鬼の遺跡」や御破裂山や法輪寺と一直線に結ばれているか確かめる。花山西塚古墳は地図上にないが、桜井市教育委員会の資料から推定した。緯度経度情報はGoogle地図から得た（表28 29 30参照）。

以上の結果として、花山西塚古墳は「鬼の遺跡」に関連する御破裂山や法輪寺と結ばれる。やはり定慧による鎮魂がそのようにさせるのであろう。「鬼の遺跡」の位置に、なにかしらの古墳（敏達の墓）があったと証明しているようなものだ。

現在、「鬼の遺跡」の位置に古墳はないが、周辺に散乱した石槨があり、梅山古墳―御破裂山の東西軸と耳成山の南北軸の交点が藤原一族にとって、重要なポイントであったとわかる。

## ムネサカ一号古墳の軸線

赤坂天王山古墳―ムネサカ一号古墳―花山西塚古墳と古墳どうしが結ばれるなら、この軸線の被葬者は親子兄弟の可能性が高い。赤坂天王山古墳が鎌足であって、花山西塚古墳が定慧であれば、粟原寺《おおばらでら》を建立したと伝承される天武・持統朝の官僚であった直大肆《じきだいし》・藤原大嶋《おおしま》がムネサカ一号古墳の被葬者であろう。

大嶋は六九三年に亡くなったが、粟原寺―ムネサカ一号古墳―三輪山の軸線を設定した上で、みずからの墓を造ったと推測される。しかも、岩屋山古墳とほぼ同じ大きさの石室を持つ古墳であるという。古墳の精度は格段に岩屋山が上だが、前述するように岩屋山の有様を知っている人物がこの古墳の被葬者ということになる。

ここで、それらの古墳が一直線に並んでいるか確かめる。ムネサカ一号古墳も地図上には記載されないので、『古墳マップ』のサイトから推定した。緯度経度の情報は Google 地図から得た（表31参照）。

## ――《軸線の意味》――

### 藤原一族の軸線

驚くのは、石のカラト古墳が堂々と聖武天皇陵と結び、鎌足の墓と推測される赤坂天王山古墳の軸線も聖武天皇陵に至ることである。

この事実は、当時の一般の人びとが地図もなく測量技術も知らなかったから、このようなことができたのであろう。今なら、藤原一族が聖武天皇をつくりあげたと明確にわかる。

| 場所 | 緯度（北緯） | 経度（東経） | 方位角 |
|---|---|---|---|
| 赤坂天王山古墳 | 34.50041 | 135.87458 | — |
| ムネサカ一号古墳 | 34.50362 | 135.88722 | 72.942 |
| 花山西塚古墳 | 34.50820 | 135.90611 | 73.373 |

表31　赤坂天王山古墳―ムネサカ一号古墳―花山西塚古墳の軸線の方位角計算表

そのような実力が不比等にあったからこそ、「蘇我聖徳」や「稲目馬子蝦夷入鹿」などの暗号を仕掛けることができたということであろう。それらの証明が石のカラト古墳の軸線といえる。

藤原一族の古墳や建造物の時間的な経緯は次のようであろう。

最初に赤坂天王山古墳の被葬者（鎌足）が亡くなった。その時期に三輪山と結んで古墳が築造され、三輪山の軸線を南側へ延長した先に善法寺が建立された。その前後に、妙楽寺（談山神社）や聖林寺なども建立されたのではないか。御破裂山や舒明陵（段ノ塚）に関連する寺院が建立されたなら、その時期に鎌足が病になったなども、建立の理由となる。

その次に、花山西塚古墳が法輪寺―三輪山―花山西塚古墳の軸線と鬼の遺跡―越塚古墳―花山西塚古墳の軸線の交点に造られたのではないか。その被葬者が定慧であるならば、高松塚―夢殿二〇度の軸線のように、法輪寺や「鬼の遺跡」や御破裂山に対する藤原一族の思いが花山西塚古墳の軸線に現れている。

この花山西塚古墳の軸線にこそ、「鬼の遺跡」の位置に敏達の古墳があったとわかるような証拠が存在することであって、その事実は明らかに『日本書紀』に記載される話とは異なっている。

ムネサカ一号古墳が造られたのは、六九三年に藤原大嶋が亡くなった時期であろう。その年に官位が四階級上がって直大弐《じきだいに》となり、賻物《ふもつ》を賜ったと『書紀』に記載されている。賻物とは葬祭にかかわる贈り物の意味であって、この時期に古墳が築造されたのは間違いない。平城京遷都以前なら、飛鳥に墓を造ったのであって、天武天皇の岩屋山古墳とほぼ同じサイズの石室を持つのも天武朝の官僚らしい。

最後になったが、石のカラト古墳の被葬者（不比等）は平城京や興福寺が完成した後に亡くなったことは確実であって、聖武天皇陵の位置をも決定して亡くなったといえる。なぜなら、七二一年に亡くなった聖武の祖母の元明天皇陵をまだ生きている聖武天皇陵の北側に造営しているからである。聖武陵の位置を決定しているからこそ、その位置に築造できるのだ。

不比等がなくなったのは七二〇年だが、それらの軸線は平城京を計画する段階で決定していたことである。神の山である御蓋山の麓、興福寺一帯を藤原の地として、都市の東側を突出させ、宮殿に東宮を付属させる計画をしているが、三輪山と鎌足の墓が東側にあったという理由によるのである。また、皇太子を東宮と呼ぶのも、これが原点なのであろう。

それにしても、みずからの軸線と父・鎌足の軸線の交点に聖武天皇陵を造営するなど、大胆極まりない行為である。今まで、その軸線の事実に誰も気づいていないようだが、これで藤原不比等の力が明確となった。

## 『日本書紀』の暗号から見えてくる藤原不比等の野望

### ・『古事記』の発案者とその目的

『日本書紀』の編纂完了は、『続日本紀』によれば、七二〇年とされている。その編纂に尽力しているのは藤原不比等とされ、不比等は『日本書紀』の編纂を終えるようにして、七二〇年に亡くなっている。

わたしは、『古事記』もまた藤原不比等の指示によって創作されたと前述している。

『古事記』はその序文に、七一二年に太安万侶《おおのやすまろ》が元明天皇に撰上したとされていて、藤原不比等の存命中であって、不比等が作成に関与している可能性は充分にある。哲学者の上山春平（一九二一〜二〇一二）が著した『埋もれた巨像』によれば、『古事記』のアマテラスから孫のニニギノミコトに譲位されるのだが、もう一方の祖父にタカミムスビがいて、その「タカミムスビに不比等の似姿を見るようになった」とあることに根拠を得ている。

『古事記』の編者とされる太安万侶の墓が一九七九年に奈良市此瀬町の茶畑から見つかって、その中から墓誌が出てきた。そこには次のような文字がみえる。

「左京四條四坊従四位下勲五等太朝臣安萬侶以癸亥年七月六日卒之
養老七年十二月十五日乙巳」

平城京の四条四坊に住み、従四位下の官位であって、勲五等の褒賞を得ている。名は太朝臣安《おおのあそんやす》萬侶《まろ》、（七二三年）七月六日死亡。ということが書いてある。

太安万侶は『続日本紀』によれば、七一五年に正五位上から従四位下に昇進している。また七一六年には氏長《うじのかみ》に任じられている。それは、『古事記』の編纂に対する褒賞と言うこともできる。

しかし、『古事記』は平安時代に創られたものとする説もある。「『古事記』は、七一二年というような古い時代に太安万侶が書いたものではない。実はそれより百年以上も後の平安時代初期の偽作であって、日本古代史の資料としては何の価値もないものである」（『倭国の時代』岡田英弘著）というものである。

岡田の言わんとする内容もよく理解できるが、現存している最も古い『古事記』は一三七〇年頃の写本であって、正確に伝わっているか、それも怪しいわけで、書き直されている可能性もあり、詳細はよくわからない。

『古事記』を編纂する意義があった時代は、持統天皇が孫の文武天皇に譲位する時期が最も必要とされたのであり、その譲位を補完する意図をもって編纂されたとする説の方が説得力をもつ。

藤原不比等の戦略は蘇我氏や聖徳一族など性質の違うものを二つ立てて、進めるというものではないか。

『日本書紀』で歴史を語り、『古事記』で神話を語る。二つの似たものがあれば、互いに信憑性が高まる。本文には、互いに誰が編纂したか書いてない。つまり、編者が共通していると書くことは、疑いを持たれるからだ。不比等ならそのように思うだろう。

『古事記』には『日本書紀』の文字がないように、『古事記』の文字は『日本書紀』にもない。わたしには『古事記』の序文に、太安万侶の編纂になることが表されていること自体が不思議でならない。『日本書紀』や『続日本紀』には序文がないし、誰それが編纂したなどとも書いてないのだ。

やはり、『倭国の時代』で岡田が序文に疑問を感じるとすることは納得するが、岡田が述べるように、太安万侶の子孫によって、後から「序文」のみが付け加えられたようにおもう。全て後世の偽作とする岡田とは異なる。

仮定として、太安万侶の子孫が創作したなら、なぜ『古事記』の終わりが推古女帝となっているのだろうか。『日本書紀』と同様に、持統とすべきではないか。

太安万侶の子孫が、平安時代に『古事記』のような長文を全て創作することの意義があるのか、その労力をかんがえると疑問を感じざるをえない。せいぜい祖先が書いたと自慢するぐらいだろう。『古事記』が必要な時代は持統天皇の時代ではなかったか、そのようにおもうのだ。

わたしの想像は、推古女帝で終わっていることが重要だった人物は、同じく女帝の持統であった。また、不比等にとっては敏達の時間を縮めることが最大目的であり、『古事記』においても用明、崇峻、推古として共通性を持たせる必要があったのである。

したがって、不比等が持統天皇に見せていたのが『古事記』であったとかんがえる。七〇二年に持統が亡くなった後、本格的に『日本書紀』の編纂を進めたのであろう。

## ・『日本書紀』と『古事記』に込めた野望

藤原不比等はいかにして持統の政権に食い込んだのかという疑問があるようだが、岩屋山天武陵や藤原の軸線を見る限り、大津皇子殺害というクーデターが契機だったとわかる。

藤原一族は天智側について壬申の乱を戦い敗れたはずで、藤原不比等にとって、天武朝における前途は明るくなかった。

しかし、藤原鎌足と天智による古人大兄皇子殺害というクーデターと同様に天智の子・持統と結び付き、大津皇子殺害のクーデターによって、政権を略奪したのである。その功績によって、従五位下（六八九年）から七〇一年には正三位大納言となり、娘の宮子を文武天皇の夫人にして、首皇子《おびとのみこ》（聖武天皇）を生ませている。

先の上山が述べるように、持統にとって「不比等を最適の協力者と見るのは、何よりも、父の鎌足が、持統の父天智の寵臣であり、持統と不比等のあいだに親密な信頼関係の成立しやすい条件がととのっている（『埋もれた巨像』）」のであり、「不比等は裏切られるおそれのない協力者（同）」であった。

これで、藤原不比等が、天皇位にあった大津皇子殺害というクーデターにおいて、持統の協力者として登場したことが明白となったとおもう。上山の不比等に関する考察は正しかったが、蘇我一族のことまでは見抜けなかったようだ。

このように見てくると、藤原不比等は埋もれるどころか、底知れない恐ろしさを持つ人物だったとおもう。

藤原不比等が編纂した『日本書紀』には語らない部分が多い。そのことによって、憶測が蔓延し、様々な解釈が生まれる。そのことを最初から想定していたような気がしてならない。

一般的に、日本列島人は議論を深めることを好まないようにみえる。現在でも戦争責任や原発事故の責任も追及されない。そのことは全体を俯瞰して、どこに原因があって、なにが実行されなかったのかを追求しないことである。

つまり、「あいまい」なことを好む性向があるようにおもう。そのことと関係する面白い例がある。

日本列島の家は玄関があって、玄関より奥を見通せない造りがよいとされる。それは全体を見通すことを好まない傾向と似ている。それは「あいまい」でもよい、あるいは「あいまい」の方がよいと思っているかもしれない。

玄関から奥を見通せない家の形式が平安時代から変化していないように、日本列島人の「あいまい」な性向は、昔から変わらないのではないかとおもう。四季のうつろう環境がそのようにさせているのだろう。

その日本列島人の性格を利用しているのが『日本書紀』のようにおもえる。藤原不比等の術中にはまっているのではないか。多くを語らず、情報を最小限に留める手法のことだが。そのことによって、憶測が蔓延し、様々な解釈が生まれ、真実に至らないことを利用している。

「千年を超えるマインドコントロール」と『天孫降臨の夢』（ＮＨＫブックス、二〇〇九年）で、歴史学者の大山誠一が述べるように、日本中がその不比等の仕掛けた呪文に陥っているとかんがえる。

それは、「蘇我聖徳」と文字を並べると「我、聖徳として蘇る」と読めることに気づいたことに始まる。

つまり、それらの人物（蘇我一族や聖徳太子）は創造された人物であった。そのようにかんがえたとき、『日本書紀』のすべての謎が解けることがわかった。『日本書紀』の謎は「蘇我聖徳」や「稲目馬子蝦夷入鹿」などの暗号によって、すべて解けるようになっていることである。

その『日本書紀』の編纂に関して時期的な要因もあるのではないか。持統天皇が崩御した後、高松塚や段ノ塚や鬼の遺跡の因縁を知る人物は限られていたとおもえる。

『日本書紀』の七二〇年の発表は不比等の命が尽きる時まで待ったようにおもう。六四五年に起きた「乙巳の変」の真相を知る人間が少なくなるのを待ったのではないか。そうして、「乙巳の変」のクーデターの真実は蘇我一族と聖徳太子の話にすり替わった。

しかし、それだけでは終わらせなかった。『日本書紀』はみずからの一族を有利に導く歴史書としたのである。石のカラト古墳の聖武天皇陵への軸線を見るならば、不比等はキングメーカーであり、藤原一族がその権利を握っていたことがわかる。

天智一族が起こした事件によって造られた夢殿や高松塚の古墳の有様は異様であって、その謎を解くキーワードが「蘇我聖徳」である。わたしは「乙巳の変」の真実をこの暗号に潜ませたのではないかとおもう。天智一族に対する牽制ともなるような仕掛けであった。その後の藤原一族の天皇家に対する食い込み方をみると、そのようにおもわざるを得ない。

また、臣下に対しては、『史記』の故事を利用して、「真実を言うなら、殺すぞ」という意味となって、知識人を脅迫している。「稲目馬子蝦夷入鹿」という暗号によって、釘を刺した。

しかし、蘇我一族に関して、研究者たちは実在性に疑いを持っていない。『蘇我氏の古代』(吉村武彦著)においても、実在性の根拠は『上宮聖徳法王帝説《じょうぐうしょうとくほうおうていせつ》』(八〇〇年以降の成立)や『尊卑《そんぴ》分脈《ぶんみゃく》』（十四世紀後半の成立）であって、『日本書紀』以後の文献を参考にしているにすぎない。軸線や軒丸瓦のような物理的根拠は皆無で有り、古墳に文字がないなら、文字に頼らずに蘇我一族の実在性を証明すべきであろう。

結果として、『日本書紀』は当事者によって作られているのであって、全てが正しいとするのは間違いであり、何かしらの意図があると思わねばならない。意図がある部分が偽りと考えればよいのである。

それにしても、「蘇我聖徳」を象徴する建造物が法隆寺西院伽藍となっているのであって、その建造物は一三〇〇年のあいだ生き続けてきた。これからも、仏教興隆に尽力した大王を蘇らす装置として生き続けていくのであろう。聖徳太子を象徴する建造物として、役目を果たしてほしいと願うばかりだが、それが古代の工人の願いでもある。

# 第四章　難波京と飛鳥京

## 飛鳥京と中国「隋」の進攻

飛鳥時代の首都であった倭京《やまとのみやこ》（飛鳥京）は、小高い山に囲まれた平坦な盆地の中にあった。それから一四〇〇年の時が流れて、今では遺跡となって田園風景の下にある。田畑を掘れば、建築物の一部である檜の柱を支えた礎石や道路の側溝が出土するから、ああ、ここに古代都市があったと確認できる。

どうしてこの地が日本という国の基礎を築く場所に選ばれたのか。疑問におもうが、現在の田畑の拡がる景観からは想像できない。

瀬戸内海の東端の海辺に造られた難波湊から、生駒山地と葛城山地の間を流れる大和川を遡ると奈良盆地に出る。

その奈良盆地に二つの古代都市が造られた。いや、前作の『法隆寺コード』からすれば、三つと言うべきかもしれない。それは、碁盤目状の道路がある都《みやこ》であり、飛鳥京、新益京《あらましのみやこ》（いわゆる藤原京）、平城京の三都市であった。

いわゆる藤原京とされる新益京より以前に、飛鳥京があったと証明したのである。それは都市の軸線という物理的な事実によって証明したが、『日本書紀』がその事実を語れない理由を述べることで理解していただけたとかんがえている。

その理由の詳細は第一章で述べたが、簡単に言えば、耳成山南北軸と藤原宮の中心南北軸の水平距離が新益京の条坊道路の最少道路間隔（一三二・五メートル）であったことが証拠となる。

その事実は、耳成山南北軸を中心軸とした都市（飛鳥京）に、同じ間隔の道路が存在していたからこそ、その間隔で藤原宮を造営できたことを表している。新益京は、法隆寺西院伽藍の二つの中心軸と同様に、耳成山南北軸から道路一本分ずらしたにすぎないのだ。藤原宮の下から道路や運河が発掘されるのは、先行した都市があった証拠である。

そのようであったのだが、なぜに奈良盆地に古代国家の中心都市が造られたのか。そのことに興味が移っていくのも必然的な流れのようにおもう。

それは、日本列島が自然災害の多発する列島であることと関係しているのではないか。一九九五年の阪神大震災やその後の中越地震、二〇一一年東日本大震災による津波被害の驚愕、二〇一四年御嶽山の噴火などが記憶に新しいが、その他に台風や水害などをあげたら、きりがないほどの災害列島である。

その自然災害という視点からみると、奈良盆地は安定しているようにみえる。まさしく盆地と言うように起伏も少なく、見通しもよい。周囲の山々は自然の要塞のようだ。それら、自然環境の安定感や朝鮮半島の慶州に似た景観も選ばれた理由のようにもみえる。

また、そのような内部的要因ということもあるが、中国を五八一年に統一した「隋」の脅威という外部的要因もあったのではないか。それは難波京が先行して存在したからこそ、飛鳥京という選択肢があるのだが。

自然にかんがえるなら、海と河川の交わる場所に人びとが集まり、都市になる。五世紀の難波湊では、かなりの賑わいがあったようで、先に難波に都市があり、その後に飛鳥京を整備した。そのきっかけは、隋の中国統一が進んでいる段階であった。

つまり、統一が進む段階では、どこまで手を伸ばすかわからないからである。倭国まで攻められる恐れがあった。そのようにも想像できる。遣隋使を送っているのは、そのような時期で、無視できない事実である。

それは、『日本書紀』が記載する推古女帝の時期で、聖徳太子の活躍する場面となっている。しかし、多くの仏教寺院が飛鳥京に建設されている時期であるのに、聖徳太子がそれらを建立したと記載されていない。

理由は前述するとおりだが、藤原不比等は、人びとの伝承を利用して「蘇我聖徳」という呪文を仕掛けた。敏達を聖徳太子として蘇らす呪文であって、法隆寺西院伽藍にそれが体現されている。

## 難波の「奥座敷」飛鳥京

「古代国家の中心都市がなぜに奈良盆地に造られたのか」という問いに対して、作家の邦光史郎《くにみつしろう》が著した『飛鳥《あすか》の謎』(祥伝社、一九九一年)における解答に興味を持った。

邦光は「河内飛鳥は安宿とも表記するが、これは朝鮮語のアンスク—安宿に由来するという説がある。つまり安宿は、渡り鳥が海の彼方から飛来して羽を休めるように、この地に安らかに宿るという意味である。となると、明日香にかかる枕詞〝飛ぶ鳥の〟は意味のある言葉になる」としている。

河内飛鳥と奈良盆地の飛鳥は異なる地だが、同じ字を用いて、飛ぶ鳥が安全な土地に羽を休めるように、奈良盆地が人間にとっても安心な場所であった証拠のような話である。

また、邦光は「神を祀るには、鏡や朱《しゅ》が必要である。鏡は太陽を反射するとともに、太陽のごとく尊ばれ、朱は悪霊を追い払う聖なる印《しるし》だった」(『飛鳥の謎』)としている。「鏡を製造するには、銅がなくてはならず、朱を得るには原料である『辰砂《しんしゃ》』が必要だった。古代における重要な鉱物資源は、鉄、銅、辰砂であった」(『飛鳥の謎』)のである。辰砂は水銀と硫黄との化合物で、赤色絵具の元になる主要鉱石と『広辞苑』にある。

奈良盆地は、それらの主要鉱物を多く産出する土地であったことも、首都となる理由があった。水銀朱は石棺の内側や外側に塗装され、穢れや悪霊から守る意味があったとされる。また、金メッキを施す際にも水銀が使用され、多くの金銅製品が墓の副葬品として出土するところから、水銀がかなりの需要物質であったとわかる。

ただ、主要鉱物の産地は他にも多くあるので、首都とするには、そのことだけではなく、地形的な問題もあるのであろう。わたしは、難波から首都を移転したとかんがえるが、防御だけではなく、日本人の空間意識が作用しているようにおもう。

それは、現代に引き継がれた空間意識「奥」である。日本の住居空間として最も特徴のある玄関から、内部を見通すことができない空間構成のことで、「奥座敷」や「奥庭」は玄関から見通せない。庭園も神社も、主要部分は、すべて入口から見通せない空間構成となっている。これは世界に稀な空間構成なのである。

平城京も平安京もまさにそのような地にあって、京都は現代まで続く都である。その「奥」という空間意識で造られた最初の都市は新益京でも藤原京でもなかった。

碁盤目状の道路を持った「飛鳥京」であって、数多くの仏教寺院が光り輝く、秘められた都市であった。当然ながら、世界と同じ空間構成の都市・難波京が先行していたからこそ「奥」の飛鳥京があったとかんがえる。

## 難波京の成立時期

難波湊（難波津）の難波京と飛鳥京の成立過程を想像すると、どちらが先にできたかという課題が浮かび上がる。

『日本書紀』には六四五年に孝徳大王が難波長柄豊碕《なにわのながらのとよさき》に遷都したとある。わたしは、それ以前に碁盤目状の道路を備えた都市があったとかんがえる。

その理由は、四天王寺と同じ文様の軒丸瓦が前期難波宮の下層（写真43）から出土し、同じく難波京にあった百済寺や百済尼寺（写真42）からも出土するという。またその瓦は、大野丘北塔、飛鳥寺、若草伽藍、橘寺、創建中宮寺、上宮遺跡の創建瓦と同種の紋章を刻印した瓦とされている。

前述するような軒丸瓦の変遷から、難波京は、六四五年に遷都したかもしれないが、それ以前から存在していた可能性が高い。

六四五年は「乙巳の変」の年であって、大王殺害のクーデターがあった。そんなときに新しく造営するような遷都などできないのではないか。むしろ、飛鳥ではなく、元の都市に戻したのではないか。

また、一般的に都市の成立をかんがえれば、海と河川の交わる場所が先にできるとする方がよい。物資が集まりやすく、交通網も舟運など容易である。比較的波静かな瀬戸内に面した難波湊は古くから栄えていたようだ。しかし、『日本書紀』は六四五年まで四天王寺と大郡《おおごおり》という政府の饗応施設しか記載しない。わたしは、ここでも敏達の業績を消しているのではないか。そのようにかんがえる。

その証拠が、前期難波京復元図（図38、次頁）と写真にある軒丸瓦である。難波京の南側に四天王寺と百済尼寺が見える。四天王寺は現在に引き継がれた位置に存在し、碁盤目状の道路の区

写真42　百済尼寺の軒丸瓦
（一番奥が創建瓦）

難波宮下層の軒丸瓦

後期難波宮

写真43

画に合致した位置にある。そして、北側に難波宮がある。

この難波宮の下層から四天王寺と同じ軒丸瓦が出土した事実は六世紀後半から七世紀初頭のあいだに、難波宮が建設され、難波京があったことを示している。

つまり、前期難波京は敏達の時代に整備されたのではないか。碁盤目状の道路は以前から存在

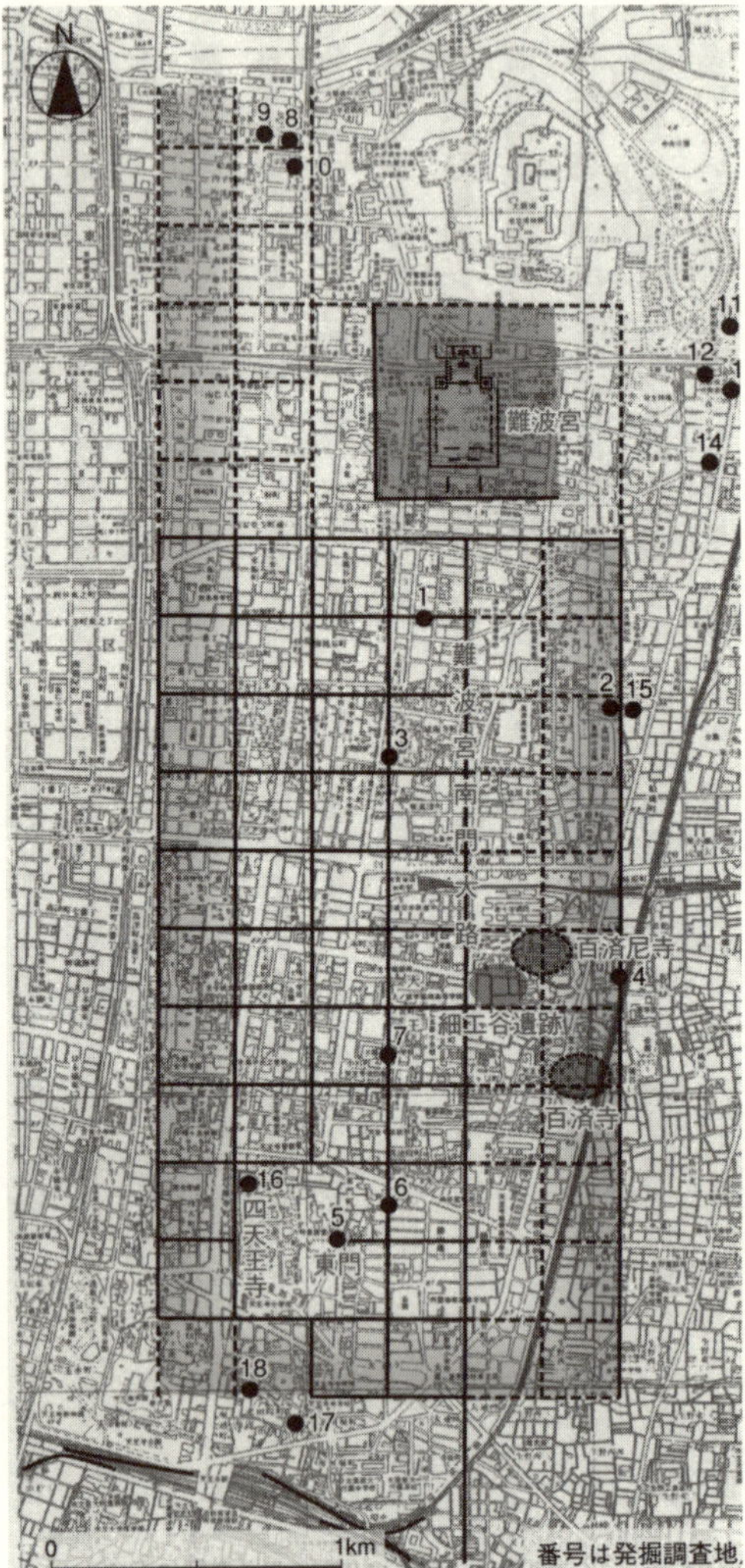


図38　前期難波京復元図
(積山洋著『東アジアに開かれた古代王宮—難波宮』)

していた可能性が高いが、宮殿を造営した時期は六世紀末ではなかったか。そのように想像する方が自然のようにおもう。

交通の要衝に都市ができる。その後に、その後背地《こうはいち》に首都を移した。奈良や京都は大阪という商業地があってこそ成り立つのではないか。その証拠が現在でも見られる。超高層や空港ができるのはどちらが早かったであろうか。もっとも、奈良や京都には、今でも空港や超高層はないが。

## 「難波より京に至る大道を置く」の意味

他方、道路建設によっても難波京が六〇〇年以前に整備されたことが推測される。『日本書紀』の六一三年に「自難波至京置大道」と書かれているが、「難波より京に至る大道を置く」ということで、何か表現に疑問を感じる。

通常なら、大きい都市から小さい町へ至る道路を敷設するわけで、東京から静岡まで東名高速道路を造ったなどと記す。それが難波から京《みやこ》へ至るわけで、本来なら、京から難波へ至ると書かねばならないようにおもうのだ。

つまり、この作者には、明らかに難波の方が大きくて、京の方が小さい都市という認識があったのではないか。現在でもそのようだが、交通の要衝に都市が発達するのが、人間の世の常で、難波の方が大きく、宮殿も対外的に装って整備されていたのではないか。飛鳥の宮殿とは、置かれた場所に差異がある。

もうひとつ、〔図9〕（一一五頁）を参照してほしいが、六一三年の道路建設は横大路と丹比道《たじひみち》（竹内街道）とされ（『道が語る日本古代史』）、磯歯津路《しはつみち》（八尾街道）や大津道（長尾街道）が存在していた上に、さらにもう一本追加するということである。

それは飛鳥京への近道を造ったことで、磯歯津路や大津道が斑鳩へ出るルートであったのに比較して、難波から直接飛鳥京に向かうルートであった。その意味は、飛鳥京の都市機能が整ったために必要になった。当初は斑鳩に都市拠点があったが、それを飛鳥京に移動したようにおもう。

つまり、難波京が先行して整備され、その後に飛鳥京が造られたということではないか。飛鳥京は、仏教をコンセプトにして、新しく造られた都市であったようにおもう。ただ、仏教寺院の建設順序に関して、四天王寺の創建軒丸瓦の形状から、四天王寺は飛鳥寺、若草伽藍の後に造られているとされるが、疑問も残る。

難波京の宮殿遺跡や百済尼寺からも同形瓦が発掘されることから、それらとの関係性の中で考察されるべきであろう。

以上のように想像されるが、奈良盆地の飛鳥京は平安京と同様に、建築家の目には、実に日本的な都市にみえる。なぜなら、住居と同様に、「奥」に「奥座敷」が存在するからである。

つまり、難波京から見れば、奈良盆地は「奥座敷」や「奥庭」のような位置にあり、生駒山地や葛城山地の間を抜けた「奥」に仏教寺院の建ち並ぶ都市を造ったのだ。このありさまを想像すると、なにか神々しいものを感じる。

今もそうだが、大阪の気忙《きぜわ》しさと大和川を遡った奈良盆地の風情は好対照としてよい。その空間の違いを生かして、「奥」の「奥」に光り輝く仏教都市を造ったのではないか。そのような敏達大王の意気込みを感じる。

そのようであれば、元々あった難波京に仏教寺院を造るのは、飛鳥京の整備が整ってから、難波に四天王寺を建立したとかんがえられる。

もうひとつ対外的な視点からも言及される。飛鳥京を整備する時期は、中国「隋」の圧力が朝鮮半島に延びて来る時期でもあった。五八〇年頃には、隋は中国統一を目前にして、倭国も何らかの対処を迫られた時期でもあった。

そこで、遣隋使を派遣し、隋からの使者がやってきた（六〇八年）。その時点では難波京も飛鳥京もほぼ完成していたようにおもうのだ。その有様が『隋書』に記載されている。『日本書紀』では、敏達の皇后・推古の時期なのだが、『隋書』には男の大王となっている。

どちらを信用するかといえば、唐朝によって書かれている、第三者の視点を持った『隋書』のほうであろう。

# 第五章　藤ノ木古墳の被葬者

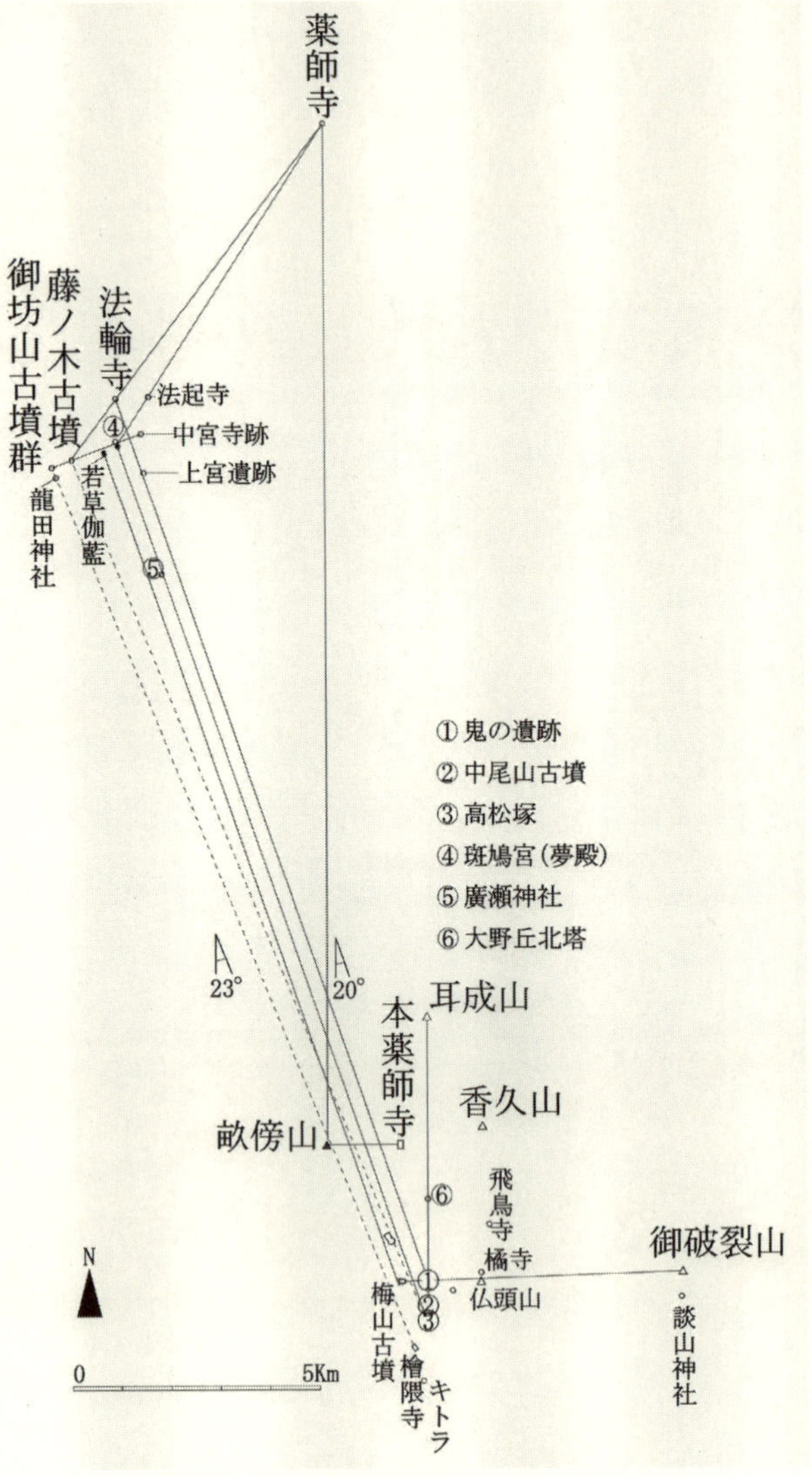


図 39　藤ノ木古墳と御坊山古墳群の軸線

斑鳩と飛鳥を結ぶ軸線略図（図8、図39参照）の左上部分を見ると、藤ノ木《ふじのき》古墳と御坊山《ごぼうやま》古墳群及び創建中宮寺が斑鳩宮から発する軸線上に配置されている。その軸線は若草伽藍の北側の柵《さく》列を延長したものだが、水平に対して二〇度傾き、斑鳩宮と高松塚を結ぶ軸線に直交していることになる。

その斑鳩の東西軸を発見したのは、当時、法隆寺の副住職であった高田良信である。それらは『法隆寺建立の謎――聖徳太子と藤ノ木古墳』（一九九三年）に著されている。高田はその中で、藤ノ木古墳の被葬者は崇峻《すしゅん》大王（天皇）であるとしているのだが、それらの伝承を示す書類が、法隆寺の倉の中にあったことを証拠としている。

わたしは、高田の発見による創建中宮寺―斑鳩宮―藤ノ木古墳―御坊山古墳群という「斑鳩二〇度軸」と呼んでもよいような軸線と直交する高松塚―斑鳩宮（夢殿）や鬼の遺跡―法輪寺及び梅山古墳―若草伽藍などの二〇度軸線を発見した。

また、藤ノ木古墳や御坊山古墳群は飛鳥にある檜隈寺《ひのくまでら》の伽藍配置の中心軸線の角度二三度と関係していた。その軸線という物理的な関係性は、それらを読み解けば、必ずや藤ノ木古墳と御坊山古墳群の被葬者に辿りつくものと確信した。

## 1　藤ノ木古墳の背景

### 藤ノ木古墳─高松塚二三度の軸線が示す事実

藤ノ木古墳のある斑鳩と明日香村の高松塚は一八キロメートル以上離れているが、驚くことに藤ノ木古墳は高松塚と二三度の軸線で結ばれていた。

二点を結んでも何の意味はないが、檜隈寺伽藍配置の中心軸線の角度（二三度）でつながるのであれば話は異なる。

わたしは前作の『法隆寺コード』において、高松塚と斑鳩宮（夢殿）が二〇度の軸線でつながり、さらに高松塚は二三度で藤ノ木古墳とも結びついていると指摘した。

さらに、前述しているが藤ノ木古墳の配置図（図21　二〇六頁参照）を見ると、石室の角度は真北に対して、西側に四三度振れていた。高松塚─斑鳩宮の二〇度と高松塚─藤ノ木古墳の二三度を合計すると、二〇＋二三で四三度となる。

これは偶然であるわけがない。何かを知らせているのであろうが、告発のためなのか、鎮魂のためなのか。今は結論を出せないが、それらの解明は、斑鳩宮、高松塚、藤ノ木古墳、檜隈寺が関係していて、その関係性を読み解けば、藤ノ木古墳の被葬者に辿りつくことを示していた。

高松塚の被葬者は古人大兄皇子としているが、そのことも再度検証できる。檜隈寺の二三度は何かしらの意味があるはずである。

檜隈寺の伽藍配置は、斜面地に建立されていることで、建物基礎が斜面角度とうまく合わず、無理をして二三度としている。そのことは、檜隈寺は二三度としなければならなかったことを表している（図22　二一三頁参照）。

それは何のためであったかと、かんがえるならば、藤ノ木古墳と高松塚が二三度の軸線で結ばれていることと、当然ながら関係がある。高松塚は斑鳩宮（夢殿）と関係があり、藤ノ木古墳の被葬者は古人大兄皇子と関係するのではないか。「乙巳の変」において、共に殺害された人物ではないか。そのようにおもうのである。

この話は『日本書紀』の孝徳天皇紀に掲載される。古人大兄皇子は「乙巳の変」の直後に、出家をしたが、謀反を起こしたとして殺害された。その子も妃妾《みめ》も殺されたと書かれている。また、その謀反で古人大兄皇子に協力したとして、蘇我田口臣川堀《そがのたぐちのおみかわほり》、物部朴井連椎子《もののべのえのいのむらじしいのみ》、倭《やまと》漢文直《あやのふみのあたい》麻呂《まろ》や朴市秦造《えちのはたのみやつこ》田来津《たくつ》らも殺害された。その仲間であった吉備笠臣垂《きびのかさのおみしだる》は中大兄（天智）に密告して殺害を免れたようだ。この中で、倭漢文直麻呂などは、その後も『日本書紀』に登場しているが、事実を「あいまい」にする作戦なのであろう。

これらの話は、「乙巳の変」の二年前（六四三年）に聖徳太子の子・山背大兄皇子が蘇我入鹿に殺害された話に同じである。その山背大兄の一族は斑鳩宮や法隆寺（若草伽藍）で、ことごとく殺害され、聖徳太子一族は滅亡した。そのときに斑鳩宮は焼失した。

それならば、高松塚の被葬者は山背大兄皇子ということになるが、その怨霊を恐れる蘇我一族は滅亡してしまった。それならば、高松塚も法隆寺西院伽藍も、夢殿も救世観音像も造られることはなかった。

それを造ったのは、天智一族の持続であり、藤原鎌足の一族である。

つまり、真実の「乙巳の変」は、おそらく大王位であった古人大兄皇子を殺害するクーデターとすれば、謎が氷解するのである。それは若草伽藍の二〇度の軸線から、この結論に至ったのであった。

## 薬師寺と藤ノ木古墳の関係

それを裏付ける史料が新たに浮かび上がって来た。〔図39　三三六頁〕に示したが、薬師寺と藤ノ木古墳を結びつける軸線の存在である。

薬師寺―法輪寺―藤ノ木古墳の軸線に関しては、第三章「薬師寺の軸線」で既に言及している。そこでは、高松塚や藤ノ木古墳の被葬者と薬師寺が関連することを示している。

その事実は、高松塚と藤ノ木古墳の被葬者と薬師寺が関連し、何らかの祟りへの恐れがそのようにさせているとかんがえるべきであると示唆している。（当時の仏教寺院の役目を序章で述べている。）

それには、本薬師寺が何のために建立されたのか思い出す必要がある。法輪寺が破壊された「鬼の遺跡」から延びる若草伽藍由来の二〇度の軸線上に建立され、畝傍山《うねびやま》に向けて造られたことに端を発する。その畝傍山の東西軸と植山古墳―高松塚の軸線の交点に本薬師寺が造られた。

本薬師寺は持統皇后の病気平癒を願って、天武が建立したとされる。高松塚の祟りを恐れて、直接の加害者である植山古墳（天智陵）を間に挟んで建立した。それによって平癒したと思ったのであろう。

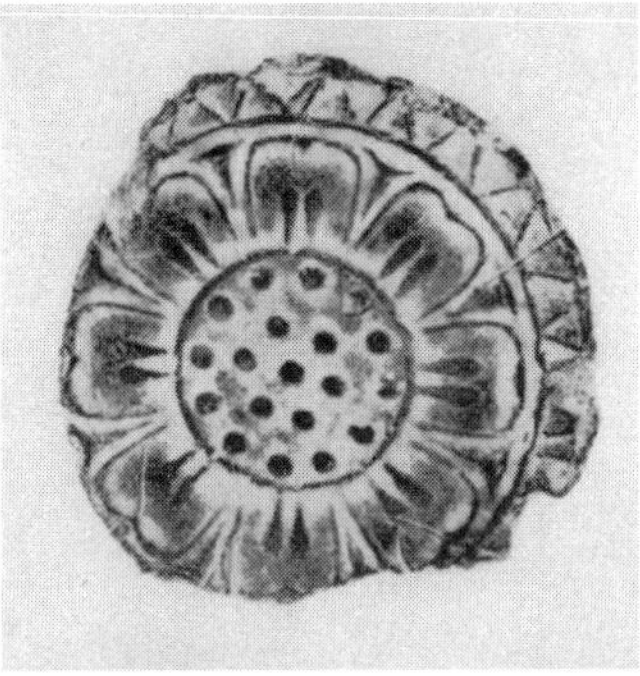

写真44　法起寺軒丸瓦拓本

その後、本薬師寺の真西に存在する畝傍山の南北軸と薬師寺―法輪寺―藤ノ木古墳の軸線との交点に薬師寺が造られた。そして、藤原四兄弟の死（七三七年）の後に、七三九年斑鳩宮の跡地に夢殿が建てられたと伝承されている。

高松塚と藤ノ木古墳は檜隈寺の二三度の軸線で結ばれるわけで、これらの因縁を解いた結果、それらの古墳の被葬者が判明した。つまり、高松塚と藤ノ木古墳の被葬者のために、本薬師寺も薬師寺も造られたということであって、薬師寺を建立した人物・藤原一族や天智一族がそれらの被葬者の鎮魂をしているのである。

夢殿を建てたのは藤原一族だが、法起寺の建立は天智一族ということであろう。法起寺の軒丸瓦（写真44、前頁）が法隆寺西院伽藍や川原寺の軒丸瓦（写真32・33参照 二三二頁）に酷似していることから、そのように想像する。

つまり、本薬師寺や薬師寺の位置こそが、それらの謎を解く鍵であったのだ。そうであるならば、高松塚の被葬者と藤ノ木古墳の被葬者の関係は親子であり、斑鳩宮で亡くなったのが藤ノ木古墳の被葬者であり、飛鳥板蓋宮で殺害されたのが古人大兄大王（天皇）ということになる。

## 築造年代の疑問

藤ノ木古墳（写真29 二〇六頁参照）は水田の中にあって墳丘の上に果樹が植えられていたが、発掘されて現在では公園として整備されている。発掘前には周辺で埴輪などが出土したことから、研究者の間では古墳時代中期頃の円墳だという見方であったようだ。

あまり注目されていない古墳だったが、高松塚の発掘以来の壁画ブームに乗って調査されたようだ。結果として、一九八五年に橿原考古学研究所と斑鳩町の共同調査が開始され、横穴式石室をもつ六世紀後期の古墳と推定されている。

第二章で述べたことだが、築造時期の六世紀後期という推定に疑問がある。藤ノ木古墳と高松

写真45　藤ノ木古墳石棺

塚を結ぶ軸線の事実から、六世紀後期の築造であるわけがない。それは物理的に証明されているが、問題点は後述したい。

しかし、盗掘されていない古墳は驚くような内容であった。古墳の石室には、朱色に塗られた石棺が置かれていたが、通常とは異なる横向き（写真45）に石棺を置いていた。その石棺の置かれ方も意味があったのである。多くの副葬品と共に人骨も出土し、それらは二体の白骨死体と推定された。

## 被葬者の人骨鑑定

石棺内部の出土状況を見取図（図40参照、三四五頁）に示した。また、その中の遺体配置を推定した図を（図41）に表した。そこで一般的に、図のごとく二人を便宜上、北側被葬者と南側被葬者と呼んでいる。

特に注目するのは、筒型金銅製品と呼ばれる副葬品が南側被葬者の頭の位置にあったが、これが被葬者を特定する鍵であった。

人骨鑑定は池田次郎京都大学名誉教授（自然人類学）と片山一道同大学助教授（自然人類学）によって行われ、北側被葬者は九九・四五パーセントの確率で男性であることがわかっていて、身長は一六四から一六五センチと推定されている。また、年齢は十七歳から二十五歳の範囲で、二十歳前後とみられている。

南側被葬者は足骨しか残っていなかったため、そこからの判断とならざるをえなかった。男性で二十から四十歳で身長は一五六センチ（明治時代前半に近畿地方で出生した男性の平均値）より高いということになっている。（以上『斑鳩に眠る二人の貴公子』）

また、古墳発掘調査委員会の同じく池田教授の目測鑑定によれば、北側被葬者はかなり背の高い、がっちりした二十歳から三十歳代の男性。また、南側被葬者は骨が一片しかないため、ただの成人となっていて性別はわからなかった（『法隆寺建立の謎』）となっている。

同じく片山鑑定（『藤ノ木古墳の全貌』橿原考古学研究所編）によると、南側被葬者に関して、性別は「それは考古学の世界の方が決めてください」となっている。

『斑鳩に眠る二人の貴公子』の前園が南側の被葬者に関して、男性としているが、骨が少なく比較材料がほとんどないわけで、結論を出すのは難しいようにおもう。足骨だけの比較で大きいから男性としたということであり、身長一五六センチの女性もいるということを無視しているのではないか。

後述しているが、副葬品からは女性とする見解も得られるわけで、男性か女性か決定的な証拠はなく、現段階では流動的としたほうがよいであろう。

## 研究者が示す藤ノ木古墳の被葬者

古墳の築造時期について、研究者たちの判断は六世紀後半に絞られている。したがって当然のことながら、そこに眠る被葬者についても六世紀に亡くなった人物に絞られている。

それらは、先の高田良信によって著された『法隆寺建立の謎』に、次のように著されている。

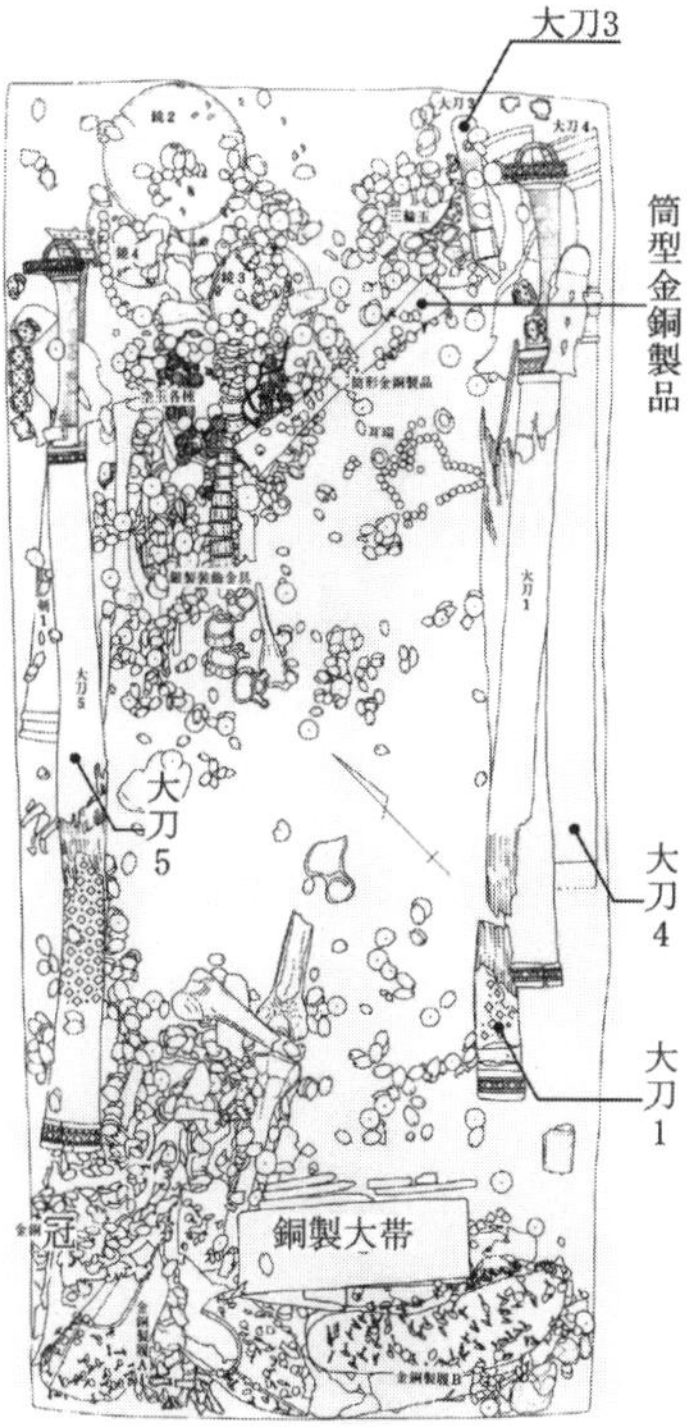


図40　石棺内部見取図
（『斑鳩藤ノ木古墳概報』）

図41
遺体配置推定図

（発言者の役職等は当時）

奈良新聞（一九八八年十月八日）による被葬者像

○「物部氏説」―門脇禎二 京都府立大学学長／直木孝次郎 大阪市立大学名誉教授／黒岩重吾

斑鳩の地が、物部氏の本拠地だったことが確実な大阪府八尾市付近と天理市の石上神宮付近とを、大和川水運と竜田道で結ぶちょうど中間点にあたることが大きな根拠

○「膳氏説」

膳 臣《かしわでのおみ》 斑鳩という人物の存在や太子妃の輩出による斑鳩の地に加えて、同氏の対朝鮮外交の実績に注目する。豪華な馬具を入手できる条件を重視する

○「膳臣巴提便《はすひ》説」―勝部明生《みつお》 橿原考古学研究所附属博物館次長／有坂隆道 関西大学教授

朝鮮外交に活躍し、百済の勇ましいトラ退治の伝承を伝える巴提便を挙げている

○「平群《へぐり》氏、山部氏説」

古墳のある地がかつての平群郡夜麻郷であることが大きな根拠

○「額田部《ぬかたべ》氏説」

大和郡山市南部を本拠としたと考えられるが、やはり同じ平群郡内に属し、馬や飾り馬に

関する逸話が多い

（『法隆寺建立の謎』）

また、一九八八年十月二十五日発行の雑誌「アエラ」において「藤ノ木古墳の被葬者本命は？大穴は？　競馬方式で大胆予想」には次のようにある。

(1)「崇峻天皇」―高田良信　法隆寺副住職
法隆寺文書『別当記』『嘉元記』を見ると、十四世紀、「藤ノ木」は「陵《みささぎ》」と呼ばれていた。また、法隆寺末寺、宗源寺の文書によると、近世初頭には「崇峻天皇陵」とされていた。被葬者は、崇峻天皇か、他の皇族だろう

(2)「蘇我稲目」―猪熊兼勝　国立飛鳥資料館学芸室長
蘇我稲目。「藤ノ木」は外側に埴輪を並べ、つくりは保守的だ。が、衣装には流行のスパンコール（ピカピカ光る飾り）をつけている。外は古く内は新しいところ、斑鳩村のレーガン大統領。こんなことできるの、中小豪族ではない

(3)「物部尾輿」―黒岩重吾　小説家
物部尾輿か、一族の有力人物。物部氏は軍事氏族で当時、一帯の要衝の地を押さえてい

た。また、外交氏族でもあって、百済とのつながりが深い。『日本書紀』を見ると一族の多くが二世として百済風の名を名乗り、百済官人となって活躍している

(4)「膳臣巴提便」─有坂隆道

膳臣巴提便。彼は、新羅の進出に不安を感じる百済へ特命全権大使として派遣され、五四五年、百済の聖明王から「藤ノ木」の馬具や棺内の沓《くつ》、大刀などを贈られた。『日本書紀』や中国、朝鮮半島の記録を読めば、そう推測される

(5)「平群氏一族」─覆面A氏

「藤ノ木」の石室を見ると、石の組み方、排水溝の構造が平群氏の本拠、平群谷にある烏土塚《うどづか》古墳に似ている。おそらく同じ技術者グループが作ったものだ。一帯の古墳を研究すれば、ずばり、土着豪族の平群氏という結論が出てくる

(6)「額田部氏一族」─覆面B氏

超豪華な「藤ノ木」馬具は、被葬者が「馬」を職業としたことを語っている。額田部氏は天皇に馬を献上し、外国使節を迎える際には飾り馬の長となった。本拠地も「藤ノ木」の南東約四キロにあった額田郷とされ、地理的にも近い。額田部氏を推したい

(7)「紀氏一族」─千田稔　奈良女子大学助教授

水軍支配者、紀氏。朝鮮系副葬品の出土など、「藤ノ木」と類似品の多い鴨稲荷山古墳（滋

賀）、江田船山古墳《えたふなやま》（熊本）も、やはり水軍と結びついていた。紀氏はまた、平群氏の親類で土地と深く結びつく一方、国際性もあった

(8)「百済王族」—金元龍　韓国ソウル大学名誉教授
「藤ノ木」馬具の様式、棺内の歩揺《ほよう》で飾られた布などは百済系のものだ。石室の構造も源流は百済にある。ただ、石室や副葬品が日本化していることを考えると、被葬者は百済から渡来し、数十年を経た王族か、その二、三世だろう

（『法隆寺建立の謎』）

以上が藤ノ木古墳の被葬者を研究者たちが予測した内容である。雑誌『アエラ』の見解は、「不謹慎かもしれないが、その研究者たちを競馬場の予想屋のごとくに見てしまう（『法隆寺建立の謎』）」となっている。

さらに、前述した『斑鳩に眠る二人の貴公子』（前園実知雄著）によれば、欽明大王の子・穴穂部皇子《あなほべのみこ》と宣化《せんか》大王の子・宅部皇子《やかべのみこ》の二人という説となっている。この二人の皇子は蘇我馬子によって、五八九年に殺害されている。六世紀末という古墳の築造時期が基準となって、そこから想像されていることがわかる。

そのことより、前園が古墳の状況を見て「あわただしく埋葬された」のでは、としている点に

注目するが、この話は後段に譲る。

藤ノ木古墳の被葬者について、前述するように様々な見解が出ている。十人十色で、これでは被葬者を特定する決定的な基準がないことを露呈しているようにみえる。

確かに、研究者たちは被葬者について、墓誌がないなど、「決定的な証拠がなければその壁は破れず、将来において突き破る見込みもない（『高松塚とキトラ――古墳壁画の謎』）」と思っているようなのだ。

逆に言えば、決定的な証拠が出る見込みもないのだからと、自由な発言をしているようにもみえる。前述の『アエラ』の編集者のように、基準を持たない研究者を「競馬の予想屋」のごとく、皮肉な目で見ることも納得させられる。

しかし、現実は違った。現代人が見えなかっただけで、そのようなことはなかった。物理的な軸線が設定され、見えない暗号があったのだ。

## 法隆寺古文書にある藤ノ木古墳の被葬者

どうも研究者たちは、古墳には被葬者を示す墓誌がないのだから、永久にわからないと思っているようにみえる。ようするに、見える文字がないことが致命的と考えているようだ。本当にそうだろうか。

墓誌は古墳に入れなかったが、その位置や形態が墓誌だったのではないか。わたしには「見えない軸線」が墓誌のようにみえる。

文字で書かれたもので、法隆寺に藤ノ木古墳に関する古文書が残されていた。その存在を発見したのが『法隆寺建立の謎』の高田良信であった。

その本によると、藤ノ木古墳に接して宝積寺《ほうしゃくじ》という寺院があり、その寺を守っていた人物がいたというのだ。残っている最古の文書は一一六〇年で、宝積寺を守り法要を行っていたことが書かれていた。また、藤ノ木古墳を「ミササキ」と呼んでいたことが一二六五年の文書からわかる。

そして、江戸時代の一六七九年の文書では「崇峻天皇御廟」という文字が出てくるが、その宝積寺は、一八五四年に「陵山王女院宝積寺」が焼失して、寺を守っていた法尼が焼死して以来、再建されなかったようだ。

「ミササキ」という天皇の墓を表す名が当初から使われ、崇峻天皇という名が上がってくる原因は、何かしら、天皇（崇峻）が豪族（蘇我馬子）に殺害されるような伝承が、人びとの間にあったのであろう。また、藤ノ木古墳が盗掘されなかったのは、古代から墓守がいたからということもわかる。

崇峻の殺害は五九二年で、研究者の示す古墳の築造年代となっていて、時期的に合致しているが、わたしは、崇峻の時代は仏教寺院の建設ラッシュで、敏達の最も重要な施策がなされた時代とかんがえている。動揺している時期には仏教寺院の建設どころではない。

五九二年頃には、飛鳥寺や若草伽藍の建設が行われている時期であって、仏教による国づくりを主導する強いリーダーシップのある人物が存在したのではないか。政治の不安定な状況はなかったとおもわれる。

現在なら、国立競技場の改築をクーデターのさなかに進行しているようなもので、崇峻の殺害などなかったとわかる。

前述するように、天皇が大臣によって殺害されるという事件は藤原不比等の作り話であって、『日本書紀』の記述こそが天智一族に牽制となっているようにおもう。つまり、「乙巳の変」の真実や天武崩御後の持統による大津皇子殺害を思い起こさせるのだ。

また、江戸時代から崇峻という名が上がって来るのが面白い。本居宣長《もとおりのりなが》の『古事記』や賀茂真淵《かものまぶち》による『万葉集』の研究など、古代の研究が盛んに行われ始めたのが江戸時代であったからだが、伝承から天皇クラスの殺害を考えたとき、『日本書紀』を読んで、必然的に崇峻の名が出てきたのであろう。そのように思いたくなるケースだ。

わたしは軸線の物理的事実から、藤ノ木古墳の被葬者は乙巳の変（六四五年）に関わって死亡した古人大兄皇子の親族で斑鳩宮に関係した人物としている。

それは、薬師寺―法輪寺―藤ノ木古墳、および薬師寺―法起寺―夢殿という軸線の意味をかんがえたときに、藤原一族や天智一族が藤ノ木古墳や高松塚の被葬者の祟りを恐れているところから、想像している。

その藤ノ木古墳の二人の関係は母と子、姉と弟、夫婦ということだが、どちらにしても男女とおもっている。おそらく、古人大兄の子供夫婦であろう。そして、女性側が倭漢氏に関係している可能性が高い。

その証明を次に行うのだが、その決定的な理由は軸線ということになり、古墳の築造時期や血縁や因縁を明らかにしてくれている。加えて、副葬品や石棺の中にあった物質なども証拠となるであろう。

## 2　藤ノ木古墳の築造時期

研究者が示す築造時期への疑問がある。前述するように、軸線の考察結果は歴史家や研究者の唱える築造年代を否定していた。その軸線が示す結果を除いたとしても、歴史学者や考古学者の年代設定の根拠が希薄なようにおもう。

また、発掘報告書にある副葬品に関しても、六世紀という最初に結論ありきで、それを前提として話が進められているような印象がある。その点を論じてみたい。

研究者が示す築造時期に対する疑問は非常に単純なものであって、わたしのような専門家ではない人間がかんがえる疑問である。

## 築造年代を測定する基準はなにか

歴史学者によれば、藤ノ木古墳の築造された年代は六世紀末と推定されている。しかし、軸線の事実から、その六世紀末という推定は物理的に否定される。

実は、藤ノ木古墳の築造年代が六世紀後半であると判定した明確な理由が見つからないのである。理由がわからなければ、反論したくてもできない。

前述するように、発掘調査の記録は次の図書にまとめられている。奈良県立橿原考古学研究所編『斑鳩　藤ノ木古墳　概報』（一九八九年）や同じく『藤ノ木古墳の全貌』（一九九三年）及びそれらの発掘に従事した考古学者の前園実知雄による『斑鳩に眠る二人の貴公子　藤ノ木古墳』（二〇〇六年）などがあるが、それらを読んでもわからない。

わたしには最初から、六世紀末という前提でスタートしているようにみえる。しいて言えば、石室に残されていた土器の年代や石室の形状や巨石を刳《く》り抜《ぬ》いて造る刳抜式《くりぬきしき》石棺の形状などから判断しているようにもみえるが、それほど確信があるようでもない。資料を読んだ感想はそのようである。

それらの判断は、当時の学者の常識ということであろうが、軸線から浮かび上がる年代は七世紀の乙巳の変（六四五年）を示している。

なぜそのようなことが言えるのか、高松塚と藤ノ木古墳が檜隈寺伽藍配置の中心軸の角度二三度で結ばれているところから判断している。

つまり、藤ノ木古墳の位置は、少なくとも若草伽藍の二〇度の傾き、斑鳩宮、高松塚が存在しなければ、決して設置できない場所にあるのだ。

それは幾何学的で時間的話となるが、藤ノ木古墳を最初にその場所に設置する確率はゼロに等しいだろう。若草伽藍、斑鳩宮、高松塚があったからこそ、そこに藤ノ木古墳があるのだ。

おそらく、学者の間では六世紀後半としたい理由があるのかもしれない。それらは、先の考古学者の前園実知雄が著した『斑鳩に眠る二人の貴公子　藤ノ木古墳』によれば、次のようになる。

藤ノ木古墳の被葬者は、「そこで浮かびあがってくるのが蘇我、物部の主導権争いのなかで、物部守屋の推した皇位継承者候補の穴穂部皇子《あなほべのみこ》である。先に紹介した『日本書紀』の死亡年と遺構、遺物の年代との間に矛盾もない。」また、「もう一人の被葬者は、翌日に殺された宅部皇子《やかべのみこ》であろう」となっている。

人骨鑑定を推測し、男性二人とする結果を優先しているのであろう。この事件は五八九年の出来事と『日本書紀』にあるが、軸線の事実からかんがえると、藤ノ木古墳の位置はかなり特殊であって、その年代だとすると矛盾する。

なぜならば、藤ノ木古墳の築造を五九〇年頃とすると、欽明陵とされる梅山古墳と大野丘北塔は完成しているので、耳成山の南北軸と梅山古墳の東西軸の交点は存在していた。この時点でその交点には古墳はなかった。

しかし、斑鳩宮（六〇一年着工）や高松塚は存在していないわけで、存在しないものと結びつけるなどはできない。そのような位置に藤ノ木古墳はあるということである。

藤ノ木古墳と高松塚は二三度の軸線で結ばれていることから、少なくとも、その位置は、若草伽藍の角度を使って決定された高松塚が存在しなければ決定できない。逆に、藤ノ木古墳が先に築造されたとしても、その交点に高松塚が設置されるとの予測の下に築造しなければならない。

結果として、藤ノ木古墳は七世紀の築造であり、その事実は物理的に証明され、研究者の示す六世紀末説は否定される。

なぜそのように判断できるのか。そもそも、軸線で結びつける意味は、藤ノ木古墳の被葬者と高松塚の被葬者に関係性があると葬った側が思っていたことを示している。

その建造物には被葬者たちを結びつけたいという「こころ」がみえる。そうであるならば、耳成山の南北軸に眠る大王の縁者であり、そのおびただしい副葬品からすれば、大王の子とするのが自然である。

以上のことから、藤ノ木古墳の被葬者は「乙巳の変」によって殺害されたとする古人大兄皇子の子たちがその被葬者である。

そして、斑鳩軸上にある御坊山古墳群も高松塚や藤ノ木古墳と同時期に築造された可能性が高いようにおもう。なぜならば、檜隈寺から延びる二三度の軸線と斑鳩軸との交点に御坊山古墳群が存在するからである。

その二三度の軸線は「藤ノ木古墳—高松塚」の軸線を踏襲しているわけで、「乙巳の変」に関係していることを知らせているようである。

当然のことながら、それを後代に伝えて、告発しようというわけではなく、仏教寺院と結びながら、その被葬者たちの鎮魂を行っているのであろう。

檜隈寺は倭漢氏の氏寺であって、その被葬者たちの血縁者によって古墳が築造されたのである。彼らがどのような因縁によって死なねばならなかったのか。御坊山古墳群の被葬者たちの因縁を二三度の軸線によって表しているとおもわれる。

## 石室の土器と古墳の築造時期の関係

藤ノ木古墳は、発掘前には水田の中にあって墳丘の上に果樹が植えられ、周辺で埴輪などが出土していた。あまり注目されていない古墳だったが、高松塚の発掘以来の壁画ブームに乗って調査されたようだ。結果として、壁画はなかったが、すばらしい副葬品が発見された。

橿原考古学研究所と斑鳩町の共同調査が一九八五年に開始され、藤ノ木古墳は横穴式石室をもつ六世紀後期の古墳と推定されている。

だが、高松塚と藤ノ木古墳が軸線で結ばれるのをみると、その推定は間違っている。それでは、なぜ六世紀後期とされているのか、その理由を確かめる必要がある。

築造時期については一九八八年十一月二十四、二十五日に朝日新聞社で行われたシンポジウムで研究者たちが次のように述べている。（発言者の役職名、所属は当時）

築造時期については、朝日新聞のシンポジウムで、上原和（成城大学）は「六世紀初めまで幅広く考えるべきだ」と主張し、関川尚功（橿原考古学研究所）は、「須恵器の形から六世紀末まで下げてもいいのではないか」といっているが、河上邦彦（橿原考古学研究所）は、「下限五七五年」とみており、石野博信（橿原考古学研究所）は、「幅広くみても五四〇―五九〇年、そのうち、可能性の強いのは、五六〇―五八〇年」とみている。（『藤ノ木古墳と六世紀―被葬者は誰か』黒岩重吾・大和岩雄著、一九八九年）

また、日本経済新聞のシンポジウム（十一月十九日）では次のようにある。松田真一（橿原考古学研究所）が、藤ノ木古墳の家形石棺は「六世紀後半から七世紀初めにかけて造られたとみられる赤坂天王山古墳や牧野古墳に近い」といっている。（『藤ノ木古墳と六世紀』）

さらに、考古学者の前園実知雄が著した『斑鳩に眠る二人の貴公子　藤ノ木古墳』（二〇〇六年）においても、古墳の築造時期は、「石室内に残された土器から考えられる年代は、六世紀後半から末葉といったところだろう」となっている。

つまり、研究者たちの大半は六世紀説ということで、古墳の築造年代について、ほとんど議論されることなく幾多の報告書や著作ができ上がっているようにみえる。

その古墳の築造時期に関しては多くの疑問がある。六世紀とするその判断の元はどこかということだが、どうも古墳の石室の入口部分（羨門部《せんもんぶ》）において、被葬者を弔う儀式に使う土器の年代で判断しているようなのだ。その土器が被葬者の年代を表しているという論理である。『藤ノ木古墳とその文化』（森浩一・石野博信編）によると、築造年代の「根拠の一つは須恵器《すえき》の時代です（石野）」となっていて、須恵器（写真46 次頁）という土器の年代考証に沿って、判定しているようなのだ。

しかし、その論理には落とし穴があるようにおもう。現代においても、仏壇にあるものは古く見えるものばかりである。新しいものでも様式や形態は古く、結果として、材質や形態は古いものが好まれている。

なぜそうなのか。その哲学的な問題をここでは問うことができないが、古いものが好まれるような傾向は古代においても同様ではないかとおもう。

もし、そうであるならば、研究者が古墳にあった須恵器によって、その土器の年代が古墳の築造時期とする、その判断はかなり危険なのではないかとおもう。

わたしは、祭祀に用いる土器の年代と築造時期が一致するという研究があるのかどうか、拙学でよくわからないが、前述した理由によって築造時期の正確な判断材料になるとはおもえない。

写真46　石室にあった土器（須恵器）

築造時期の判断については、藤ノ木古墳の家形石棺が七世紀にも存在しているとある（日本経済新聞社シンポジウム）。巨石を刳《く》り抜いた石棺は大変な労力をかけて造られているわけで、その技術と労力は葬る側の経済力の問題でもある。
六四六年に薄葬令《はくそうれい》（身分によって墓の規模を規制する法律）が施行された理由も経済の問題であった。それは石棺の作り方にも影響を与えたのではないか。したがって、古墳の築造技術や石棺などの様式の変化の方が、築造時期の判断材料として、優先されるべきとおもわれる。なぜ、その判断が採用されないのか不思議であって、藤ノ木古墳の築造時期は七世紀前半も含まれるとしてよいのではないか。さらに言えば、最も優先されるべきは、位置や形態に関する軸線の存在であろう。

## 家形石棺と刳抜式《くりぬきしき》石棺の年代比較

前述するように、築造年代に疑問のある古墳は宮塚古墳、市尾墓山古墳、赤坂天王山古墳など、すべて家形石棺であった。また、菖蒲池古墳にも家形石棺が二基あって、斉明と建王が六六一年頃に葬られたとかんがえてきた。

藤ノ木古墳の石室に置かれていた石棺（写真45参照　三四三頁）も屋根をのせた家のような形をしている。それで家形石棺と呼んでいるのだが、全体が朱色に塗られていた。

また、第三章にて述べた飛鳥京の植山古墳の東側石室にも阿蘇ピンク石（阿蘇溶結凝灰岩）で作られた家形石棺がある。なぜそのような朱色としているかについて、「朱は悪霊を追い払う聖なる印《しるし》だった」（『飛鳥の謎』邦光史郎著）とあるように、悪霊や怨霊を祓う意味があって、被葬者の鎮魂を試みているのであろう。

家形石棺は屋根の形をした蓋《ふた》と箱型に刳《く》り抜かれた部分の二つから成り立っている。屋根部分に付いた四角な突起は四ヵ所あるのだが、重量のある石蓋を釣り上げるために、ひとつの巨石から削りだされ、蓋と一体的に作られている。

その家形石棺と同じく、巨石を刳り抜く方法で作られた石槨に御坊山三号墳（写真47）があるが、刳り抜かれた石が蓋の役目をしている。都合上、蓋形《ふたがた》石槨と呼ぶことにする。こちらは研究者の間では七世紀のものと判断されている。両者の間には五〇年から一〇〇年の開きがあるという見解となっている。

やはり、その時期的な判断には疑問を抱かざるを得ない。その疑問は石材を加工する技術的な問題であって、家形石棺の方がはるかに難しい技術で、手間もかかるからだ。

なぜなら、御坊山の蓋形石槨と家形石棺は巨石を刳り抜く技術は同じであるが、家形石棺は刳り抜くだけではなく、外側を削って屋根の形や箱形にしている。その差は思ったより大きい。

家形石棺は石の加工という点で、御坊山の石槨の三倍以上のリスクを負っている。例えば、現代の建築材料としての石材は山から切り出してくるわけで、その切り出し方法から石を加工するときの問題点がわかる。

石材の切り出し方法というのは、石の性質を利用して行われる。石は均一ではなく、様々な物質が集まって構成され、必ず石の節理《せつり》という目の方向に並んでいる。その柔らかい部分に鉄の楔《くさび》を入れて割る方法をとっている。

写真47 御坊山三号墳

おおよそトラックに載る大きさに切り出して、それをさらに石材加工場で注文に応じた大きさ厚さに整えるのだが、石のブロックの中に不純物があって、その目の方向が合わないと、石が割れて使い物にならなくなる。使い物にならない量は、石のブロックの状態に左右されるが、通常でも重量で二割以上になる。

つまり、内外を削り取らねばならない家形石棺を作るときのリスクはかなり大きいことがわかる。技術的にも御坊山の蓋形石槨より高いものが古いとはおもえない。したがって、家形石棺が六世紀で御坊山の石槨が七世紀と断定することが信じられないのである。

それが、研究者のあいだでは、家形石棺の方が六世紀で御坊山の蓋形石槨が七世紀となっている。その見解は様々な理由があるのだろうが、拙学のわたしにはよくわからない。

少なくとも、それらは同時期でよいのではないかとおもう。そして、高度な技術を使っている方が、身分が高いとか裕福だということではないか。

家形石棺は高度な技術力によってつくられているわけで、それを注文できる経済力が備わった人物が葬られていることだとおもう。それより、石室を必要としない石槨と石室の差の方が重要な気がする。

御坊山の石槨は鬼の俎・鬼の雪隠遺跡と同じ方法でつくられた石槨ということになる。わたしの主張は、家形石棺の技術が高松塚やキトラ古墳などの組み合わせ石槨へ引き継がれているというものであって、家形石棺を六世紀とする区分には納得できない。

## 仏像の光背と冠における唐草文様の比較

藤ノ木古墳から出土した金銅製の冠《かんむり》の飾りデザイン、連続した三つの葉からなる唐草文様について、年代比較がなされている。それは、『斑鳩　藤ノ木古墳　概報』に「藤ノ木古墳にあった金銅製冠（写真48）の連続三葉唐草文が法隆寺釈迦三尊像（写真49）の光背のモチーフに使われている」となっていて、確かに唐草文様であって似ている。

それらの製作年代に関して、研究者たちの論理は次のようになっている。

法隆寺釈迦三尊像は、百済様式で六二三年に完成した止利《とり》仏師の作とされ、土器などの年代から六世紀末とされる藤ノ木古墳の方が古いのだから、釈迦三尊像の光背にその文様デザインが継承されている、という論理になる。だが、わたしには金銅製冠の文様の方が洗練されているようにみえる。

研究者たちの論理は高松塚と藤ノ木古墳を結ぶ軸線の存在によって崩れることになるが、それにしても、冠のデザインは唐草文様の先端が四枚に分かれて、きらびやかに見えるように工夫されている。ただし、仏像の光背のデザインは唐草文様が火焔文様に変化し、その火焔が立ちのぼってゆく様が描かれ、異様な光背となっているわけで、デザイン比較の対象にならないかも知れない。

写真 48 藤ノ木古墳金銅製冠

写真 49 法隆寺釈迦三尊像光背

そのことからも、釈迦三尊像の光背と冠のモチーフが唐草文様であって、同時代の物とした方がよいのではとおもう。

また、その釈迦三尊像の製作が七世紀であるとすれば、それと関連する藤ノ木古墳の冠のデザインは、わたしの述べるように、七世紀代も視野に入ってくるということを物語っている。

それ以上に、唐草文様は、古人大兄一族の紋章（斑鳩宮や中宮寺跡から出土する軒丸瓦の文様）に使われているわけで、冠のデザインが共通するなら、関連性が高まる。

しかし、その冠はたたまれて、足元に置かれていた。本来なら頭部にあるはずだが、その有様は位階の剝奪《はくだつ》のように見える。

## 3　刀剣の置かれ方が示す被葬者

### 刀剣の配置

主要な副葬品の中に大刀（写真50）や馬具があった。それらの時代も検証しなければならないだろう。

『藤ノ木古墳の全貌』に収録されている論文に『藤ノ木古墳の刀剣類』（町田章著）がある。町田によると、二人の被葬者がいる「棺内では二本と四本とを、左右に分けて配置しております。埋葬遺体、二体にそれぞれ属するものとしますと、大刀のうえからは、最初の埋葬と、追葬とを区別することはできません。やはり、同時に埋葬したのではないかと思います」とある。

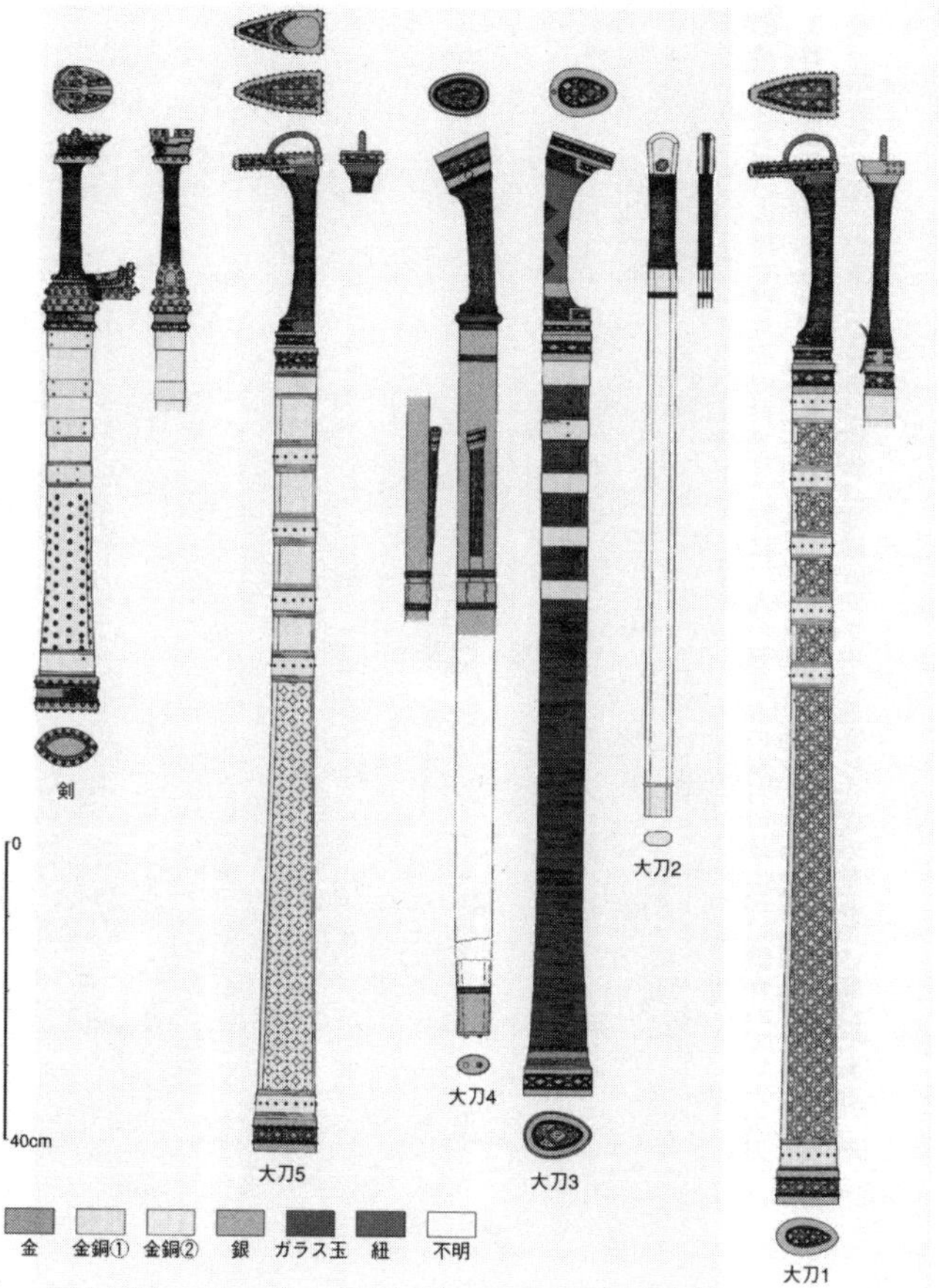


写真50　藤ノ木古墳の刀剣

棺《ひつぎ》内では大刀が左右に分けておいてあり、人骨鑑定の結果として男性二人であれば、それぞれの持ち物ではないかとの判断がされている。〔写真50〕の大刀5と剣が冠を持つ北側被葬者（左側）の方に置かれ、大刀1から大刀4までは南側被葬者（右側）の方に置かれている（図40参照三四五頁）。

わたしは、大刀5と剣がデザインに共通性があり、北側被葬者が儀式のときに共に携えた長剣と短剣のようにおもえるので左側に置いたようにおもう。

刀剣類の作製時期に関しては、次のように述べられている。

「大刀2は、一時期古いと申しましたが、生前から、とくにこの大刀を愛用していたと考えますと、ここにあっても別段おかしくありません。おおざっぱな話ですが、大刀2は、棺外から出てきた美しい文様を施した馬具と時期的に一致するのではないでしょうか」

時期に関する点では、詳細な数字は述べていない。大刀2に関して「一時期古い」というのは五世紀の形式に近いという意味であろう。「ただ、大刀2以外は類例がほかになく、この古墳だけの特殊現象だというのが困ります」とあって、「この五本の刀剣は、藤ノ木古墳の被葬者のために特別にあつらえて作った大刀であろうと考えるべきです」となっている。

また、「古い刀剣の形を忠実に伝えていることからしますと、それも非常に伝統に支配された家柄の人が注文したことになります」と町田が述べるように、その被葬者が大王の家系に属する人間であり、大王を継承する可能性もある人物ということである。

つまり、藤ノ木古墳の刀剣類は他と比較できないほど精巧に作られた大刀ということで、時期的な詳細は正確に言えないということであって、六世紀でも七世紀でもよいのであろう。そして、町田も述べるように、その持ち主は若い王族級の人物ということである。

## 刀剣は北側被葬者の持物

刀剣類の検証から、北側被葬者が若い王族級の人物という推定が出ている。それは、わたしが古人大兄皇子（高松塚被葬者）の子供としていることに同じである。通常なら、大王を継承する人物であって、これらの刀剣の持ち主にふさわしい。それでは、南側の被葬者は誰であろうか。

南側被葬者に関して、女性か男性か二通りの選択肢に分かれている。ただ、二通りしかないということである。二つのパターンに分けてかんがえればよい。

問題なのは南側被葬者を男性とした場合に、その側（右側）に大刀1から大刀4までが存在することである。南側被葬者の方が多くの大刀を所有しているが、北側被葬者と比較して、鏡もなく胸飾りなど装身具も少ない。大刀は数多いのに装身具が少ないことは、矛盾しているのではないか。

もうひとつ、南側被葬者が女性であった場合はどうなのであろうか。大刀1から大刀4が右側にあってもなんの不思議はないようにおもう。なぜなら、北側男性には大刀と剣があり、それらはデザインに共通性があって一対のものとして置かれたとかんがえられる。そして、他の大刀は右側に置かれたということである。南側被葬者が女性であるからこそ、右側に置いたのである。

つまり、南側被葬者を男性とした場合の方が、疑問が多いのであって、男性とした場合に生じる疑問を論理的に解決するのは難しいのではないか。『日本書紀』の中から六世紀後半の事件を探すと、蘇我馬子に殺害された二人の皇子が当てはまるだけであって、石棺内の状態を説明できていないとおもわれる。

## 4　吉祥天像に描かれた藤ノ木古墳の副葬品

### 筒型金銅製品の使用方法

筒型金銅製品（写真51参照）といわれる副葬品が南側の被葬者の頭の部分におかれていた。この製品が何に使われたのか、使用方法はわかっていない。したがって、この製品の使用方法を突き止めれば、南側の被葬者の性別が判明すると直感した。

『藤ノ木古墳とその文化』には、「砂時計型の太鼓《たいこ》」（大林太良・文化人類学者）ではないかという説があるが、わたしは、薬師寺に伝わる奈良時代に描かれたとされる吉祥天像《きちじょうてんぞう》（写真52）の髪形は横に大きくはみ出した特徴があり、それを形づくる芯のようなものとかんがえた。

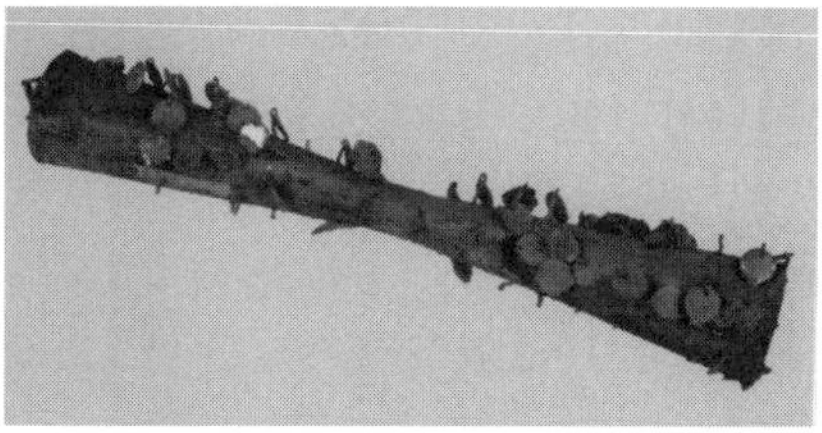

写真 51　筒型金銅製品

写真 52　薬師寺吉祥天像

最初にそう感じたのは、「南側被葬者の頭上にまっすぐに置かれていた（『斑鳩に眠る二人の貴公子』）」ことから、女性の髪につける飾りではないか。そして、薬師寺―法輪寺―藤ノ木古墳の軸線が存在するわけで、吉祥天像という絵画と藤ノ木古墳が関連していると想像された。

奈良時代の女性貴族の髪形には高髻《こうけい》と双髻《そうけい》があることがわかっている。それらは唐の女性の髪形を真似たものであった。また、台北の故宮博物院で、吉祥天像のような横に大きくはみ出した髪形をつくるための長さ二三センチの薄い玉石でできた芯を見たことがあり、芯のようなものが

写真53　吉祥天像の頭部拡大図

あっても不思議ではないとおもった。

写真の吉祥天像の頭部拡大図（写真53）を見ると、左右に大きく張り出した二つの髷《まげ》の上に髪飾りをつけている。髪形を左右に大きく張り出すためには、何か芯になるものを頭頂部に付けねばならないだろう。それには筒型金銅製品（写真51、前頁）の中央部の円形歩揺《ほよう》飾りのないくびれた部分に髷を結《ゆ》わえ付けたのでは、と想像できる。

吉祥天像を見ても、髪飾りの下に黒い髪とおもわれる部分が左右に大きく跳ね出し、先端まで金の歩揺が付いている。顔の幅より跳ね出して見える。その長さについては後の問題だが、どのように髷を結えば顔より跳ね出し、かつ、金の歩揺を先端までつけることができるのか。何か芯になるものを中に入れなければ、不可能のようにおもえる。

その髪形の跳ね出した部分について、左側端部の形状が丸くなっているように見える。それは筒型製品の端部と同じであり、髪形の中央部がくびれているように見えるのも、芯の形状が現われているのではないか。

そこから想像すると、髷の芯となっているのは筒型金銅製品であっても不思議はない。長さが三九センチであってもよいようにおもう。金銅製品の筒型部分に髪を巻きつければ、絵のような髪形となるとおもわれる。

吉祥天像の髪飾りのように、髪だけで左右に跳ね出すことは他にも方法があるかもしれない。しかし、現実に棺の中で、南側被葬者の頭の位置に筒型金銅製品が存在している。その使用方法がわからないのであれば、吉祥天像のようなことも充分考慮にいれてよいだろう。前述するように七世紀も視野に入る古墳であれば、奈良時代とされる絵画にある髪形は参考になるとおもわれる。

## 履と髪形のファッション感覚

この筒型金銅製品を髪飾りで、吉祥天像のように、横に大きく張り出して装着するとした場合、南側の被葬者の足元に置かれた履《くつ》（写真54、次頁）の形状が、ファッション的に一致するようにおもえる。

なぜなら、履の大きさが背の低いとみられている南側被葬者の方が大きく、写真にあるように先端が上に反っているからだ。横に張り出した髪飾りとバランスを取るには、履を大きくして先端を反らす形状がよいようにおもう。現代のハイヒールのような、上下のバランス感覚として、靴の先端を反らしているとおもわれる。

南側被葬者の履は長さ四二センチ最大幅一五・三センチ高さ一二・五センチ、北側被葬者の履は長さ三八センチ幅一一・八センチ高さ一〇センチとなって、履に関しては南側被葬者の方が大きく、反りが高いことがわかる。

　北側被葬者に比較して身長は低いが大きい履をつける意味は、デザイン的にバランスを考えたとするのが自然であろう。

写真 54　上一北側被葬者の履　下一南側被葬者の履

写真 55　吉祥天女像の足元拡大図

そのような先端を尖らした履は、やはり故宮博物院の女性用の履に多くみられ、吉祥天像の足元拡大図（写真55）に、左足の裾《すそ》が捲《めく》れあがって見えるのも、その履の影響とみる。

　つまり、副葬品の筒型金銅製品や履の形状から推測する南側被葬者は女性ということになる。

南側被葬者が女性だということを示す史料は他にもある。

## 馬具の鞍《くら》金具把手《とって》が示す被葬者

藤ノ木古墳の石室の中、石棺の背後に馬具が置かれていた。〔図42〕に女性用とみられる鞍の見取図を掲載してある。こちら向きになっている方が馬の後ろ側（後輪《しずわ》）で、そこに把手《とって》が付いている。その把手が付いた鞍の例は少なく、女性が乗る場合に使用するとみられるところから、女性用の鞍とされている。

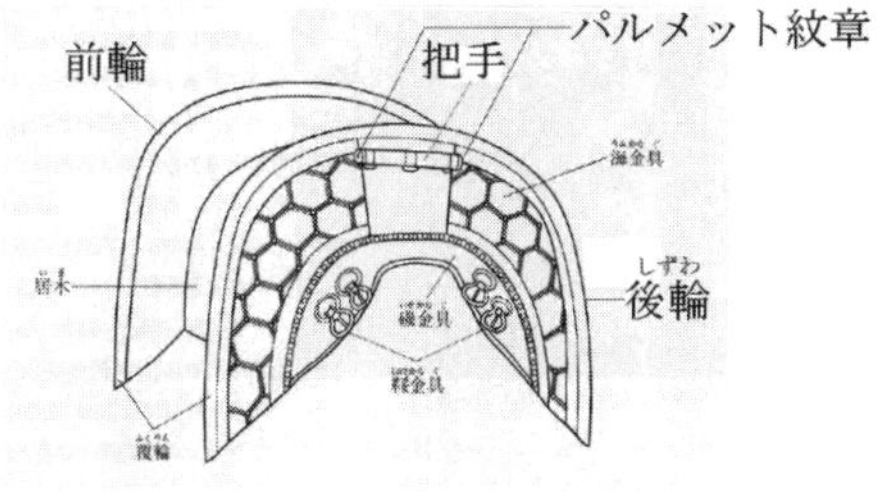

図42　馬具鞍金具見取図

その把手の左右に、ブルーのガラス玉で装飾がしてあり、そのガラス玉には金で象嵌《ぞうがん》が施されていた。その金象嵌のデザインは、把手の直径が二センチ程で小さいので簡略化されているが、明らかに若草伽藍の軒丸瓦に使われている忍冬文（パルメット）であった。斑鳩宮や創建中宮寺や若草伽藍の軒丸瓦の中に、その忍冬文の瓦がある。創建瓦ではないが、ある時代を経て、それらの寺に関わる人物が変わったのであろう。前述するごとく、軒丸瓦の文様は紋章であって、個人が特定される。

若草伽藍では、素弁八葉蓮華文で花弁の先端に小珠を施した紋章と法輪寺の素弁八葉蓮華文で小珠のない紋章の後に、素弁六葉蓮華文に加えて忍冬文で装飾した軒丸瓦が出土する。建立から四、五〇年が経って、大王が替わり、屋根を葺き直す部分もあって、新しい瓦となったのではないか。軒丸瓦の文様が紋章ならば、そのようになる。

その紋章は、敏達、舒明と経て、次の古人大兄皇子一族の紋章ではないか。その紋章が寺院の軒丸瓦に使われ、また把手のデザインとなっているようにおもう。また、新しい軒丸瓦の文様は古人大兄が数年の間大王位であったことを示している。

それを〔図43〕に描いてみた。図には軒丸瓦と把手の大きさの違いを表して、描いている。軒丸瓦は把手と比較すると、かなり大きく、忍冬文を正確に表すことができるが、把手の小さいガラス玉に金で象嵌するには、文様を簡略化する必要がある。その簡略方法を示してあるが、そのようにすれば把手のようなデザインとなる。

六枚の忍冬文の数も同じであって、馬具の把手飾りは古人一族に関連した紋章としてよいのではないか。それは被葬者を表しているとおもわれるが、他の副葬品には、それと同じ紋章はなかった。ただし、冠は唐草文様がモチーフとなっている。

後述するが、出土した帯にバックルがなかったなど、それも意図的に除去されているような気もする。この馬具が、通常と異なって横向きに置かれた石棺の背後にあったことも、残されていた理由かもしれない。

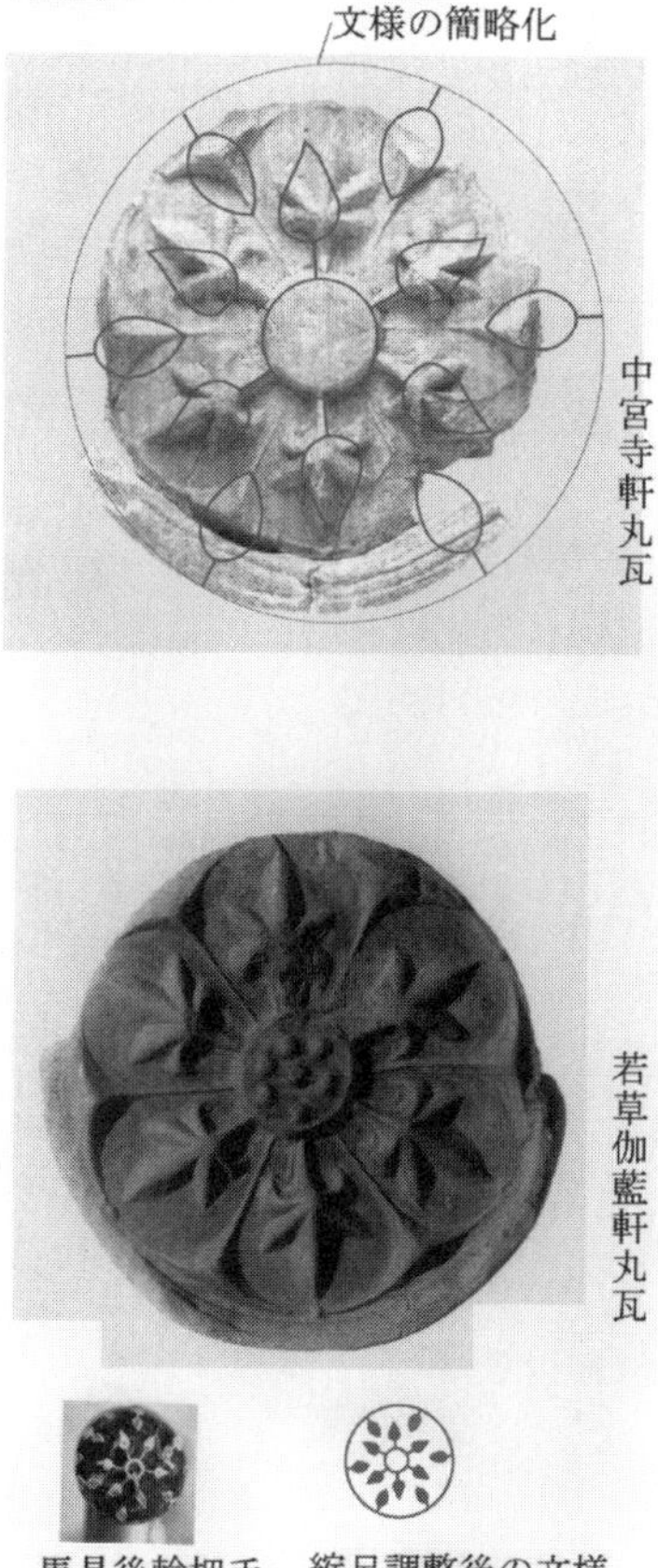


図 43　軒丸瓦と把手の紋章検討

## 足玉は女性の装身具である

『藤ノ木古墳の全貌』に収録される『藤ノ木古墳の石棺内遺物の配置』（泉森皎著）には、南側被葬者の足の部分に残っていたガラス玉について言及している。そのコバルトブルーのガラス製の足玉は女性の装身具とされている。

その根拠は泉森によれば、埴輪の女性像に足玉があるが、男性像には見られないことである。このことは南側被葬者を女性とする決定的な証拠となっていないようだ。

なぜなら、前園による『斑鳩に眠る二人の貴公子』では、南側被葬者がタイトルのごとく男性となっている。

埴輪の女性像に足玉があったとしても、埴輪は古墳時代であって、時期が違えば確実なことは言えないのであろう。足玉を付けた女性の遺体が実際に出てこなければ、南側被葬者が女性であることは認めないのだろうか。それならば、北側被葬者は、なぜ足玉を身につけていないのだろうか。

逆にかんがえれば、足玉に関しては、論理的に男性の物と断定できず、女性の物だとする可能性が高い。選択肢は二通りしかないわけで、北側男性と異なる南側被葬者は限りなく女性ということになる。

先の吉祥天像の足元拡大図（写真55 三七四頁）に、その足玉が表れている。裾部分の左右の足の真ん中に、裾模様と異なる白い○が描かれ、中央に赤い点がある。それと似たようなものが、顔の眉間《みけん》の上の髪に飾られている。これは明らかに金属や玉石でつくられた髪飾りである。そうであるならば、裾のあいだに見える飾りは足玉ではないか。

その場所をよく見れば、裾がそこだけ乱れて、足玉に引っ掛かっているようにもみえる。右足の履が裾から覗いているのとは異なる描き方が左足になされている意味は、なにか理由がなければならない。わたしは、この絵は足玉に裾が絡まっているとしてよいようにおもう。

この吉祥天像がいつごろの制作か定かではないが、七七〇年頃の薬師寺に関係しているという説があるのみで、確定的な話はないようだ。

少なくとも、埴輪にもあった足玉が、奈良時代の吉祥天像に引き継がれている可能性がある。それは長い年月、足玉が女性の装身具として用いられていたことを証明している。

したがって、南側被葬者に関して、ほぼ女性としてよいとおもう。当然ながら、女性か男性か、選択肢は二通りしかないということである。

逆にかんがえてみると、二人の被葬者がいて、北側被葬者は男性で、ほぼ完ぺきに装身具や鏡や刀剣類が揃っている。しかし、南側被葬者には足玉や筒型金銅製品といった、女性のものとして、よいような装身具が揃っている。

つまり、南側被葬者を男性とすると、足玉や筒型金銅製品が男性の物として、それらが女性の物でないとしなければならず、その論理は破たんしている。二通りしかないのだから、明らかに南側被葬者は女性としてよい。

そして、筒型金銅製品が髪形をつくる装身具であるならば、北側被葬者に頭を持たせかけて葬られた南側被葬者の姿は葬った側がそのようにしたわけで、その二人は夫婦と言うことが出来る。

## 帯にバックルがない理由

銅製の帯（写真56）が南側被葬者の足元にたたまれて、置いてあったが、それには、紋章があったとおもわれるバックルがなかった。

バックルがなければ、帯をしめることができない。帯にはバックルをとめる穴が六ヵ所あいているという。それはバックルを故意に外したのではないか。そこには被葬者を表す紋章があったのではないか。それを共に埋葬することができなかったようにおもう。葬儀も管理されて行われた可能性がある。

写真56　銅製大帯

つまり、被葬者が特定されることを恐れたのであって、何らかの事件に巻き込まれた可能性がある。高松塚と関係するなら、藤ノ木古墳の被葬者もまた、「乙巳の変」で殺害された人びとである。

そのようであるなら、石棺の背後にあった、馬具の小さな把手の簡略化された紋章は、見逃された可能性もある。デザイン的には全く同じものではないわけで、見過ごしたかもしれない。

また、石棺を通常とは異なる向きに置いてあることも、石棺の背後に馬具を置いてあったことも関連している可能性もある。できるだけ目につかない位置においた可能性もかんがえられる。

## 吉祥天像の髪飾り

さらに、不思議におもうことがある。吉祥天像の眉間の上にある髪飾りのデザイン（写真57）は、スケッチをみると全体が六枚の花弁で、中心部は忍冬文（パルメット）となって、馬具把手金具のデザイン（写真58）に似ている。二個あるが、同じ文様である。金箔が脱落してわかりにくいが、斑鳩宮の六枚の花弁を持つ軒丸瓦の系譜を引き継いだデザインであって、紋章を示しているのではないか。そのようにおもわずにいられない。

現在でも、吉祥天像は薬師寺に保管されている。そして、何のために吉祥天像を仏教寺院に納めたのか、その理由が重要なポイントとなる。古墳に文字がないことから想像されるが、そもそも吉祥天という名前が最初からあったとおもえない。その絵画が何の目的もなく、納められるわけはなく、明らかに何らかの鎮魂のためであろう。

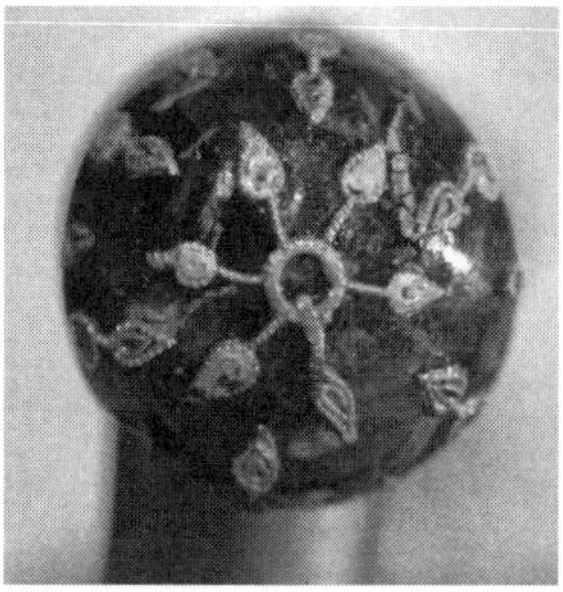
写真 58 鞍把手金具

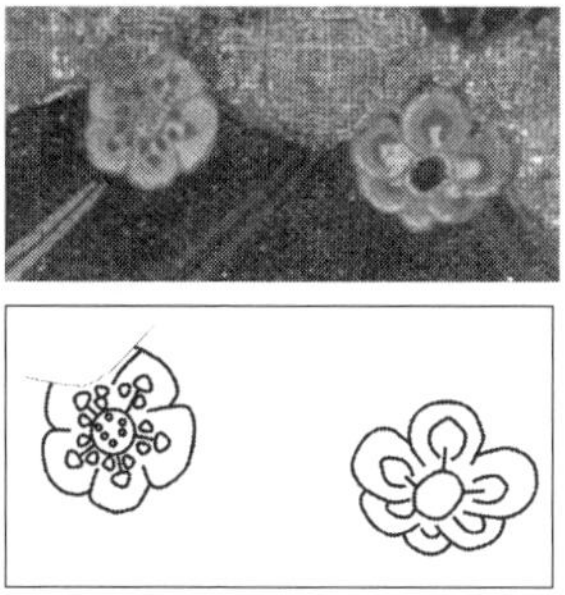
写真 57　髪飾り拡大とそのスケッチ

現在の薬師寺は飛鳥の本薬師寺を移転した寺院とされる。前述するように軸線は本薬師寺―植山古墳―高松塚及び薬師寺―法輪寺―藤ノ木古墳（図30 二四九頁参照）となって、高松塚や藤ノ木古墳に関連した寺院となっているわけで、「乙巳の変」に絡む藤ノ木古墳の被葬者と平城京へ移転した薬師寺は関連がある。

そうであれば、吉祥天像は本薬師寺に納められた可能性があり、しかも、藤ノ木古墳の南側被葬者の親族によって納められた可能性もある。

藤ノ木古墳の南側被葬者の装身具と吉祥天像の装身具が一致している理由は、ある人物を想定して描いているからではないか。また、高松塚の女官の服装と吉祥天の服装が似ていることは、六九〇年頃に描かれた可能性がある。

吉祥天像と藤ノ木古墳の南側被葬者には、髪形をつくる筒型金銅製品、イアリング、ネックレス、手玉、足玉があって、それらは高貴な女性の通常の装身具かもしれないが、髪飾りに六枚の花弁と忍冬文を用いて馬具把手のデザインに似せている。やはり、吉祥天像と南側被葬者は関連するのではないか。

もうひとつ、研究（『日本の国宝―奈良／薬師寺』）によれば、吉祥天像の髪形は現状の絵具の下に別の髪型があって、絵画の制作途中で変更されて、この髪形となったという。

その事実は、この髪形でなければならなかったわけで、藤ノ木古墳の南側被葬者をモデルとしているのではないか。時期的に共通性があり、薬師寺にあることも理由となる。薬師寺と藤ノ木古墳は軸線で結ばれているのである。

この絵は宗教的要素が薄く、光背が描かれた人物はこの世の人ではないとされる（『日本の国宝―奈良／薬師寺』）。つまり、吉祥天像を鎮魂のために仏教寺院に納める必要があった。そのような人物がいたということである。

原点に戻って、古墳の出土状況は何かを伝えているとおもえる。石室の角度四三度は二〇度と二三度に分けられ、藤ノ木古墳の二人の被葬者の出自を表しているのではないか。

二〇度は若草伽藍や高松塚に関係する角度で北側男性の大王の血筋を示し、二三度は檜隈寺由来の角度で倭漢氏を表している。したがって、キトラ古墳の被葬者と藤ノ木古墳の南側女性は血縁がある。そのような結論に至るのである。

以上のことより、軸線と軒丸瓦の研究は被葬者に直接的につながることを意味している。藤ノ木古墳の被葬者は古人大兄皇子の子供夫婦としてよいのではないか。そして、南側被葬者の女性は倭漢氏の出身としてよいのではないか。そのように軸線が示しているとおもう。したがって、吉祥天像を奉納したのは倭漢氏の一族の可能性が最も高く、少ない確率で藤原や天智の一族ということになる。

「乙巳の変の真実」は大王となっていた古人大兄一族の殺害であって、古人が飛鳥板蓋宮において、藤ノ木古墳の被葬者が斑鳩宮において、それぞれ殺害された。舒明の死後、政権が揺れ動いたと、かんがえた方が自然なのである。

## 5　季節が示す被葬者

### 天武天皇の風神・大忌神祀りの時期

天武天皇は壬申の乱（六七二年）の後、六七五年から次の二つの神を頻繁に祀るようになった。この話は前述しているが、その回数は在位期間の一四年間で一五度におよんだ。結果として、毎年四月や七月の初夏あたりに祭祀を行っている。

その場所と時期には意味があるようにおもえる。

なぜならば、藤ノ木古墳の南側にある龍田《たつた》で風神《かぜのかみ》を祀り、また、斑鳩宮の南側で大和川と飛鳥川の分岐点にある広瀬において大忌神《おおいみのかみ》を祀っているからである。

その祭祀の位置は〔図39〕（三三六頁）に示すように、高松塚や檜隈寺から延びる軸線上にある。龍田が現在の龍田神社であるならば、檜隈寺―御坊山古墳群の二三度の軸線上に位置している。また、広瀬が現在の廣瀬神社であるならば、斑鳩宮（夢殿）―高松塚の二〇度の軸線上にあり、藤ノ木古墳―御破裂山の軸線も廣瀬神社を通過している。

その祭祀の意味は何であろうか。何も意味のないところで祭祀を行うことはないだろう。天武は陰陽寮をつくり、式《ちく》（筮竹《ぜいちく》）を用いて占いを行うことが知られている。その結果として、龍田と広瀬で鎮魂を行ったのではないか。

明らかに、広瀬の位置は祀りの軸線上にあって、斑鳩宮で起きた事件に関係している可能性は高い。また、龍田で同時に行われる祭祀がその事件に関連して起きた藤ノ木古墳と御坊山古墳群に関係しているようにおもう。

六七五年になっても斑鳩宮の焼失した跡地や藤ノ木古墳や御坊山古墳群の現地で祭祀を行うことは憚《はばか》られたのではないか。

大忌神は国家を守る神であり、穢《けが》れを浄《きよ》める神である。その神が斑鳩宮と高松塚を結ぶ軸線上で、大和川と飛鳥川の合流する地点に置かれた。川の合流点は神の現れるところであり、高松塚が国家に関連した人物であることも納得する。

また、龍田は丘の上で竜田川が近くを流れている。風神は災害や病気をもたらす悪い神とされるわけで、風神を鎮めたということになる。

前述するように、「乙巳の変」は大王を殺害するクーデターと述べている。それは山背大兄皇子の事件（六四三年）が「乙巳の変」（六四五年）の真実を隠すための創作であって、真実は政治的な理由で、大王となった古人大兄皇子一族の殺害であった。

その証明のひとつがここに表れているとおもう。なぜなら、「乙巳の変」が起きた季節は六月であって、作り話の入鹿の斑鳩襲撃は十一月であり、季節は「乙巳の変」を示している。答えは『日本書紀』の中にあった。

天武天皇は鎮魂のために祀りを行っているはずであって、「乙巳の変」で殺害された人びとの鎮魂を、同じ季節に行っている。それは、現代に引き継がれた人間の「こころ」を感じる出来事になっている。

その後、それらの祀りは持統天皇によっても行われているが、鎮魂の意味が異なるとかんがえられる。そのようにしなければならない理由があったのである。

## 植物化石《プラントオパール》が示す被葬者

最新の技術が藤ノ木古墳の被葬者を特定する可能性が出てきた。『斑鳩に眠る二人の貴公子』によれば、植物化石が棺の中から採取され、花粉が大量に見つかった。最も多かったのはベニバナで、ベニバナから作った赤色顔料を塗ったか、染めた繊維に混じって存在していた。

だが、ベニバナを使っていないその他の繊維製品から、その花粉は見つからなかった。そのことは、防腐効果のあるベニバナで染めた赤い繊維製品で遺体を包んだとしている（前園）。

その他、コナラ属アカガシ亜属やイネ科の花粉があり、それらは七、八世紀の奈良盆地の植生を示しているとされる。そして、葬送が行われたのは、そのアカガシの花粉が飛ぶ季節、初夏の頃とされるとしている。

つまり、ベニバナは最初から繊維製品に組み込まれていたわけで、その花粉は葬送の時期を示しているわけではない。その他の花粉が混入した時期が葬送の時間を示しているという理屈である。それは初夏ということになる。

『日本書紀』によると、斑鳩宮で六四三年に山背大兄皇子とその子たちが蘇我入鹿に殺害された事件は十一月である。また、わたしが主張する「乙巳の変」での事件は六四五年六月である。

そのことから、『日本書紀』の記述の六月とすれば、藤ノ木古墳の被葬者は「乙巳の変」で殺害された可能性が高いことがわかる。その葬送の時期にアカガシの花粉が遺体に付着したのであれば、時期的には初夏で一致する。若草伽藍の焼失も初夏となっている。

また、天武天皇による広瀬と龍田での祀りは初夏であって、その事実も符合するわけで、事件は「乙巳の変」を指している。このように、よくかんがえてみれば、答えは『日本書紀』の中にあるのではなかろうか。

それにしても、この藤ノ木古墳に絡むキトラ古墳の有様ほど雄大なものはない。飛鳥の古墳の中で、おそらく最も標高の高い場所にあるキトラ古墳の被葬者は、四神と十二神将に囲まれ、日月と天文図を見上げて眠っている。山田寺や飛鳥板蓋宮や西院伽藍に関係するその位置こそ、被葬者の出自を物語り、彼が望んだ場所であり、多くの建造物を手がけてきた人物しか思い浮かばない、天に最も近い処《ところ》であった。

# 終章　古墳の被葬者と仏教寺院の創建者

## 仮説の証明

本書でわたしが述べたことは、今までの認識とは大きく異なるものである。しかし、その根拠は真実を記載しているか疑わしい文献やそれらの文献から導く架空の論理ではなく、軸線や寺院の軒丸瓦という物理的な要素から成り立っており、主要な古墳や仏教寺院が「なぜそこに存在するか」全て説明できている。また、そこから古墳の被葬者名や仏教寺院の創建者も判明した。

果たして歴史学者や考古学者がこの仮説を崩すことができるのであろうか。建造物の位置に意味があるなど、あまり考えたこともないかもしれないが、古墳や仏教寺院や仏像に文字がない代わりに、位置が名前だったのである。この仮説に反論できないなら、蘇我一族の実在性もまた、聖徳太子と同じ運命を辿るであろう。

本書への反論は、「蘇我聖徳」や「稲目馬子蝦夷入鹿」という文字の組み合わせは偶然であるとしなければならない。また、蘇我一族の実在性を証明し、甘樫丘の館を発掘することである。また、わたしが提示した軸線の意味を異なる話で説明することであろう。

古墳の被葬者に関して、以上述べてきた仮説を、簡単に崩す方法がある。それは、残っている遺骨のDNA鑑定をすればよい。古い遺骨でも可能なら鑑定すればわかる。

最初にやるべきは、高松塚の被葬者と藤ノ木古墳の北側男性被葬者のDNA鑑定である。これが親子と断定されれば、わたしの説が正しいことになる。この一事で、全てが証明される。

その次は、「入鹿の首塚」に頭蓋骨があるならば、頭蓋骨のない遺体のあった高松塚の被葬者のDNAが一致するはずである。その首は古人大兄皇子のものである。

また、藤ノ木古墳の南側女性被葬者とキトラ古墳の被葬者が親子の関係かもしれないとおもうのだが、DNA鑑定が可能なら調査してみたいところだ。それが一致するようなら、キトラ古墳の位置が現在地に設定できた謎が解明される。それだけ、特殊な優遇された位置とかんがえている。

最後は発掘に関してだが、いわゆる藤原京（新益京）の下に飛鳥京の道路遺構や建造物の遺構が埋まっているはずであって、それを確認して、それが大和三山の内側で正方形をした都市であれば、わたしの想像どおりである。

以上のように、DNA鑑定や発掘をすればよいだけで、わたしの説を崩すことは簡単である。

このように見てくると、『日本書紀』が天皇の継承を乱して、厩戸皇子（いわゆる聖徳太子）を登場させねばならない必然性をつくり出しているとわかる。高麗の僧・慧慈が述べた「この日本国に大きな聖の徳をもって生まれた人」＝聖徳太子のような大王が存在したことは真実であり、その事実を如何に隠すか、確実に伝承として残っているのであって、それを利用したのが藤原不比等であった。

前述するように、藤原一族を有利に導く「しかけ」が『日本書紀』に組み込まれていたわけだが、真実を解くキーワードも残していたと言える。

蘇我聖徳や彼らの名前のような単純なキーワードであるが、文字を信じなかった人びとは急速に変化して、日本独特の文字をつくり出して、認めるようになったのであろう。『古事記』と『日本書紀』は互いに補いあって、現代に生きている。それも、蘇我聖徳のように二つを並び立てるという不比等の戦略であるとかんがえている。

## 古墳の被葬者

本書で推定した主な古墳の被葬者をまとめて〔表A〕にした。これらは全て何らかの軸線で結ばれている古墳であり、前述するように、軸線や軒丸瓦という物理的な根拠から、推測されている。

（表A）主要な古墳とその被葬者

| 古墳名 | 被葬者名 | 古墳名 | 被葬者名 | 古墳名 | 被葬者名 |
|---|---|---|---|---|---|
| 梅山古墳 | 欽明 | 藤ノ木古墳 | 古人大兄皇子の子夫婦 | 佐田二号墳 | 大津皇子 |
| 鬼の遺跡 | 敏達 | 植山古墳東室 | 建王 | 佐田一号墳 | 高市皇子 |
| 中尾山古墳 | 舒明 | 植山古墳西室 | 天智 | 森カシタニ塚 | 忍壁皇子 |
| 高松塚 | 古人大兄皇子 | マルコ山古墳 | 草壁皇子 | 出口山古墳 | 弓削皇子 |
| キトラ古墳 | 倭漢坂上直老 | 束明神古墳 | 元明 | 石のカラト古墳 | 藤原不比等 |
| 段ノ塚古墳 | 舒明 | 牽牛子塚古墳 | 斉明、間人皇女<br>建王 | 赤坂天王山古墳 | 藤原鎌足 |
| 菖蒲池古墳 | 斉明、建王 | 真弓鑵子塚 | 吉備嶋皇祖母命 | 花山西塚古墳 | 藤原定慧 |
| 火振山古墳 | 持統 | 岩屋山古墳 | 天武 | ムネサカ一号墳 | 藤原大嶋 |

特に越智山陵（斉明天皇陵）は、表には含めていないが、菖蒲池古墳から天武によって小市岡陵（牽牛子塚）に移葬され、最終的に持統によって、斉明陵に移されたとかんがえている。そこには、斉明、建王（天智の子）、間人皇女《はしひとのひめみこ》（天智の妹）、大田皇女《おおたのひめみこ》（天智の娘・天武妃）が埋葬されている。理由は前述している。

したがって、菖蒲池古墳や植山古墳、牽牛子塚古墳、越塚御門《こしづかごもん》古墳（大田皇女）には、遺骨はおろか何も残っていなくとも、何も不思議なことではない。

何のために、越智山陵に親族を集めたか。前述するように、藤原宮南北軸と「持統の十字架」を完成することによって、親族をその十字架の軸線上に結集できる。それが目的だとおもわざるを得ないが、その行為の意味するものは、法隆寺西院伽藍とも関連して、様々に想像される。

持統の崩御後、元明天皇（天智の娘・草壁妃）によって、「文武の十字架」が造られたことも、明らかに「持統の十字架」を見習ったことは疑いのないところであろう。

## 軒丸瓦の変遷

前述するように、遺跡から出土した軒丸瓦の文様は単なるデザインではなく、それは紋章であって、建立した個人が特定されることがわかった。

しかし、一般的にはそのようではなく、瓦の製作技術が輸入されたばかりで、それらの瓦は汎用品であるという認識となっている。だが、軸線で結ばれる寺院が共に同じ文様の軒丸瓦を使用しているなど、文様が明らかに紋章となっているわけで、他国と同じであった。

建築工事のタイルなど、土を型に入れて取り出し焼成させる製品は、まず型を製作しなければならない。その型は機能を満足すれば、自由度があって、特に軒丸瓦の文様は自由に決めることができる。

したがって、軸線で結ばれた寺院が同じ文様であれば、特定の人物が造ったことになる。飛鳥寺や若草伽藍が敏達大王によって建立されたのではないかとかんがえる理由が、それらの軒丸瓦である。

それらの寺院は彼の在位期間、おそらく五七〇年頃から聖徳太子が亡くなったとされる六二〇年前後の期間に造られた。五〇年間の安定した政権のもとで、数多くの建造物や都市が造られたとかんがえられる。

したがって、最終的に仏教寺院の創建軒丸瓦の文様の変遷をまとめておきたい。

○敏達の軒丸瓦

飛鳥寺（写真8）、橘寺、大野丘北塔、定林寺（写真39）のグループと若草伽藍（写真9）、四天王寺（写真9）、中宮寺跡（写真19）、上宮遺跡（写真12）のグループは素弁蓮華文で花弁の先端に小珠のあるタイプとなっている。これらは聖徳太子として蘇る敏達大王の瓦とかんがえてきた。

○舒明の軒丸瓦

その後に法輪寺（写真17）、巨勢寺（写真20）、吉備池廃寺（百済大寺、写真18）、山田寺（写真21）などのグループが現れ、素弁八葉蓮華文の舒明大王の瓦とした。

○古人大兄皇子の軒丸瓦

この次に、創建瓦ではないが、六葉で忍冬文を強調した文様の瓦が現れ、斑鳩宮（写真25）、中宮寺跡（写真26）、若草伽藍などから出土する。斑鳩宮や若草伽藍は焼失して、これを最後として他に瓦は現れない。この瓦を古人大兄一族の紋章と推定してきた。

このように見てくると、上宮遺跡や中宮寺跡や斑鳩宮や若草伽藍の焼失時期は六四五年の「乙巳の変」であっても、何も不思議ではなく、むしろその方が自然のような気がしてくる。

○天智一族の軒丸瓦

川原寺の創建瓦（写真33）から複弁八葉蓮華文となってくる。この瓦の特徴は外周に鋸歯模様を配していることであろう。法隆寺西院伽藍（写真32）、上宮遺跡（写真13）、法起寺（写真44）などがそのグループとなっている。川原寺は天智天皇が建立し、その文様を引き継いだ西院伽藍は持統天皇とかんがえている。また、法起寺が七三九年頃の建立であれば、草壁皇子の子・文武天皇の姉である元正《げんしょう》天皇が建立した可能性が高い。

○天武の軒丸瓦

大官大寺（写真37）や本薬師寺（写真38）の創建瓦は複弁八葉蓮華文で外周に鋸歯模様となっ

ていて川原寺に似ているが、外周が二重で鋸歯模様の内側に小珠のリングが配されている。これが天武天皇の紋章となっているとかんがえられる。

以上のように、文様から仏教寺院を建立した人物を探ってきたが、ここからは個人を特定するのは難しいようだ。なぜなら、藤原宮や平城宮や後期難波宮（写真43参照）の主要な軒丸瓦は皆同じような文様となっているからである。

それらは天武天皇の紋章となっている本薬師寺の紋章を少しアレンジしただけで、ほとんど変化していない。特に藤原宮では、本薬師寺のものと変わりはない。天武天皇の死後に遷宮したのにそのようである。天武の威光も利用して、政府の建物という意味を持たせたのであろう。

結果として、仏教寺院の軒丸瓦の文様が個人を特定する紋章であったことを軸線によって証明できたとおもう。それは、飛鳥寺や大野丘北塔（和田庵寺）が蘇我馬子の建立でないことが証明されたということでもある。つまり、蘇我四代は傀儡であって彼らの名前は暗号であった。

蘇我一族に関して、蘇我氏の存在を疑う研究者はいないが、存在を証明できる研究者もいないようだ。『蘇我氏』（倉本一宏著）においても、「蘇我氏の本拠地については、大倭《やまと》国高市《たかいち》郡曽我《そが》とする説、大倭国葛城《かつらぎ》郡とする説、河内《かわち》国石川《いしかわ》郡とする説が存在する」となっていて、本拠地すら確定できていない。また、甘樫丘にあるはずの蘇我蝦夷や入鹿の館（宮門《みかど》）の遺構もいまだ発見されない。馬子の桃原墓（石舞台）も文字があったわけでもなく、何も確定的なものはないのだ。単に『日本書紀』に記載されているだけであって、物理的な痕跡は何も発見されていないわけで、証明されていない。少なくとも飛鳥寺が蘇我氏の建立であることを証明できなければ「蘇我四代は傀儡」とするわたしの説が正しいことになる。

## 仏教寺院の創建者

本書で取り上げた仏教寺院は全て軸線で結ばれて、軒丸瓦と軸線が一致していた。特に、舒明が建立した吉備池廃寺（百済大寺）の軸線と軒丸瓦が一致したことで、軒丸瓦の文様が紋章であることが証明された。それらを〔表B〕にまとめて掲載した。

また、法輪寺から発する若草伽藍由来の二〇度の軸線が、破壊された古墳（敏達の鬼の遺跡）に至ることは、若草伽藍―梅山古墳（欽明陵）と同じ鎮魂の方法であり、古墳と仏教寺院の組み合わせが、大王の継承儀式として、一般的に存在したと証明された。

敏達が創建した仏教寺院が多いことで、信じられないかもしれないが、聖徳太子の伝承と同じとなっている。藤原不比等はそのような人びとの噂を利用して、「蘇我聖徳」という呪文をかけた。逆に、そのような人物が存在した噂を消せなかったことを物語っている。

それは敏達を再び聖徳太子として蘇らせ、象徴化して、治世に利用した。また、臣下への牽制「稲目馬子蝦夷入鹿」も忘れずに仕組んだということである。

これより他に未発掘の寺院があるかもしれない。それは中尾山古墳から二〇度の軸線を斑鳩まで延ばした先、現在の中宮寺の下層となるが、古人大兄の軒丸瓦を持った寺院である。

全くの想像にすぎないが、二度あることは三度あるようにおもう。

（表B）主な仏教寺院とその創建者

| 仏教寺院 | 創建者名 | 仏教寺院 | 創建者名 | 仏教寺院 | 創建者名 |
|---|---|---|---|---|---|
| 法隆寺若草伽藍 | 敏達 | 四天王寺 | 敏達 | 創建中宮寺 | 敏達 |
| 橘寺 | 敏達 | 飛鳥寺 | 敏達 | 大野丘北塔（和田廃寺） | 敏達 |
| 定林寺 | 敏達 | 法輪寺 | 舒明 | 吉備池廃寺（百済大寺） | 舒明 |
| 巨勢寺 | 舒明 | 山田寺 | 舒明 | 川原寺 | 天智 |
| 大官大寺 | 天武 | 本薬師寺 | 天武 | 法隆寺西院伽藍 | 持統 |

これらの仏教寺院の他に宮殿施設がある。

斑鳩宮は欽明の頃からあったのではないか。なぜなら、斑鳩に施された二〇度の都市計画線に合わせた配置ではないようで、それより以前に造営されたとかんがえる。また、軒丸瓦と軸線から上宮遺跡は敏達であり、おそらく、小墾田宮《おはりだのみや》は隋からの使者を迎えるため、敏達によって造営されたのであろう。同様に、飛鳥板蓋宮は唐からの使者を迎える目的で、舒明の造営ということになる。

# おわりに

## 見えない言葉と「奥」

古墳と仏教寺院を結ぶ「見えない軸線」は「見えない言葉」であって、そこに真実が隠されていた。古代人に見えていたものが、現代人には見えなくなったのだが、その軸線を再浮上させたことによって、仏教寺院の軒丸瓦の文様が紋章であったとわかり、古墳の被葬者や仏教寺院や宮殿の建立者が判明した。

その事実を重ねることによって、「蘇我聖徳」や「稲目馬子蝦夷入鹿」という暗号に気づいたのであって、蘇我一族や聖徳太子一族が真実の「乙巳の変」を隠すための傀儡であり、その答えを大胆にも『日本書紀』に組み込んであったのである。結果として、そのようなことであった。

つまり、飛鳥時代の人びとの「こころ」を表した事象が古墳や仏教寺院の位置やそれらを結ぶ直線であり、それらは見えていたのである。その心情を現代に置き換えるなら「見えない言葉」でしかないようにおもう。

現代人にとって、その位置や軸線さえも、もはや暗号でもなく、何の意味もなくなった。見えていたものが見えなくなったのである。

日本列島人は、いつ頃から、それらを結ぶ軸線が見えなくなってしまったのであろうか。おそらく、奈良時代や平安時代初期まで、文字が盛んに使われるようになるまでは、見えていたのではないか。

縄文時代から墓石を周囲から目立つ山へ向けて立てていた習慣があったようだが、その目立つ山はその墓のある地点から、望むことができたのであろうか。広葉樹林の生い茂る高台から、視覚的に見えない場所もあったのではないか。それでも、その方向に墓石を向けた。見えなくとも「こころ」で見えていたのであろう。

文字の使用が本格化して、「見えない言葉」となってしまったようにおもう。地図や文字によって、見えるものとして、記録されてからであろう。「こころ」にあった感情を記録して、相手に伝えるようになった頃から、「見えない言葉」となった。

しかし、日本列島人の典型的な住居にその「見える形式」が残っている。日本の住まいの理想は、玄関という空間が独立してあって、そこから「奥」を見ることができないことが望ましい。「奥へどうぞ」と言われて、初めて「奥座敷」に至り、「奥庭」を眺める位置に座るのである。

それは「奥座敷」や「奥庭」の存在を「こころ」で見ているのであって、鳥居から見えない本殿を意識していることに同じである。このような空間構成は住居だけでなく、庭園や絵画にも表れている。その詳細は稿を改めなければならないが、少なくともパースペクティブ的に全体を俯瞰する環境に住んでいないことが明らかで、他国と異なっている。

また、その影響はあるはずだが、そのような他国と異なる状況を認識することなく、他国と同等と思っている。文化人類学上においても、それこそが最も特徴付けられるはずだが、そのような研究は聞いたこともない。

わたしは、日本列島人はパースペクティブ的でない「主観的な家」に住んで、和歌や俳句という主観的な感情を綴る文学を好み、世界に稀な主観的に書かれる「私小説《わたくししょうせつ》」を読んでいる。とかんがえている。それは日本列島という環境から生じた感性であって、そのことは、悪いことではなく、特徴なのである。

パースペクティブ的な思考でない、そのような傾向はかなり特徴的であるが、誰もそのような認識にない。そのことも、それらの人びとの特徴なのであって、そこを伸ばせばよいだけであるが。

それと同様なことかもしれないが、古代人は文字を信用していないというか。みずからの死に際して、古墳に文字を入れなかった。その意味を計りかねるが、少なくとも「見えるもの」を「うわべ」だけでは信用しなかったことだけは確かであろう。

しかし現代では、古墳や寺院や神の山を結ぶ軸線は、「見えないもの」となった。現代の住まいと同様に「見えない奥」が存在しているが、現代人は見えるものしか信じなくなってしまったゆえに、その軸線が見えなかったということである。

現代においても、目に見えないものといえば、日本の特徴のひとつとなっている職人的な技術がある。また、物理化学の分野でのノーベル賞の多さも無関係ではないだろう。目に見えない、マニュアルにできない「へら絞り」や「木造建築の伝統構法」などの技術に代表される職人技である。その目に見えない技術や発想が重要であって、伝統として受け継がれてきたが、それらが忘れられている。

## 見えないものを信じない社会

見えない軸線が古墳の被葬者を示していた事実は、見える文字しか信じなくなった社会と正反対の価値観を示している。ポピュリズムという大衆迎合政治は、たとえば、皆が活躍できる社会をつくろうという政治スローガンのように、目や耳にわかりやすいだけで、現実には、非正規雇用が四〇パーセントなど、活躍を阻害する正反対の事実が進行している。

活躍するには、精神的な安定が最も必要であって、非正規という不安定な立場では難しい。精神的な安定などは目に見えないもので、価値がないと考えているのだろう。情報端末や家電など日本企業の進取性が失われ始めたのも、非正規雇用の増加と無関係ではない。

また、学問の分野から人文社会系を外す動きがあるが、成果の見えないものは不要と考えているとわかる。日本のノーベル賞受賞者は誰も人文社会系が不要と言わないであろう。

歴史学において、二〇一五年末に相ついで『蘇我氏の古代』や『蘇我氏——古代豪族の興亡』が出版された。蘇我一族の興亡が描かれているが、そこにあるものは文献に記載されている事項（文字）を信じる態度である。『日本書紀』以前の資料もほとんどない中で、闇雲に『日本書紀』を信じるわけにはいかないはずであって、軸線や軒丸瓦の方が真実を語っているようにおもう。

蘇我一族が存在するなら、馬子の墓が桃原墓（石舞台）であり、飛鳥寺を建立した証拠を提出すべきであろう。

つまり、最も重要な部分で、「馬子の桃原墓が石舞台古墳（元明日香村島庄）であることは、諸説がほぼ一致している」（『蘇我氏』）と多数決の意見を元にして論理を展開するという無責任さが、『日本書紀』の持つ性格を見抜けなかった理由なのであろう。「見えないもの」に真実があったのだが、あまりにも「見える文字」の文献を追求し、こだわったことによって全体像を見失ったのではないか。

このように、『日本書紀』や『古事記』の記述がすべて真実であるかのように多くの論が進められている。そのような研究態度こそが「無責任の体系」（『永続敗戦論』白井聡著）を生むのであろう。

その傾向は日本列島人の特質と、おもいたくないが、米国との戦争に突入した責任や二〇一一年の原発事故の責任を誰も取らない結果をかんがえると、全体を俯瞰せずに利得を優先して、ものごとを追求しない「無責任の体系」となっている傾向は否定できないのだろうとおもう。

国際原子力機関（ＩＡＥＡ）の東京電力福島第一原子力発電所の事故に関する最終報告書が公表された。それによると、日本では原発は安全なのだから、対策は取らなくてよい。なぜなら、対策を取ることは安全でない証拠となるからだというような思い込みがあったと指摘している。それをマインド・コントロールされた状態というのではないか。

戦時中に、少しでも戦争に異を唱えれば「非国民」とされたことに同じで、国民が互いに客観的な意見を封じたことと何も変わらない。戦後七〇年経っても何も進歩していないのだ。

それでは何を考えればよかったのか。みずからが戦艦大和に学徒出陣で乗り込み、沖縄特攻を経験した吉田満が『戦中派の死生観』で、次のように述べている。

「昭和年代の日本が戦争に傾斜してゆく過程で、最も欠いていたものは、眼前にある現実を直視し、世界のなかで日本が占めるべき位置を見抜く大局観と、それを実行に移す勇気であった。列国とのバランスの上で日本にあたえられるべき座標を、過《あやま》たずに見定める平衡感覚であった」

その指摘は数十年経っても変わらなかった。原発事故に関しても、全電源喪失という事態は指摘されていたが、「安全神話」という「無責任の体系」に組み込まれて、顧みられることはなかった。共通するものは、指導的立場にある人間のパースペクティブな視点の欠如であり、責任感のなさであり、今も続くが、それを追求しない人びとの無責任さであるようにおもう。

パースペクティブな視点の欠如に関しては、止むを得ない部分もあるかもしれない。その傾向は、日本列島人の住まいにも表れている。

つまり、古代においては「見えない軸線」が真実を語っていて、見える文字は偽りであった。そのようなわけで、『日本書紀』が真実を語っていなくとも、何も不思議なことでもない。

真実の歴史を隠しているが、暗号をちりばめて、隠したものを暴いている。また、臣下への警告や天智一族を非道に描いた歴史書は、意図されて創られているのであって、編纂者の藤原一族を有利に導く書物であった。

したがって、日本列島人が取り得る態度は、真実とそうでないものを分ければよいだけで、政府のつくる書物や言動が、そのようなものであって、昔から変わるものでないと知ればよいだけである。だが、古代人と違って心眼を持たない人びとには難題となっている。

社会構造として、官庁主導の前例主義という知識優先の「無責任の体系」の中にいる日本列島人は、政治評論家の中野重治（一九〇二〜一九七九）が述べるように「私らは侮辱のなかに生きている」のであろう。

『日本書紀』の構造を見抜けなかったことこそ、「無責任の体系」の中にいることを証明するもので、日本を象徴するものであった。
しかしながら、日本列島人が情報処理能力において他に劣っているとしても、「見えない軸線」によって神の山と結ばれる仏教寺院や古墳の有様は「奥床《おくゆか》しさ」という最も特筆すべき良質の特徴を示しているとおもえる。

追記　本書は目白大学学術書出版助成による刊行である。
また、最後になったが、本書を出版してくださった鳥影社の百瀬精一氏及び校正の矢島由理氏と表紙デザインの吉田格氏に感謝申し上げて、筆を擱くこととする。

# 引用文献

『日本書紀』原文
『全現代語訳日本書紀』上下　宇治谷孟訳、講談社学術文庫、一九八八年
『十六の話』司馬遼太郎著、中央公論社、一九九三年
『人類哲学序説』梅原猛著、岩波新書、二〇一三年
『聖徳太子の真実』大山誠一編、平凡社、二〇一四年
『日本書紀の謎と聖徳太子』大山誠一編、平凡社、二〇一一年
『天孫降臨の夢―藤原不比等のプロジェクト』大山誠一著、ＮＨＫブックス、二〇〇九年
『古事記』上中下　全訳注　次田真幸訳、講談社学術文庫、一九八四年
『広辞苑』新村 出編者、岩波書店、一九七一年
『木のいのち　木のこころ〈天・地・人〉』西岡常一・小川三夫・塩野米松著、新潮文庫、二〇〇五年
『日本文明とは何か』山折哲雄著、角川ソフィア文庫、二〇一四年
『すぐわかる日本の呪術の歴史―呪術が日本の政治・社会を動かしていた』武光誠監修、東京美術、二〇〇一年
『戦中派の死生観』吉田満著　文春学藝ライブラリ、二〇一五年

『縄文人の世界』小林達雄著、朝日選書、一九九六年
『縄文論争』藤尾慎一郎著、講談社選書メチエ、二〇〇二年
『史記』（原本『中國哲學書電子化計劃』）司馬遷著
『論語』原本、孔子著
『謎の豪族　蘇我氏』水谷千秋著、文春新書、二〇〇六年
『続日本紀　全現代語訳』上　宇治谷孟訳、講談社学術文庫、一九九二年
『隠された十字架―法隆寺論』梅原猛著、新潮社、一九七二年
『隋書』（『倭国伝―中国正史に描かれた日本』全訳注　藤堂明保・竹田晃・影山輝國著、講談社学術文庫、二〇一〇年）
『高松塚とキトラ―古墳壁画の謎』来村多加史著、講談社、二〇〇八年
『文学における原風景―原っぱ・洞窟の幻想』奥野健男著、集英社、一九七二年
『高松塚壁画古墳』朝日シンポジウム　末永雅雄・井上光貞編、朝日新聞社、一九七二年
『黄泉《よみ》の王《おおきみ》―私見・高松塚』梅原猛著、新潮文庫、一九九〇年
『飛鳥・藤原京の謎を掘る』千田稔・金子裕之共編著、文英社、二〇〇〇年
『飛鳥から藤原京へ』木下正史・佐藤信編、吉川弘文館、二〇一〇年
収録論文（小澤毅著『藤原京の成立』、今尾文昭著『飛鳥の古墳の被葬者を探る』）

引用文献／引用写真／引用図表


『法隆寺建立の謎―聖徳太子と藤ノ木古墳』高田良信著、春秋社、一九九三年
『藤ノ木古墳とその文化』森浩一・石野博信編、山川出版社、一九八九年
『斑鳩に眠る二人の貴公子―藤ノ木古墳』前園実知雄著、新泉社、二〇〇六年
『法隆寺の謎を解く』武澤秀一著、ちくま新書、二〇〇六年
『古代史を解く鍵―暦と高松塚古墳』有坂隆道著、講談社学術文庫、一九九九年
『飛鳥《あすか》の謎』邦光史郎著、祥伝社、一九九一年
『萬葉集　巻第一』小島憲之・木下正俊・佐竹昭広校註・訳者、小学館、一九七一年
『埋もれた巨像―国家論の試み』上山春平著、岩波書店、一九七七年
『萬葉集　全訳注原文付』中西進、講談社、一九八四年
『倭国の時代』岡田英弘著、ちくま文庫、二〇〇九年
『日本の国宝―奈良／薬師寺』松島健責任編集、週刊朝日百科、一九九七年
『東アジアに開かれた古代王宮―難波宮』積山洋著、新泉社、二〇一四年
『道が語る日本古代史』近江俊秀著、朝日選書、二〇一二年
『藤ノ木古墳の全貌』橿原考古学研究所編、學生社、一九九三年
『藤ノ木古墳と六世紀―被葬者は誰か』黒岩重吾・大和岩雄著、大和書房、一九八九年
『斑鳩藤ノ木古墳概報』奈良県立橿原考古学研究所編、吉川弘文館、一九八九年

『飛鳥時代の斑鳩と小田原展示図録』斑鳩町教育委員会・斑鳩文化財センター編、斑鳩町・小田原市、二〇一二年
『聖徳太子と斑鳩』橿原考古学研究所編、橿原考古学研究所附属博物館、一九九八年
『斑鳩町の古墳』橿原考古学研究所編、斑鳩町教育委員会、一九九〇年
『永続敗戦論―戦後日本の核心』白井聡著、太田出版、二〇一三年
『天智と天武　日本書紀の真相』関裕二著、小学館新書、二〇一五年
『史跡　植山古墳』橿原市教育委員会、二〇一三年
『岩屋山古墳』明日香村教育委員会
『マルコ山古墳発掘調査概要』網干善教他著、一九七八年
『軒丸瓦製作手法の変遷』山本忠尚・花谷浩著、明日香村教育委員会、二〇〇四年
『菖蒲池古墳』橿原市教育委員会、二〇一五年
『蘇我氏の古代』吉村武彦著、岩波新書、二〇一五年
『蘇我氏―古代豪族の興亡』倉本一宏著、中公岩波新書、二〇一五年
『法隆寺コード―キトラ・高松塚の軸線』野田正治著、三弥井書店、二〇一五年

## 引用写真（引用した写真以外は筆者による）

写真1　シャンゼリゼ通り―http://plaza.rakuten.co.jp/kabegamimura/diary/201104220001/ 部分
写真3　厭魅人形―奈良文化財研究所
写真4　縄文時代の墓―安中市教育委員会
写真6　入れ子の箱枡―http://www.dinos.co.jp/1110418713/ 部分
写真8　飛鳥寺軒丸瓦―奈良文化財研究所データベース
写真9　若草伽藍・四天王寺軒丸瓦―『聖徳太子と斑鳩』六〇頁
写真12　上宮遺跡の軒丸瓦上―『飛鳥時代の斑鳩と小田原』二六頁
写真13　上宮遺跡の軒丸瓦中下―『聖徳太子と斑鳩』八〇頁
写真17　法輪寺軒丸瓦―『聖徳太子と斑鳩』五九頁
写真18　吉備池廃寺軒丸瓦―『吉備池廃寺発掘調査報告』（奈良文化財研究所編集・発行）一九四頁
写真19　中宮寺軒丸瓦―『聖徳太子と斑鳩』五五頁
写真20　巨勢寺軒丸瓦―國学院大學デジタル・ミュージアム

写真21　山田寺創建軒丸瓦―『軒丸瓦製作手法の変遷』（明日香村教育委員会）
写真24　救世観音像側面―http://blogs.yahoo.co.jp/kawakatu_1205/54711803 部分
写真25　斑鳩宮軒丸瓦―『聖徳太子と斑鳩』三五頁
写真26　中宮寺軒丸瓦―『聖徳太子と斑鳩』五五頁
写真27　高松塚女子群像―文化庁データベース
写真28　高松塚玄武―文化庁データベース
写真31　キトラ古墳と版築―奈良文化財研究所
写真32　法隆寺西院伽藍創建軒丸瓦―『聖徳太子と斑鳩』四八頁
写真33　川原寺軒丸瓦―奈良文化財研究所データベース
写真37　大官大寺軒丸瓦―奈良文化財研究所データベース
写真38　本薬師寺軒丸瓦―奈良文化財研究所
写真39　定林寺軒丸瓦―明日香村教育委員会
写真40　岩屋山古墳石室―ウィキペディア
写真41　石のカラト古墳―木津川市ホームページ（観光情報）
写真42　百済尼寺の軒丸瓦―『東アジアに開かれた古代王宮　難波宮』六一頁
写真43　難波宮下層から出土した軒丸瓦―『東アジアに開かれた古代王宮　難波宮』二四頁

写真44　法起寺軒丸瓦―國学院大學デジタル・ミュージアム
写真45　藤ノ木古墳石棺―『斑鳩藤ノ木古墳概報』一頁
写真46　石室にあった土器―『斑鳩藤ノ木古墳概報』一五頁
写真47　御坊山三号古墳―『聖徳太子と斑鳩』四二頁
写真48　藤ノ木古墳金銅製冠―『斑鳩藤ノ木古墳概報』三四頁
写真49　法隆寺釈迦三尊像光背―ウィキペディア部分
写真50　藤ノ木古墳の刀剣―斑鳩藤ノ木古墳第三次調査報告書
写真51　筒型金銅製品―『斑鳩藤ノ木古墳概報』三四頁
写真52・53・55・57　吉祥天像―『日本の国宝』（週刊朝日百科）一五七頁
写真54　履―『斑鳩―藤ノ木古墳　概報』三五頁
写真56　銅製帯―『斑鳩―藤ノ木古墳概報』三四頁
写真58　鞍把手金具―『斑鳩町の古墳』六頁

## 引用図表（引用した図以外は筆者による）

図1・2　平城京遷都一三〇〇年記念集成図「奈良」国土地理院を元として書き加えた
図3　土偶の分割製作法―（『長山遺跡』八尾町教育委員会）『縄文論争』
図4　聖なるライン―『黄泉の王』（新潮文庫）七四頁を参照し書き加えた
図5　藤原京復元予想図と耳成山―『日本建築史』（藤田勝也・古賀秀策編昭和堂）を参照し書き加えた図
図9　仏教寺院の位置―『地形からみた歴史―古代景観を復原する』（日下雅義著、講談社学術文庫、二〇一二年）一頁を参照した
図10　四天王寺、飛鳥寺―法隆寺『日本建築史』を参照した
図11　梅山古墳中心軸線の角度―『飛鳥・藤原京の謎を掘る』二二二頁を参照し書き加えた
図14　鬼の遺跡と若草伽藍の関係図―明日香村教育委員会の資料を参照し書き加えた
図18　段ノ塚の配置図―国立歴史民俗博物館研究報告第一集を参照し書き加えた
図19　夢殿（斑鳩宮建物跡）と高松塚の関係性―斑鳩町教育委員会資料や『高松塚古墳の調査二〇〇六』（奈良文化財研究所）を参照し書き加えた
図21　藤ノ木古墳配置図―『斑鳩　藤ノ木古墳　概報』五六頁を参照し書き加えた

図22　檜隈寺配置復元図―「檜隈寺周辺発掘調査資料」（明日香村教育委員会）を参照し書き加えた
図24　西院伽藍の位置決定―「若草伽藍跡西方の調査」（斑鳩町教育委員会）を参照し書き加えた
図28　菖蒲池古墳の石室見取図―奈良文化財研究所及び『菖蒲池古墳』（橿原市教育委員会）八四頁
図31　植山古墳配置図―『植山古墳発掘調査報告書』（橿原市教育委員会）八二頁を参照し書き加えた
図34　岩屋山古墳復元予想図―『岩屋山古墳』（明日香村教育委員会）四頁を参照し書き加えた
図36　石のカラト古墳配置図―『石のカラト古墳』（奈良文化財研究所）一〇頁を参照し書き加えた
図37　赤坂天王山古墳配置図―『大和の古墳探索』の「赤坂天王山古墳」を参照し書き加えた
図38　前期難波京復元図―『東アジアに開かれた古代王宮難波宮』五七頁
図40　石棺内部見取図―『斑鳩藤ノ木古墳概報』二二頁を参照し書き加えた
図42　馬具鞍金具見取図―『斑鳩藤ノ木古墳概報』五一頁を参照し書き加えた
図43　軒丸瓦と把手の紋章検討―『聖徳太子と斑鳩』四五、五五頁を参照し書き加えた

巻末　飛鳥周辺地域遺跡分布図―明日香村教育委員会　二〇一三年

橿原市
明日香村
石川池
飛鳥寺
1. 牽牛子塚古墳
2. 越塚御門古墳
3. 真弓カンス塚古墳
8. 岩屋山古墳
13. 真弓テラノマエ古墳
14. マルコ山古墳
16. 東明神古墳
17. 佐田2号墳
18. 佐田1号墳
19. 出口山古墳
21. 森カシタニ塚古墳
22. 向山1号墳
24. 松山呑谷古墳
30. キトラ古墳
35. 檜隈寺跡
39. 文武天皇陵
40. 高松塚古墳
41. 火振山古墳
42. 中尾山古墳
44. 梅山古墳
46. 鬼の俎・雪隠遺跡
47. 天武・持統陵
51. 定林寺跡
52. 菖蒲池古墳
57. 植山古墳
63. 和田廃寺
65. 大官大寺
68. 山田寺跡
78. 飛鳥寺跡
91. 川原寺跡
92. 橘寺跡
96. 石舞台古墳
101. 坂田寺跡
102. 飛鳥稲淵宮殿跡

飛鳥周辺地域遺跡分布図（明日香村教育委員会）

# 年表

- 磯城郡磯城島に遷都 — 540

**欽明**
- 百済聖明王より釈迦金剛仏像、幡蓋、経論贈られる(552)
- 571
- 欽明陵造営

**敏達**
- 百済大井に宮殿造営
- 百済より経論、律師、禅師、比丘尼、呪禁師、造仏工、造寺工が来る(578)

**用明**
- 大野丘北塔建立(585)
- 587
- 飛鳥寺建立

**崇峻**
- 588
- 敏達磯長陵に葬られる(591)
- 四天王寺建立
- 崇峻殺害される
- 593

**推古(敏達の皇后)**
- 男の大王が遣隋使を送る(隋書600)
- 斑鳩宮造営(601)
- 聖徳太子斑鳩寺にて法華経(605)
- 小墾田宮に遷宮(608)
- 遣隋使派遣
- 隋の使者が倭国へ来る(608)
- 難波から京まで大道を造る(613)
- 欽明陵の域外に倭漢坂上直がすば抜けて高い柱を建てる(620)
- 聖徳太子死亡(621)
- 馬子桃原墓に葬られる(626)
- 蘇我馬子死亡(626)
- 629

**舒明**
- 遣唐使(630)
- 唐の使者が倭国へ来る(632)
- 百済大寺(吉備池廃寺)造営(639)
- 飛鳥板蓋宮造営
- 642

**皇極**
- 吉備嶋皇祖母命死去(643)
- 山背大兄皇子殺害(643)
- 斑鳩宮焼失(643)
- 乙巳の変(大化の改新)
  - 蘇我入鹿暗殺
  - 蘇我蝦夷殺害
  - 古人大兄皇子殺害
- 甘樫館焼失
- 645

**孝徳**
- 難波長柄豊碕に遷都
- 処々に大道を造る(653)
- 655
- 飛鳥板蓋宮火災

**斉明**
- 後飛鳥岡本宮造営
- 皇孫建王死亡(658)
- 662
- 白村江にて唐・新羅連合軍に敗れる

**天智**
- 嶋皇祖母命死去(664)
- 近江に遷都(667)
- 藤原鎌足死去(669)
- 若草伽藍焼失(670)
- 壬申の乱
- 飛鳥浄御原宮遷宮
- 672

**天武**
- 廣瀬・龍田の神祀り開始(675)
- 橘寺火災(680)
- 新城(新益京)築造開始(681)
- 686

**持統**
- 天武陵造営
- 天武の子・大津皇子殺害(686)
- 檜隅寺30年に限り100戸施入
- 持統の子・草壁皇子死去(689)
- 藤原宮造営開始(691)
- 藤原宮遷居(694)
- 天武の子・高市皇子死去(696)
- 697
- 持統の孫・文武に天皇譲位

**文武**
- 山科陵・越智陵造営(699)
- 天武の子・弓削皇子死去(699)
- 倭漢坂上直老死去(699)
- 持統崩御(702)
- 天武の子・忍壁皇子死去(705)
- 707
- 文武陵造営
- 文武の母・元明天皇即位

**元明**
- 平城京遷都(710)
- 山階寺移転し興福寺とする
- 715
- 法隆寺(西院伽藍)で法会
- 文武の姉・元正天皇即位

**元正**
- 藤原不比等死去(720)『日本書紀』完成
- 添上郡椎山(元明)陵造営(721)
- 元明崩御(721)
- 724
- 不比等の孫・聖武天皇即位

**聖武**
- 長屋王の変(729)
- 橘三千代(不比等の妻)死去(733)
- 藤原四兄弟死去(737)
- 鵤寺(西院伽藍)に食封200戸施入(738)
- 夢殿建立(739)

古墳の位置が葬られた人物を示す暗号であり　蘇我聖徳の名が『日本書紀』の暗号であった
飛鳥の暗号

建築家・目白大学特任教授　野田　正治　著

言霊《ことだま》という見えない言葉を信じていた日本列島人は、古墳の位置にみずからの名前を刻《きざ》んだ。逆に、『日本書紀』の見える文字には偽りを記載した。それらは現代人には、もはや暗号のようだが、ここに、そのベールが剝《は》がされる。

三輪山などの神聖な山・宮殿・仏教寺院・古墳を結ぶ軸線《じくせん》の物理的事実により、いわゆる藤原京に先行する古代都市・飛鳥京《あすかきょう》を発見し、古墳の被葬者《ひそうしゃ》も判明した。また、「蘇我聖徳・稲目馬子蝦夷入鹿」は『日本書紀』の暗号と分かった。

〈著者紹介〉
野田正治（のだ　まさはる）
1947年静岡県富士市に生まれる。
静岡県立富士高校を経て、1970年東京理科大学工学部建築学科卒業。
設計経歴
東レ株式会社、雨宮建築設計事務所、丹下健三・都市・建築設計研究所を経て、1996年ナウ環境計画研究所を設立し現在に至る。
大学経歴
1996年より東京理科大学工学部建築学科非常勤講師、工学院大学建築学科非常勤講師、芝浦工業大学建築工学科非常勤講師を各数年間務める。
2004年目白大学社会学部社会情報学科特任教授となり現在に至る。
受賞
1998年京都市主催国際設計コンクール「21世紀京都の未来」入賞
1986年乾式防火サイディング設計施工例コンテスト「富士の家」特選
1978年読売新聞主催住宅設計競技入賞
1974年新建築国際住宅設計競技　第1位　吉岡賞
資格
一級建築士
著書
『文明のサスティナビリティ』三弥井書店、2009年
『法隆寺コード』三弥井書店、2015年

飛鳥の暗号

定価（本体1800円+税）

乱丁・落丁はお取り替えします。

2016年2月18日初版第1刷印刷
2016年2月24日初版第1刷発行
著　者　野田正治
発行者　百瀬精一
発行所　鳥影社 (www.choeisha.com)
〒160-0023 東京都新宿区西新宿3-5-12トーカン新宿7F
電話 03(5948)6470, FAX 03(5948)6471
〒392-0012 長野県諏訪市四賀229-1(本社・編集室)
電話 0266(53)2903, FAX 0266(58)6771
印刷・製本　モリモト印刷・高地製本

ISBN978-4-86265-552-3 C0021